Eine Kindheit in Cambridge ist alles andere als ein wehmütiger Rückblick auf längst vergangene Zeiten. Erzählt werden amüsante Erlebnisse und Begebenheiten ganz privater Natur, gleichzeitig entsteht ein humorvolles und kritisches Bild der englischen Upper-Middle-Class.

Gwen Raverat (1885–1957), Enkelin von Charles Darwin, zeigt aus der Sicht des Kindes, wie Realität und gesellschaftliche Normen aufeinanderstoßen und so groteske Situationen entstehen. Das *Times Literary Supplement* schrieb über *Eine Kindheit in Cambridge*: »Ein insgesamt vergnügliches Buch ... man merkt, dies ist genau die richtige Weise, seinen Familienhintergrund und sich selbst zu portraitieren, wenn man jung ist; der Humor ist ansteckend, die Figuren sind in liebenswerter Art lächerlich und bewundernswert menschlich.« Raymond Chandler in der *Sunday Times*: »Ich habe noch nie ein vergnüglicheres Buch mit Kindheitserinnerungen gelesen.«

insel taschenbuch 1592
Gwen Raverat
Eine Kindheit in Cambridge

Gwen Raverat

Eine Kindheit in Cambridge

Aus dem Englischen übertragen
von Leonore Schwartz

Insel Verlag

Originaltitel: Period Piece. A Cambridge Childhood

Umschlagabbildung: Georges Seurat, Badeplatz in Asnières
Öl auf Leinwand. 1883/84. Ausschnitt.
National Gallery, London.

insel taschenbuch 1592
Erste Auflage 1994

Vertrieb durch den Suhrkamp Taschenbuch Verlag
Umschlag nach Entwürfen von Willy Fleckhaus
Satz: IBV Satz- und Datentechnik GmbH, Berlin
Druck: Nomos Verlagsgesellschaft, Baden-Baden
Printed in Germany

1 2 3 4 5 6 – 99 98 97 96 95 94

Geleitwort

Dieses Buch ist kreisförmig. Es hat keinen eigentlichen Anfang und keine durchgehende Handlung. Alle Kapitel sind wie die Speichen eines Rades, die von der Radnabe – von mir – ausgehen. Es ist also nicht wichtig, welches Kapitel man zuerst und welches zuletzt liest.

I

Prélude

Im Frühjahr 1883 kam meine Mutter, Maud Du Puy, aus Amerika nach Cambridge, um dort bei ihrer Tante, Mrs. Jebb, den Sommer zu verbringen. Bei ihrer ersten Europareise war sie knapp zweiundzwanzig, ein hübsches, liebenswürdiges, eigenwilliges und unbekümmertes Mädchen, aber keineswegs kokett. Ihre Schwestern fanden sie im Umgang mit jungen Männern sogar ein wenig steif. In ihrer Frische und Unschuld hatte sie etwas von einer Puritanerin, und ihr starker Charakter ließ schon damals ahnen, daß sie in einer Ehe einmal die erste Geige spielen würde.

Die Jebbs, mein Großonkel Dick und meine Großtante Cara, wohnten in ihrem Haus Springfield am südlichen Rand der Backs, der Collegegärten, die sich am Flußufer hinzogen, und von ihrem Haus aus überblickte man Queens' Green bis zu den Ulmen hinter Queens' College. Aus Onkel Dick wurde später Sir Richard Webb, Träger des Verdienstordens, Mitglied des Parlaments, Professor für Griechisch in Cambridge und noch einiges mehr. Doch zu jener Zeit lehrte er Griechisch an der Universität von Glasgow und hatte deshalb seine Dozentur am Trinity College und das Amt des Öffentlichen Sprechers der Universität Cambridge aufgeben müssen. Die Jebbs verbrachten aber nur die Winter in Glasgow und behielten ihr Haus in Cambridge für den Sommer. Sie warteten auf die Emeritierung des alten Dr. Kennedy, dessen Lehrstuhl in Cambridge Onkel Dick nur zu gern übernommen hätte. Dr. Kennedy, der Verfasser jener Lateingrammatik, die wir alle aus unserer Schulzeit kennen, hatte freilich nicht die geringste Absicht, in den Ruhestand zu treten. Auch war es durchaus nicht so sicher wie die Jebbs glaubten, daß Onkel Dick seine Nachfolge antreten würde. Jedenfalls ließ Dr. Kennedy sie dreizehn Jahre warten, bis er schließlich 1889 starb und Onkel Dick endlich doch noch zu Amt und Würden kam.

Meine frühesten Erinnerungen an Cambridge müssen Spiegelbilder der Eindrücke meiner Mutter sein, denn es sind dieselben Bilder, die sie im Sommer 1883, zwei Jahre bevor ich zur Welt kam, in einer Reihe schlichter Briefe an ihre Familie in Philadelphia beschrieb. In diesem Cambridge meiner frühesten Erinnerung scheint immer die Sonne, stets sitzen im Garten unter den Bäumen Herren und Damen, die intensiv miteinander beschäftigt sind. Das Cambridge, das ich später mit eigenen Augen sah, war ganz anders.

Meine Mutter hatte es in eine für sie gänzlich fremde Welt verschlagen. Sie schrieb nach Hause: »Endlich bin ich im Land meiner innigsten Träume!« Es war ein Land der Teegesellschaften, Abendeinladungen, Ruderregatten und Tennisspiele, der Antiquitätenläden und Picknicks, der neuen Hüte, reizenden jungen Männer, köstlichen Speisen und perfekten Dienstboten. Es scheint fast zu schön, um wahr zu sein – vermutlich muß es doch auch damals ab und zu Schwierigkeiten gegeben haben. Und tatsächlich: bei allen Kleidern meiner Mutter wurde der rechte Ärmel zu eng – vom vielen Tennisspielen. Auch die Eiscremeportionen waren für eine Amerikanerin immer viel zu klein! Aber sonst kann man aus ihren Briefen nur schließen, daß Unglückliche Liebe – natürlich die Unglückliche Liebe anderer Leute – damals das einzige ernsthafte Problem war. Und selbst die gebrochenen Herzen, von denen sie berichtete, scheinen rasch wieder gekittet worden zu sein.

Die Du Puys waren eine gute Familie hugenottischer Herkunft, aber sie waren nicht wohlhabend. Sie hatten viele

Kinder, und Maud hätte die Einladung ihrer Tante kaum annehmen können, wäre ihr nicht die Überfahrt von ihrem älteren Bruder bezahlt worden. Der hatte es schon zu etwas gebracht und verhielt sich seinen Schwestern gegenüber sehr großzügig. Die Mädchen waren auf recht gute Schulen geschickt worden. Doch zumindest im Fall meiner Mutter hatte die Bildung, ähnlich wie eine erfolglose Impfung, nicht recht angeschlagen. Das hatte weniger mit der Schule als mit ihrer Veranlagung zu tun. Immerhin brachte meine Mutter, die trotzdem sehr lernbegierig war, eine gehörige Hochachtung vor Bildung mit nach England. Aus ihren Briefen erfahren wir, daß sie sich mit der Lektüre von Browning und Tennyson und Shelley abmühte, sich voll Stolz beharrlich durch *La Petite Fadette* kämpfte und ihren jüngeren Schwestern die Vorteile des Französischstudiums predigte. Aber bei allem Respekt vor Bildung – und wohl kaum jemand hatte mehr als sie – war Lernen nie ihre starke Seite. Sie kam aber auch so ausgezeichnet zurecht.

In ihren frühen Briefen erzählte meine Mutter ihrer Familie alles, geradeheraus, wie es ihr in den Sinn kam, querbeet, und mit der größten Unbekümmertheit. Manches in ihren Briefen muß der Verwandtschaft ziemlich rätselhaft vorgekommen sein, denn sie erklärte nie, wer die Unbekannten waren, von denen sie schrieb, was sie machten oder wo sie wohnten. Auch später im Leben war meine Mutter immer der Meinung, man wisse alles über die Leute, die sie in ihren Briefen und Gesprächen erwähnte. Wußte man es nicht, so hätte man es doch wissen sollen – und überhaupt kam es gar nicht so sehr darauf an. Rechtschreibung und Grammatik standen in den ersten Briefen noch auf ziemlich wackligen Füßen, aber nach Tante Caras ernsten Vorhaltungen brachte sie es mit großem Eifer zu besseren Ergebnissen.

Wenn sie an ihre Schwestern schrieb, war Maud immer

darauf bedacht, ihnen nützliche Ratschläge zu geben, für den Fall, daß diese selbst einmal nach England kämen. Sie schickte ihnen eine Liste von Wörtern, die man besser nicht gebrauchte: irgendwo *da*, überall *da*, sich fertigmachen (statt sich anziehen), etwas *weg* vom Tisch nehmen: »Dick (Jebb) sagt, ›location‹ ist ein unfeines Wort.« Sie malte viel in Öl, meist selbstentworfene Blumenmuster und Ornamente auf runde Holztafeln. Sie sind ein bißchen verschmiert, zeigen jedoch Sinn für Muster und Farben. Einmal erzählt Maud ihrer kleinen Schwester Carrie, wie sie King's Chapel zeichnete und dabei von Kühen, kleinen Buben und Regen belästigt wurde. Freundlich, aber etwas von oben herab fährt sie fort: »Es freut mich sehr zu hören, daß Du viel liest. Tante Cara sagt, jeder, der unmusikalisch ist, sollte wenigstens etwas von Poesie verstehen. In diese Richtung solltest Du also deinen Geschmack kultivieren. Ich lese Browning, aber ich finde, er ist sehr schwer zu verstehen«, (was heißen soll: zu schwer für dich). »Shelley und Tennyson werden Dir aber bestimmt gefallen.« Die Berichte aus diesem ersten Sommer handeln größtenteils von zwei oder drei Liebesgeschichten unter ihren neuen Bekannten, mit denen es auf und ab ging. Für Herzensangelegenheiten hat sich meine Mutter nämlich Zeit ihres Lebens brennend interessiert. Gegen Ende des Sommers erreichten die Briefe allerdings einen Höhepunkt: Maud selbst erhielt einen Heiratsantrag von einem gewissen Mr. T., der sie sehr bewegte. Sie lehnte ihn aber ab und verließ kurz darauf Cambridge. In dieser Zeit hatte sie allmählich meinen Vater sehr liebgewonnen. Sie hielt ihn zwar nicht für romantisch, aber zwischen ihnen wuchs eine verläßliche Freundschaft, und so wurde er auch sofort wegen Mr. T.s Antrag um Rat gefragt. Romantische Neigungen hatte meine Mutter in diesem Sommer eher für einen viel jüngeren Mann, Mr. G., der so charmant und geistreich war und in seinen Flanellhosen vorzüglich aussah – obwohl ihre Tante nüchtern bemerkte, er habe krumme Beine und setze einen Fuß nach innen. Wie dem auch sei, es kam nichts bei dieser Geschichte heraus. Mr. T., Mr. G. und mein Vater, George Darwin, waren übrigens alle drei Dozenten am Trinity College.

Mein Vater, der zweite Sohn des vor kurzem verstorbenen Charles Darwin, war zu dieser Zeit achtunddreißig Jahre alt. Als junger Mann war er kränklich gewesen – wahrscheinlich handelte es sich um ein nervöses Magenleiden (vielleicht ein Magengeschwür?), aber es ist heute nicht mehr möglich festzustellen, was ihm fehlte oder wieviel davon physisch bedingt, wieviel Hypochondrie war. Sein Mathematikstudium hatte er glänzend abgeschlossen und wurde Dozent am Trinity College. Als er dann aber einen Ruf erhielt, fühlte er sich nicht kräftig genug, ihn anzunehmen. Sein Interesse galt den verschiedensten, mit Mathematik zusammenhängenden naturwissenschaftlichen Problemen, besonders dem Lauf des Mondes und dessen Einfluß auf die Gezeiten. Im Jahr 1883 war er gerade auf den Lehrstuhl für Astronomie berufen und erneut zum Dozenten am Trinity gewählt worden. Darüber schreibt Maud nach Hause: »Nach seiner Wahl gab G. D. ein Abendessen, das sehr vergnüglich verlief. Aber den ganzen nächsten Tag war er krank – das war zuviel für seine Nerven und seinen Magen.« Doch im Grunde ging es ihm um diese Zeit gesundheitlich schon viel besser, und da er warmherzig, offen und liebevoll war, trug er sich mit dem Gedanken zu heiraten.

In einem Brief vom 18. Mai 1883, dem Tag nach ihrer Ankunft in Cambridge, schildert meine Mutter ihre erste Begegnung mit meinem Vater: »Jane kam und richtete mir von Tante C. aus, ich solle hinunterkommen, um Mr. Darwin kennenzulernen. Ich lief nach unten und machte rasch die Tür auf, bevor mich der Mut verließ; und G. D. kam auf mich zu, wurde ganz rot und schüttelte mir die Hand. Als erstes fiel mir an ihm seine Größe auf. Er ist klein. (Mein Vater war über 1,70 m groß, aber schlank und leicht gebaut.) Vor Nervosität kann er keine Minute stillsitzen. Aber witzig ist er, und er redet ganz anders als ein Amerikaner. Hier sind sie überhaupt in allem anders.« Im nächsten Brief teilt sie mit: »Nach jeder Anstrengung scheint er völlig erschöpft. Er kommt jeden Tag zu Tante C., manchmal sogar zweimal. Dabei macht er sich sehr nützlich, indem er kleine Aufträge erledigt und uns ausführt.« Offensichtlich hatte Tante Cara es übernommen, meinen Vater zu seinem eigenen Wohl an Damengesellschaft zu gewöhnen. Dazu schreibt Tante Cara an Mauds Familie: »Er macht sich wirklich sehr gut. Die kleinen Zerstreutheiten, die an ihm störten, hat er schon fast ganz abgelegt. Zum Beispiel habe ich ihn ausgelacht, weil er am Teetisch unentwegt plauderte, anstatt beim Servieren zu helfen. Nun sagt er, der bloße Anblick einer Teekanne bringe ihn sofort auf die Beine – er reicht unermüdlich Kuchen und Teetassen herum.«

Von den englischen Mädchen hielt Maud nicht viel. So schreibt sie über ein bestimmtes, sehr beliebtes und bewundertes Mädchen: »Ich finde sie überhaupt nicht hübsch. Wir in Amerika würden sie, glaube ich, einstimmig als häßlich einstufen.« Und weiter: »Englische Mädchen sind so schrecklich leicht zu beeindrucken. Wenn ein Mann nur mit ihnen spricht, denken sie sofort, er ist wahnsinnig in sie verliebt.« Von sich selbst behauptet sie wahrheitsgemäß: »Mir kann keiner so leicht Eindruck machen. Das ist der große Unterschied zwischen englischen Mädchen und mir.«

Aber englische Männer mochte sie von Anfang an – oder vielmehr Herren, wie man damals zu sagen pflegte. Allerdings fand sie sie recht kühl: »Engländer sind seltsame Wesen. Ich bezweifle, daß sie sich jemals wirklich verlieben. Natürlich heiraten sie, aber meist nur aus Vernunftgründen.« Trotz dieses Nachteils galt ihnen Mauds ganze Bewunderung: »Die Herren sind alle so natürlich und geben gar nicht an. Und etwas gefällt mir besonders an ihnen: Sie gehen so höflich miteinander um. Tante Cara meint, sie hätten es nicht nötig, großspurig aufzutreten, weil sie alle schon eine Lebensstellung haben und nichts weiter tun müssen, um sie zu behalten. Wenn ich diese Männer vor mir sehe und sie mit den ›Herren‹ vergleiche, die man in West-Philadelphia kennenlernt, werde ich ganz schwach. Könnten wir nur ein Dutzend Mädchen herübertransportieren – die wären umschwärmt! Die englischen Mädchen halten einfach den Vergleich mit amerikanischen nicht aus – aber die Herren sind unseren überlegen. Nicht was Geselligkeit angeht, denn viele sind ziemlich schüchtern, aber als Persönlichkeiten. Sie lesen mehr, denken mehr und wissen mehr. Wenn wir jemand unbedeutend finden, würden sie sagen, er hat Format, und die, die uns so großartig vorkommen, halten sie für durchschnittlich. Mit Ausnahme von Gerald Balfour – den finden alle schön.« Gerald Balfour war der jüngere Bruder von Arthur Balfour und der spätere Innenminister. Er hielt sich oft in Cambridge auf, und Tante Cara war höchst angetan von ihm. Seine Begeisterung für sie war allerdings wohl schon etwas abgekühlt. Er stritt es nicht einmal ab, als Tante Cara ihm vorwarf, seine Schwägerin, Lady Frances Balfour, stehe höher in seiner Gunst als sie. Was Maud in einem Brief augenzwinkernd kommentierte: »Das paßt Tante C. ganz und gar nicht.« Zunächst war Maud ebenfalls sehr beeindruckt von Balfour: »Er ist in Aussehen und Auftreten genau so, wie man sich einen englischen Lord vorstellt... Er ist so schön.« Doch schon bald macht sich der Geist amerikanischer Unabhängigkeit wieder bemerkbar: »Wirklich, er ist der konservativste Mann, der mir je begegnet ist. Glaubt, daß die höheren Klassen, die Lords usw., dem Volk als Vorbild dienen – und all das Zeug. Ich habe zwar schon davon gelesen, aber noch nie jemanden getroffen, der dran glaubte.«

Manches deutet darauf hin, daß Tante Cara ursprünglich einen anderen Darwin-Bruder, nämlich Frank, den Botaniker, als Kandidat für Maud im Auge hatte. Vielleicht hegte sie auch die Hoffnung, George im eigenen Schlepptau zu behalten. Dazu Maud: »Tante C. hatte Frank Darwin als Begleiter für mich ausersehen. Sie versuchte es auf die unterhaltsame Tour, aber Frank ging ihr offensichtlich nicht in die Falle, denn zu der Ruderregatta erschien er mit seiner Schwester und einer Miß Cross (Crofts), der er, nach Tante C.s Ansicht, zuviel Aufmerksamkeit widmete. Wenn es nach ihr gegangen wäre, hätte er genauso um sie herumwieseln müssen wie G. D. Also lud sie ihn gestern für Montag zum Tennis ein. Mir macht es gewaltigen Spaß, sie zu beobachten – fabelhaft, wie sie Leute dazu bringt, sie zu bewundern. Sie ist eine faszinierende Frau.« Aber ach! noch vor Montag wurde Franks Verlobung mit Miß Crofts bekanntgegeben, was Tante Caras Plänen ein jähes Ende bereitete. Aus der Ehe Franks mit Miß Crofts stammt übrigens meine Cousine Frances Cornford, geborene Darwin.

Unter den Briefen meiner Mutter ist auch ein ausführlicher Bericht über einen Besuch in London. Anlaß war eine Laienaufführung eines griechischen Stücks in »Lady Freaks (Freke?) Haus.«

»Um zwölf Uhr war alles gepackt, ich in meinem grauen Kleid mit dem roten Samtbarett, das lavendelfarbene Kleid in der Reisetasche – Tante C. in ihrem besten Schwarzseidenen, das Kleid aus spanischer Spitze hatte sie in einer Schachtel. Wir saßen schon im Eisenbahnwaggon, als ich plötzlich von Tante C. aufgeschreckt wurde. Mit Stentorstimme rief sie: ›Ich habe die Karten für das griechische Stück vergessen‹.« Nach einigem Hin und Her beschloß man, das Risiko auf sich zu nehmen, am Theaterabend nicht eingelassen zu werden. Und dann ging's zum Einkaufen nach »Piccadolly *(sic!)* und Regent Streets.« Hier kaufte Tante C. sich »einen kleinen schwarzen goldpaspelierten Hut mit vier gelben Rosen und einem schwarzen Samtband für zwei Pfund.« Dieser Hut hat etwas so rundum Appetitliches, daß ich es nicht übers Herz bringe, ihn unerwähnt zu lassen wie die zahllosen anderen Dinge, die sie kauften. Am Abend wurden sie dann »ohne Schwierigkeiten eingelassen... Gladstone, Sir Isaac Newton *(sic!)*, Sir Frederick Leighton und noch so ein paar Großkopfete saßen direkt vor uns« (Frage: Wer mag Sir Isaac Newton gewesen sein?). »Gladstone sah genauso aus wie auf den Karikaturen, nur sein Kragen war ein bißchen breiter, und seine Augen sind so wach und hell und zwinkern, wenn er lacht. Sir F. Leighton war für die Bühnenausstattung verantwortlich, die wirklich sehr schön war. Nur: Rouge und Puder und griechische Gewänder machten die englischen Mädchen auch nicht attraktiver. Das Stück hieß *Die Geschichte Trojas* und wurde an diesem Abend ganz in Griechisch aufgeführt.« Sie verstand davon natürlich kein Wort.

»Mr. Stephen [J. K. Stephen] gab den Hektor und spielte hervorragend. Lionel Tennyson als Odysseus wäre besser gewesen, hätte er nur seinen Text gelernt. Das Stück gefiel mir sehr gut und auch die ganzen Leute. Wunderbare Kleider!!! Ich kann sie nicht mit Worten beschreiben.«

Dieser Bericht ist freilich nur das Kernstück anderer, weitausholender Schilderungen. Zunächst fuhr man in Mietkutschen herum und suchte eine Unterkunft für die Nacht. Schließlich fand man Zimmer im »St. Pancreas Hotel«. Ich finde es so rührend, diese Schreibweise schon in einem ganz frühen Dokument zu entdecken – denn in ihrem ganzen Leben waren für meine Mutter der Heilige und das innere Organ ein und dasselbe.

Am nächsten Tag setzten sie ihre zauberhaften Einkaufsausflüge fort und landeten schließlich in der Royal Academy, wo sie die Millais' und die Leightons betrachteten: »Und hier konnte sich Tante Cara mal etwas von der ganzen Mühe und Geistesanstrengung beim Einkaufen ausruhen.«

Doch dann mußten sie schnell wieder zurück nach Cambridge, weil sie abends zum Essen eingeladen waren. »Mein Tischnachbar war Mr. Foster [später Sir Michael Foster, der Physiologe], der mich ständig ›aufzog‹ [sie gebraucht hier ein typisch englisches Wort], bis mir fast der Geduldsfaden riß. Es war mir nicht klar, daß er mich nur necken wollte; ich dachte, er hätte etwas zuviel getrunken, was wiederum Tante C. sehr lustig fand. Aber er hörte und hörte nicht auf und blieb dabei so ernst, daß ich wirklich dachte, er wüßte nicht, was er redete und wäre entweder dumm oder ein bißchen verrückt. Wenn ich ihn wiedertreffe, werde ich einfach den Spieß umdrehen, und dann werden wir ja sehen, ob er mich wieder ›aufzieht‹! Mr. Verrall [Dr. Verrall, Altphilologe] führte mich zum Essen aus und war sehr amüsant (verheiratete oder kleine Männer gefallen mir meistens am besten – er war ersteres). Ich trug mein Lavendelfarbenes – Tante C. meint, es stehe mir sehr gut, nur die Farbe sei unkünstlerisch. Tante C. sah so gut aus wie nie in ihrem Leben, wirklich kein Jahr über dreißig.« (Sie war damals dreiundvierzig.) Um diesen Bericht ranken sich viele Seiten mit Detailschilderungen. Andererseits konnte meine Mutter sich auch bisweilen bemerkenswert kurz fassen. Über die Kathedrale von Ely sagt sie nicht mehr als: »Die Architektur war hervorragend.« Ich wüßte nicht, was man hier noch hinzufügen könnte. In ihrer ersten Zeit in England war Maud höchst verwundert über die Sitten und Gebräuche in Cambridge. Sie hatte nie tanzen gelernt und fürchtete, in ihrer Familie wäre man schockiert zu erfahren, daß sie einen Ball besucht hatte. Offenbar war sie in jenem Sommer nur auf einem Ball im King's College, und auch später ist nicht viel von Tanzvergnügen die Rede. Das lag wohl weniger daran, daß sie Tanzen für unschicklich hielt als vielmehr an der Tatsache, daß sie nie eine gute Tänzerin wurde. Sie schreibt, sie habe »noch« nie am Sonntag Ball gespielt, sich aber mit albernen Rätselsprüchen die Zeit vertrieben. Ein Beispiel: »Warum sind Männer wie Fernrohre? – Weil Frauen sie durchschauen.« Das ist typisch für sie: Rätsel und Denkaufgaben haben ihr immer Spaß gemacht. Eines Sonntags ging sie zur Round Church, die »fast so alt wie die Berge« ist. Aber »der englische Gottesdienst dauert so lang. Das Glaubensbekenntnis wiederholen sie zweimal und das Vaterunser oft drei- oder viermal. Für die Königliche Familie wird nie zusammen gebetet, es gibt ein Gebet für Victoria und eins extra für den Kronprinzen. Und die Predigt war lochhaft *(sic!)*. Demnächst werde ich wohl in die Universitätskapelle gehen. Die Leute aus den Colleges gehen nie in andere Kirchen. In der Kapelle gibt es nur einen kurzen Gottesdienst, keine Predigt und schöne Musik. Letzten Sonntag brachte Tante C. G. D. dazu, zum ersten Mal seit einem Dutzend Jahren zur Kirche zu gehen. Sie sagt, er sei ein *Argonostiker (sic!)* – ich glaube, so heißt das. Das bedeutet, daß er ungläubig ist, aber andere nicht zum Unglauben bekehren will. Viele Leute sind hier so. Sie gehen zwar manchmal zur Kirche, aber nur wegen der Musik.« Immerhin scheint sie das nicht sonderlich gestört zu haben.

Den ganzen Sommer lang reihten sich Vergnügungen, Tennis-Matches und Abendgesellschaften aneinander. Mitte September dann sollte Tante Cara mit Maud nach Schottland fahren. Aber zuerst wurde ein neuer Mantel gekauft. »Nachdem wir allerhand schäbige Sachen angeschaut hatten, zeigten sie uns schließlich etwas in brokatgemustertem Samt, eine Art Mantel, aber wie ein Umhang, mit herrlichem Pelzbesatz – ich glaube, es war Schwarzfuchs, nur eher bräunlich. Der Preis war freilich höchst übertrieben: sieben Guineas. Die Verkäuferin sagte, der Pelz koste eine Guinea pro Meter. Und es waren etwa zehn Meter Pelz dran.« Diese Art Rechenrätsel – zehn Meter Pelz zu einer Guinea an einem Mantel für sieben Guineas – war für meine Mutter durchaus kein Widerspruch. Anscheinend wollte Tante Cara sie zum Kauf drängen, doch Maud blieb hart. Der Mantel war »zu fein«. Sie kaufte dann einen für drei Guineas aus »rot und blau gestreiftem Tuch« mit »Federborte« und »Capeärmeln« – »unerhört schick«. Damals begann die Zeit der »ästhetischen« Kleider – die erste Ausgabe der Zeitschrift *Patience* war 1881 erschienen –, doch Tante Cara und Maud fanden sie affig und lächerlich. »Auf einer Gartenparty im Newnham College sah man ziemlich viele ästhetische oder asketische *(sic!)* Kleider«, schreibt Maud. Sie fand sie zwar hübsch, aber irgendwie schlaff. Ihre Meinung dazu: »Tante C. hat ein wirklich einmaliges Nachmittagskleid – nicht ästhetisch, einfach elegant und entzükkend.« Ihr eigenes Lieblingskleid war »mein weißer Albatros« – was immer damit gemeint war.

Um dieselbe Zeit wurde Onkel Dicks Mutter sehr krank: »Egoistisch wie wir sind, hoffen Tante C. und ich, daß sie nicht gleich sterben wird, denn dann müßten wir auf unsere Schottlandreise verzichten.« Das Schlimmste traf glücklicherweise nicht ein, und so fuhren sie los, um George in Edinburgh zu treffen und sich zwei Tage lang mit ihm die Sehenswürdigkeiten anzuschauen: »Die Schotten sind kräftig gebaut, aber ihre Gesichter sind alles andere als fein – sie haben knubbelige Nasen und breite Münder. George D. war wirklich nett. Guter Laune. Als Freund und Bruder ist er mir sehr lieb, und er wäre auch ein guter Ehemann. Aber ein romantischer Liebhaber – das liegt ihm nun mal nicht.« Auf Reisen zeigte sich mein Vater immer von der besten Seite. Es machte ihm Spaß, und er war unterwegs stets voll Begeisterung und Unternehmungslust. Demnach ist es kein Wunder, daß sich Maud ihm nach und nach immer mehr zuwandte. Wenn auch als Verehrer nicht romantisch (obwohl ich glaube, daß sie auch darüber schließlich ihre Meinung änderte), war er doch ein äußerst beschwingter Reiseführer, und ich kann mir keinen Menschen – mit Ausnahme von Sir Walter Scott persönlich – vorstellen, mit dem ich mir lieber Edinburgh angeschaut hätte.

Ende September kehrten sie nach Cambridge zurück, wo Mr. T.s Heiratsantrag und die damit verbundene Krise ziemlich unerwartet über sie hereinbrachen. Über die Tage vor dem Ereignis liegen recht verworrene, unzusammenhängende Aufzeichnungen vor, enthalten in einem Brief an die »liebe Mamma«. Dieses Schreiben war als »vertraulich« gekennzeichnet, es lag eine Liste bei von nur acht nahen Verwandten, denen es gezeigt werden durfte: »Und keinem sonst!« Dann kommt das Wichtigste: »Also – morgens war ich in der Badewanne, als Jenny an die Tür klopfte und sagte: ›Miß Maud, hier ist ein Briefchen für Sie, ich schiebe es unter der Tür durch.‹ Ich holte es mir, und denkt Euch – es war ein *Heiratsantrag*!« Das Briefchen sowie ein Foto von Mr. T. hatte sie ihrem Schreiben beigelegt – eigentlich hätte man Spuren von Badewasser daran erkennen müssen! Mr. T. sieht nicht übel aus, intelligent und gediegen, aber langweilig. Nur sein Bart war voll und fließend, was man damals wohl für sehr attraktiv hielt. Doch leider, leider! er war schon einundvierzig Jahre alt, und seine Beine waren in der Tat sehr kurz geraten. Dazu äußerte sich auch Tante Cara in einem ihrer Briefe nach Amerika: »Warum ist bloß immer etwas Unschönes an den Beinen dieser reizvollen Wesen – etwas, das Unbeteiligten sofort in die Augen sticht, so daß unsere Helden für sie ganz gewöhnlich sind?« (Auch Mr. G. hatte, wie Sie sich erinnern, krumme Beine.) »T. ist sehr männlich, ein guter Schütze, Tennisspieler und Bergsteiger, und er hat, soviel ich weiß, ein Einkommen von rund 2000

Pfund im Jahr.« Dann läßt sich Tante Cara in Einzelheiten darüber aus, was für eine gute Partie Mr. T. wäre. Nur Maud wußte genau, daß er nicht der Richtige für sie war, obwohl Mr. T. schon im Überschwang ein großes Haus gekauft hatte, wo er mit ihr wohnen wollte. Auf der Stelle wurde Georges Rat eingeholt – das kann nicht leicht für ihn gewesen sein.

Maud schildert die Situation so: »Dick bat G. D., etwas über Arcturus, den Stern, ausfindig zu machen, über den Dick ein Buch schreiben wollte. Also kam G. D. nach dem Abendessen, und die beiden zogen sich in Dicks Arbeitszimmer zurück. Zu meinem größten Vergnügen hörte ich, daß sie sich nicht über Arcturus, sondern über Mr. T. und mich unterhalten haben. G. D. dachte, Onkel Dick sei bereits im Bilde. Dick meinte: ›Aber das ist doch eine glänzende Partie. Er ist reich und ein sehr tüchtiger Mann.‹ Das Alter schien für ihn offenbar keine Rolle zu spielen.«

Indessen hätte sich George in dieser Angelegenheit gar keine Sorgen zu machen brauchen, denn Maud schreibt ganz offen: »Ehrlich gesagt, ich bin fast einen halben Kopf größer als er. Er ist eher untersetzt. Sein Haar ist dunkelbraun und prachtvoll gewellt, und er hat einen ansehnlichen braunen Bart. Als Freund mag ich ihn schon, aber sonst nicht. Er ist mir zu klein – stellt Euch vor, ich würde einen Mann heiraten, der kleiner ist als ich! Trotzdem, kleine Männer sind wohl mein Schicksal – die einzigen, die mich mögen.« Tante Cara ging nun daran, einen höflichen Absagebrief aufzusetzen, den Maud abschrieb. Er klang wahrscheinlich etwas zu verbindlich, denn Mr. T. nahm ihn nicht ernst. Dazu wieder Tante Cara: »Er bewundert ihre Offenheit und Aufrichtigkeit (dabei habe ja ich den Brief geschrieben!), und er findet ihre Antwort ermutigend. Gott im Himmel! Kann denn kein Mannsbild begreifen, daß man NEIN sagt, wenn man es ihm nicht gerade laut entgegenschreit? Meine Erwiderung auf diesen (zweiten) Brief ist aber gewiß unmißverständlich. Trotzdem glaube ich, er gibt nicht auf, solange Maud sich nicht mit einem anderen verlobt. Engländer neigen dazu, diese Dinge schwerer zu nehmen als Amerikaner... Jedenfalls sind seine Beine vollkommen gerade, was ja durchaus für ihn spricht, und Kopf und Schultern sind wirklich eindrucksvoll.« Offensichtlich tat es Tante Cara immer noch leid, ein solches Sonderangebot nicht wahrzunehmen. Sie dachte, Maud könne ihn vielleicht »liebgewinnen«. Doch wie immer blieb Maud unerschütterlich, um nicht zu sagen dickköpfig. Der Familie erklärt sie: »Denkt bloß nicht, ich würde Mr. T. heiraten, ich habe keineswegs die Absicht. Erstens möchte ich nicht hier drüben heiraten, zweitens mag ich ihn nicht genug, drittens ist er zu klein, und viertens werde ich meine Bestimmung erfüllen und eine alte Jungfer werden, was ich immer schon vorhatte... Das ist alles... und ich habe wahrscheinlich den einzigen Heiratsantrag ausgeschlagen, den ich je bekommen werde.«

So wurde auch die zweite Absage, ebenfalls von Tante Cara formuliert, von Maud abgeschrieben. Doch Tante Cara ließ die Hoffnung auf Mr. T. noch nicht fahren. »Er ist nicht gerade ein glanzvoller Kandidat«, schreibt sie, »aber nach meiner Auffassung besser als alle Männer, die Maud in Amerika kennengelernt hätte. Ich glaube, als Ehemann könnte er eine Frau glücklicher machen als beispielsweise G. D., dessen Gesundheitszustand immer ein Hindernis wäre. Zugegeben, er ist keine hervorragende Partie: Aber bedenkt, wie selten eine solche zustandekommt. ›Gewiß, die Welt ist aus den Fugen‹ – das trifft auch auf Ehen zu.« Und Maud gab sie noch einmal zu bedenken: »N. in West-Philadelphia tut mir leid, und Du auch, wenn Du dort leben müßtest. Es muß entsetzlich sein, die Jahre schwinden zu sehen und an einem Ort zu sein, wo nichts passiert. Da wäre Mr. T. immer noch besser.« Tante Cara hielt nun mal den Spatz in der Hand für besser als die Taube auf dem Dach, denn sie war sich keineswegs sicher, daß George Darwin wirklich ernste Absichten hegte, obgleich sie ihn sehr gern hatte und über ihn schrieb: »George ist von Natur straff und aufrecht, seine Figur ist wohlproportioniert und seine Stirn außerordentlich schön geformt. Niemand könnte ihn häßlich finden.« Und als Zusatz: »Gerald Balfour sagt, er sei so liebenswert und unverdorben.« Aber sie wollte sich auch nicht den Anschein geben, allzu nachdrücklich für ihn einzutreten, für den Fall, daß – so schrieb sie an George nach der endlich vollzogenen Verlobung – »die Familie Darwin denken könnte, ich hätte diese Verbindung zustandegebracht. So war es ganz und gar nicht, merk Dir das... Wenn es einen Verdacht gibt, den ich energisch zurückweise, dann den, die Heiratsvermittlerin gespielt zu haben.«

Maud hatte freilich von der Ehe weniger nüchterne Vorstellungen als Tante Cara. Sie hatte sich nach und nach in George verliebt, und Mr. T.s letzte Chancen schwanden. Armer Mr. T. – er hat nie geheiratet und wohnte bis zu seinem Ende in dem großen Haus, das er für sich und Maud gekauft hatte. Es ist immer wieder faszinierend, sich auszumalen, wie wir wohl geworden wären, hätte unsere Mutter (oder unser Vater) eine andere Person geheiratet. Aber das ist ein zu weites Feld, um es hier eingehend zu erörtern. Folgendes möchte ich nur dazu bemerken: Wäre Mr. T. unser Vater geworden, hätten wir sicher alle prächtige Bärte. Nur mit Bärten ist heute, besonders für weibliche Wesen, nicht mehr viel anzufangen. Und bei den Beinen, auf die es jetzt sehr ankommt, hätten wir zweifellos den kürzeren gezogen. So wie es war, stand also alles zu unserem besten.

Nach diesen aufregenden Ereignissen war der Sommer vorbei, und Maud ging auf Reisen. Sie fuhr mit einer anderen Tante, die eine wahre Nervensäge war, aufs Festland.

Mein Vater folgte ihren Spuren. Er war zwar kaum drei Jahre jünger als Mr. T. und nur mittelgroß – trotzdem verlobten sie sich im März 1884 in Florenz. Hier muß ich schnell noch hinzufügen, daß die Beine meines Vaters wirklich *vollkommen gerade* waren und er Maud um fünf oder acht Zentimeter überragte. Doch zu dieser Zeit hätte sie ihn wohl auch genommen, wenn seine Beine krumm gewesen wären.

2

Newnham Grange

Sie heirateten also im Sommer 1884 in Eerie, Pennsylvania. Die Lokalzeitung nannte meine Mutter eine »Philadelphia-Schönheit reinsten Wassers«. Im großen und ganzen waren sie sehr glücklich. Die Ruhe meiner Mutter, ihre Ausgeglichenheit und ihr niemals wankender Mut wirkten besänftigend auf die überreizten Nerven meines Vaters, und in allen wichtigeren Angelegenheiten beugte sie ihren starken Willen seinem reiferen Urteil. Wenn er krank war, verhielt sie sich immer freundlich und anteilnehmend und nahm seine Leiden vollkommen ernst. Doch da sie nicht zu den Darwins gehörte, war sie über seine Zustände nicht gerade erfreut. Gesund war er ihr lieber, und infolgedessen ging es ihm auch schon bald viel besser. In mancher Hinsicht wäre sie mit einem jüngeren, kräftigeren, fröhlicheren Mann vielleicht glücklicher geworden und er mit einer Frau, die seinem Intellekt mehr zu bieten gehabt hätte. Aber auf beiden Seiten gab es Eigenschaften, die solche Mängel ausglichen.

In jenem ersten Winter 1884/85 mieteten sie Springfield, das Haus der Jebbs, die den Winter über in Glasgow waren. Dann schauten sie sich nach einem eigenen Haus um. Über einen Freund machten sie zunächst ein Kaufangebot für das Haus, das Mr. T. erst vor kurzem gekauft hatte. Das erscheint mir ziemlich taktlos, doch Mr. T. war ohnehin entschlossen, mit der Dame seines Herzens nicht auch noch sein Haus aufzugeben – seine Antwort lautete, er gedenke, dort selbst zu wohnen. Unbewußt reimend schrieb Tante Cara dazu: »Noch schwerer ist's, ein Haus zu finden, als eine Frau an sich zu binden.«

Schließlich kaufte mein Vater das Familien- und Geschäftshaus der Beales, genau gegenüber von Springfield. Die Beales handelten in Cambridge mit Getreide und Kohlen – es gibt immer noch einen Kohlenhändler dieses Namens in der Stadt –, und ihre Kornspeicher, Lagerhäuser, Vieh- und Pferdeställe und Stapelplätze zogen sich am Ufer der Cam entlang, von der Silver Street Bridge stromaufwärts. Haus und Straße hatten damals keinen Namen, dieser Teil von Cambridge wurde einfach Newnham genannt, danach nannte mein Vater das Anwesen Newnham Grange. Er hatte gewiß sein Geld gut angelegt, doch ich glaube, in Wahrheit hatte er sich in Newnham Grange und sein romantisches Ambiente verliebt. Das Haus stammt aus dem späten 18. Jahrhundert und wurde wahrscheinlich über einem älteren erbaut. Nach Norden geht der Blick auf die Backs, die Südseite steht am Ufer eines Flußarms der Cam, ungefähr in der Mitte zwischen King's Mill und Newnham Mill. Unter einem der Kornspeicher war ein Tor zum Wasser, dorthin brachten früher die Kähne ihre Fracht. Das Getreide wurde zwar immer noch hin und wieder mit Kähnen zur Foster's Mill (der königlichen Mühle) befördert, aber von da aus ging es nicht mehr weiter, deshalb hatten die Beales ihren ganzen Betrieb hinunter zum Bahnhof verlegt. Die beiden alten Damen Beales wohnten noch in ihrem Haus, aber es war ihnen doch zu groß geworden. Mein Vater erwarb es samt allen Nebengebäuden.

Meine Mutter, tapfer wie immer, zeigte sich davon begeistert – die meisten Mütter hätten an ihrer Stelle die Feuchtigkeit gefürchtet und den Fluß gefährlich und übelriechend gefunden. Das war er auch. Ich kann mich genau an den Geruch erinnern – bis zu meinem zehnten Lebensjahr, als die Stadt endlich eine richtige Kanalisation erhielt, ging aller Unrat in den Fluß. Ein Gerücht besagt, Königin Victoria sei einmal von Dr. Whewell, dem Rektor, durchs Trinity College geführt worden. Dabei schaute sie über das Brückengeländer hinunter und fragte: »Was sind das für Papierfetzen da unten im Fluß?« Und er antwortete geistesgegenwärtig: »Das, Madam, sind Verlautbarungen, daß das Baden hier verboten ist.« Wir wohnten gottlob oberhalb der Stadt, wo es nicht ganz so schlimm war. Aus demselben Grund befanden sich auch die Badeanstalten am oberen Fluß, bei Sheep's Green und Coe Fen.

Zu jener Zeit waren beide Mühlen noch in Betrieb. Dort, wo Foster's Mill stand, bevor sie abgerissen wurde, sehe ich noch heute einen unnatürlich leeren Fleck in der Landschaft. Und ich kann mir kaum vorstellen, daß die Buben, die jetzt fischend auf der Böschung sitzen, nichts davon ahnen, daß hinter ihnen einmal eine große Mühle gestanden hat. Stundenlang sahen wir zu, wie die schweren Kornsäcke per Flaschenzug hinauf zum überhängenden Giebel gehievt wurden, manchmal aus einem Kahn, häufiger aus den großen, gelben, mit vier Pferden bespannten Fuhrwerken, die unter der Falltür standen. Mit ihrem eigenen Gewicht stießen die Säcke die Falltür auf, die laut klappend hinter ihnen zufiel. Nachts hielt sich ein Wächter in der Mühle auf, der sich die Zeit mit Flötenspielen vertrieb. Um drei Uhr morgens klang das ziemlich schauerlich, denn er beherrschte seine Kunst nicht besonders gut. Meinen Vater, stets von Schlaflosigkeit geplagt, störte das unmelodiöse Getute sehr, aber er hielt es für rücksichtslos, dagegen zu protestieren. Am Ende wurde jedoch eine Vereinbarung getroffen, die beide zufriedenstellte.

Mein Vater restaurierte das Haus und veränderte die Küchenräume, die dadurch noch weitläufiger und steinkälter wurden als vorher. Er ließ ein paar Speicher und Ställe abreißen und dort, wo der gepflasterte Hof gewesen war, einen Tennisplatz anlegen. Überdies ließ er zwei Holzbrücken über den Flußarm bauen, damit man auf die beiden Inseln gelangen konnte. Der Fluß ist nämlich an dieser Stelle außerordentlich verzweigt, mit Mühlgerinnen, Wehren und Teichen und mehreren alten Kanälen und Gräben, die das Sumpfland durchziehen. Leider ließ er auch am Wohnzimmer einen Erker anbauen, der die georgianische Symmetrie des Hauses zerstörte. Aber damals hielten die Architekten nicht viel von der Bauweise des 18. Jahrhunderts.

Vom Erkerfenster aus konnte man unter den Gewölben der Baumkronen flußaufwärts blicken und sah die Kühe durch die Furt unterhalb des Mühlweihers in die Ställe zum Melken wandern, viermal am Tag hin und her. Ein schöner Anblick, den meine Mutter sehr liebte. Sie liebte überhaupt den ganzen Besitz und fragte, von romantischem Eifer getrieben, eine der alten Beales-Damen, ob es denn im Haus keine Geister gebe? Darauf erwiderte das alte Fräulein: »Oh, wir sprechen nie davon. Darüber kann ich Ihnen nichts sagen« – und verstummte. Meine Mutter schloß daraus, es müsse einen Geist geben. Jahre später – eine der alten Damen war inzwischen gestorben – traf meine Mutter die andere und sagte: »Ich wünschte, Sie würden mir die Geschichte von dem Gespenst erzählen. Ihre Schwester wollte mir nichts darüber sagen.« Miß Beales schien ärgerlich überrascht, murmelte etwas vor sich hin und meinte schließlich: »Hat meine Schwester wirklich angedeutet, hier gäbe es ein Gespenst? Das sieht ihr ähnlich. Sie hatte einen höchst merkwürdigen Humor.« Auf viktorianisch hieß das, sie habe meine Mutter an der Nase herumgeführt. Wir fanden nie heraus, ob es sich wirklich nur um einen Scherz gehandelt hatte oder ob es eine Geschichte gab, die die Schwestern vor uns verbergen wollten. Niemand hat je einen Geist gesehen. Doch wenn es einen gegeben hätte: Wir Kinder wußten genau, wo sein Versteck hätte sein müssen: in dem dunklen Wandschrank auf dem obersten Treppenabsatz. Das Haus hatte sowieso eine geisterhafte Atmosphäre.

Einen der Kornspeicher am Fluß baute der Architekt zu einer schmalen, langen Galerie über dem Tennisplatz aus. Für die Rasereien im modernen Sport hätte der Platz kaum die ausreichende Größe, aber er genügte voll und ganz für das lahme Tennisspiel der früheren Zeiten, als jung und alt noch gemeinsam und gänzlich unprofessionell auf dem Platz herumhüpften. Die Galerie war für die Zuschauer der Tennispartys vorgesehen, lag aber nach Norden und war für diesen Zweck stets zu kalt. Da der Architekt aber wirklich gut war, hatte er auch ein elegantes Bogenfenster mit reliefgeschmückter Steinfassung im neuesten viktorianisch-gotischen Stil eingefügt, das der gregorianisch schmucklosen Außenmauer des Speichers eine erfreulich exotische Note verlieh. Es ist so absurd, daß es irgendwie schon wieder bezaubernd wirkt. Aber was für vertrackte Einfälle Architekten mitunter haben!

Im Sommer nahmen wir den Tee im Garten unter der mächtigen Rotbuche am Fluß. Dort malte Miß Cecilia Beaux, eine bekannte amerikanische Künstlerin, meine Mutter in Pastell. Sie war eine ausgezeichnete Porträtistin in impressionistischer Manier – mehr oder weniger nach Manet. Es ist ein wunderschönes Bild meiner Mutter, die mit Miß Beaux eng befreundet war – übrigens war die Malerin eine der Damen, die ich manchmal als Anstandsdame begleiten mußte (siehe Kapitel 6), und sie gehörte zu den wenigen Besucherinnen, die ich wirklich gern mochte. Wenn ich mich recht entsinne, interessierte ich mich damals sogar für ihre Malerei.

Am Rand des Tennisplatzes stand der andere große leere Kornspeicher, der nicht abgerissen worden war. Meine höchst einfallsreiche Mutter experimentierte mit einer Reihe von Nutzungsmöglichkeiten für dieses Gebäude. Einmal plante sie, im oberen Stockwerk Champignons zu züchten, dann wurde der erste Stock Trockenraum für die Wäsche, die im Erdgeschoß gewaschen wurde. Die Dienstmädchen mußten zu diesem Zweck das Wasser vom Fluß heraufpumpen, was sie nur ungern taten. Ein anderes Mal wurde im ersten Stock ein Hühnerstall eingerichtet. Der Getreidespeicher stand über einem Kellergewölbe, das oft überflutet wurde. Deshalb wohnten die Hühner in der Höhe, und ein kleines Türloch wurde für sie durch die Wand gebrochen, von dem aus eine Leiter zum Boden führte. Man mutete den armen Hühnern zu, diese Leiter herabzusteigen, den Hof zu überqueren, durch ein weiteres Loch im Hoftor zu schlüpfen und über die Straße zu laufen, wo sie auf Queens' Green ihren Auslauf hatten. Ich weiß nicht, ob dieser Weg für ihren bekannten Mangel an Intelligenz zu kompliziert war, oder ob es ihnen einfach zu beschwerlich war, die Leiter zu erklettern, oder ob sie von den flinken zweirädrigen Droschken oder den damals üblichen Metzgerwagen überfahren wurden – jedenfalls, der Plan war kein Erfolg. Nach kurzer Zeit wurde den Hühnern eine bekömmlichere Residenz auf der großen Insel zugewiesen, und meine Mutter entwarf für sie eigens eine kleine Brücke über den Graben zur Lammasland-Wiese. Sie hatte Ähnlichkeit mit der Seufzerbrücke, bestand aber aus Maschendraht, und mit etwas Nachhilfe lernten die Hühner, sie zu benutzen.

Aber das Hühnertürchen in der Mauer des Kornspeichers blieb, und es war eine unserer Lieblingsbeschäftigungen, an einem Regenrohr hochzuklettern und uns durch das Loch in den Speicher hineinzuwinden. Einmal blieb ich im Hühnerloch stecken, weil ich zu dick war, und nur unter den größten Schwierigkeiten konnte ich lebend wieder herauskommen – ich habe noch heute Alpträume davon.

Als ich ungefähr neun war, wurde beschlossen, daß mit dem inzwischen völlig verfallenen Kornspeicher etwas geschehen mußte. Prompt kam meiner Mutter die Idee, den oberen Teil als Wohnung auszubauen und zu vermieten.

Lange Zeit hatten wir ungeheuer viel Spaß mit den Gerüsten, die aus dem Fluß aufragten, mit Leitern, Mörtel, Bauarbeitern und dem ganzen Durcheinander. Im Erdgeschoß unter der Wohnung wurde eine Remise eingerichtet und ein Stall für das Pferd, das meine Mutter immer schon haben wollte und nie anschaffte. Dort befindet sich jetzt die Garage, aber ich habe noch oft das Gefühl, sie werde vom wehmütigen Geist eines Pferdes heimgesucht, das es nie gegeben hat. Die Wohnung, die eigentlich ein Haus auf Stelzen war, wurde von meiner Mutter liebevoll mit vermeintlich praktischen Hilfsmitteln ausgestattet: die Eingangstür konnte geöffnet werden, ohne daß man hinunterstieg, und Brot wurde in einem Korb nach oben gezogen. Naturgemäß bestand der Architekt auf den berüchtigten viktorianischen Prinzipien: Das Speisezimmer mußte so weit wie möglich von der Küche und das Bad ebenso weit vom Heißwasserboiler entfernt sein. Und dieser Architekt nahm es mit solchen Dingen sogar besonders genau – er schrieb ein Buch über Hausplanung, in dem es hieß: »Keinesfalls soll der Kohlenkeller nah bei der Küche liegen – auf diese Weise wird garantiert Brennstoff gespart.« Das neue Haus erhielt den Namen »Kornspeicher«.

Hinter dem Kornspeicher zog sich ein weiteres Gartenstück am Flußufer entlang. Ich weiß noch, wie ich in der Dämmerung eines Juniabends dort im Garten dem Zug der Ruderboote zuschaute, mit dem die Mai-Regatta abschloß. Die Achter waren mit Blumen und Fähnchen geschmückt und ruderten hinauf zum Mühlenweiher, dort wendeten sie und kamen zurück. Das muß 1892 gewesen sein, da fand der Zug zum letzten Mal statt.

Im Innern wurde Newnham Grange selbstverständlich laufend modernisiert, denn meine Mutter hatte eine hohe Meinung vom Fortschritt. Neben der Tür zum Kinderzimmer ließ sie einen riesigen Kohlebehälter einbauen. Über die schmale Hintertreppe schleppten die Kohlenmänner ihre Säcke hinauf und weiter durch die engen, gewundenen Gänge, wobei sie entsetzlich viel Dreck hinterließen. Das alles sollte den Dienstmädchen Arbeit ersparen, gefiel ihnen aber gar nicht – mehr, weil es ungewohnt war, als wegen des Kohlenstaubs. Übrigens hatten wir nun auch ein Badezimmer, die Wanne dezent mit Mahagoniholz verkleidet, damit man die Füße nicht sah.

Außerdem ließ meine Mutter ein System von Sprachrohren aus dem Kinderzimmer in die Diele installieren, das aber nie benutzt wurde; es war zwar nicht so fein, aber wesentlich einfacher, über die kurze Hintertreppe hinaufzurufen. Bei uns zu Hause wurde ja ohnehin nie nach dem Mädchen geklingelt, wenn Kohle nachgelegt werden mußte. Meine Mutter schickte lieber ein Kind, um das Notwendige zu erbitten, falls das Kind es nicht gleich selber tun konnte. Ich will nicht behaupten, daß sie niemals klingelte, wenn gerade kein Kind zur Hand war. Doch eher ging sie zur Tür und bat einen, der gerade vorbeikam, um Hilfe. Als echte Amerikanerin ließ sie immer die Türen halb offen – in geschlossenen Räumen hätte sich sich zweifellos gelangweilt. Einer der vier großen unteren Räume wurde zum Rauchzimmer ernannt. Rauchen war damals noch nicht ganz gesellschaftsfähig, was meinen Vater natürlich nicht davon abhielt, überall zu rauchen. Später wurde es dann das Schulzimmer. In den Kinderzimmern, den Gängen und Schlafräumen gab es Gaslicht, meist zischende Brenner ohne Schirm – der braune Kern in den blütenähnlichen Flammen faszinierte mich stets aufs neue. Eine Rapsöllampe beleuchtete das Wohnzimmer, im Speisezimmer brannten hohe Kerzen. Aber so bald wie möglich wurde bei uns elektrisches Licht gelegt, obwohl es als sehr teuer galt, jedenfalls viel zu verschwenderisch für Küchen und Dachböden. Es wurde darauf geachtet, daß die spärlichen Lampen in den Gängen stets ausgeknipst wurden. Auch Telephon hatten wir schon sehr früh, Nr. 10 auf der Liste installierter Anschlüsse. In der Küche, nahe dem riesigen Kohlenherd, in dem das Feuer fröhlich rumorte, stand der mechanisch betriebene Bratspieß hinter seinem glänzenden Schutzschirm. Der Schirm wurde hauptsächlich zum Abdecken der Tröge benutzt, in denen der Brotteig in der Wärme aufging. Unser Brot wurde zu Hause mit steingemahlenem Mehl aus der Grantchester Mill gebacken.

Im Sommer 1885 kam ich auf Newnham Grange zur Welt und verbrachte dort mit meiner Schwester und meinen Brüdern die ganze Jugendzeit.

Aus dem großen Fenster des Kinderschlafzimmers schauten wir unmittelbar hinunter auf den langsam fließenden grünen Fluß. Ein vorbeiziehendes Boot zeigte sich als wandernder Lichtfleck an der Zimmerdecke, wo der Widerschein der sonnenbeschienenen Wellen rhythmische Tänze aufführte. Über die kleine Insel hinweg blickten wir bis zum Wehr und den Fußweg entlang zum Oberen Fluß, wo in meiner Vorstellung der HERR seine Schäflein auf die grüne Weide führte. Ununterbrochen hörten wir die fernen Laute des Wassers, das über das Wehr rauschte, und in stürmischen Winternächten drangen von weit her die Pfiffe der Lokomotiven und die Rangiergeräusche vom Bahnhof zu uns, wenn man nicht schlafen konnte, weil man einen »Fieberanfall« hatte und wunderbarerweise ein Feuer im Kinderschlafzimmer brannte, das den schwankenden Schatten des Kamingitters an die Decke warf. Wir waren froh, sicher und warm im Bett zu liegen, denn die Nacht draußen war grausig und einsam. Frühmorgens, noch im Dunkel, hörten wir manchmal auf der großen Insel die Hähne krähen, die den Schlaf meines Vaters empfindlich störten.

Aus dem Kinderspielzimmer ging der Blick über die Straße zur Grasböschung und den Linden auf der anderen

Seite, dann weiter über Queens' Green hinweg zu den mächtigen Ulmenwipfeln der Backs. Die Weidefläche von Queens' Green lag damals tiefer als die Straße, und die Pferde grasten auf dem glatten Rasen jahrhundertealten Weidelands. In der Kinderzeit glaubte ich, ein Gedicht, welches mir so sehr gefiel, wäre über dieses Fleckchen Erde geschrieben worden:

Gänseblümchen, Margeriten,
Blumen allzumal,
Kommen her, uns zu berichten
von der Sonne Strahl.

Dann aber wurde vom Stadtrat beschlossen, Queens' Green müsse aufgefüllt werden, und über zwei oder drei Jahre hin verwandelte sich die Weide in eine abstoßende Grube, auf der die Müllwagen ihre Fracht abluden. Die Pferde rutschten in dem glitschigen Matsch, oft stürzten sie und lagen hilflos in ihrem Geschirr wie gefallene Ritter in ihrer Rüstung. Mit entsetztem und maßlosem Mitleid sah ich ihnen zu. Wären es Menschen gewesen, es hätte mir nicht annähernd so viel ausgemacht, aber das Leiden der Pferde war wie mein eigenes. Schließlich wuchs wieder Gras auf Queens' Green. Doch der uralte Rasen war dahin und mit ihm die Gänseblümchen – so schön wie früher ist es nie mehr geworden.

Einmal wurde ich im Nachthemd aus dem Bett geholt und hinunter zur Haustür getragen, um zu sehen, wie das Wasser in der Nacht plötzlich gestiegen war und die Straße und Queens' Green überschwemmt hatte. Meine Eltern waren zu Fuß zum Dinner ausgegangen, die verängstigten Mädchen schickten ihnen einen Wagen hinterher, der sie rasch nach Hause holte. Das Wasser stand noch nicht sehr hoch auf dem Pflaster, ging aber immerhin bis zur Radnabe.

Die Keller waren überflutet, und Vater mußte durch den Garten waten, um eine Katze zu retten, die sich auf eine Mauer geflüchtet hatte. In meiner Jugend gab es mehrere herrliche Hochwasser, nur kamen die Fluten nie bis ins Haus, nicht einmal bei der großen Überschwemmung 1947.

In seinen *Erinnerungen an Cambridge* verzeichnet Gunning eine sehr hohe Flut im Februar 1795. »An jenem Abend fand ein Ball der Freimaurer statt, und ein Wagen wartete darauf, Mrs. Beales und ihre Freunde dorthin zu fahren. Um sein Leben und das seiner Pferde zu retten, mußte der Kutscher lospreschen und die Gesellschaft zurücklassen. Monsieur Corneille, ein berühmter Friseur, dessen Eintreffen in der Stadt von mehreren Leuten dringend erwartet wurde, konnte Mrs. Beales Haus nicht verlassen und war gezwungen, die Nacht dort zu verbringen.« Es ist klar, daß hier von unserem Anwesen die Rede ist, und aus dem Zusammenhang geht deutlich hervor, daß das Haus, abgesehen von den Kellern, auch damals nicht unter Wasser stand. Nach den Hochwassermarken in Queens' Cloister Court stieg diese Flut aber höher als jede, die wir erlebten.

Vom Fenster des Kinderspielzimmers schaute man nach links auf Springfield und den Anfang der Sidgwick Avenue, die damals gerade angelegt und von uns »die neue Straße« genannt wurde. Dort wo sie die Backs kreuzte, ging der lahme Straßenfeger hinkend und gebückt mit dem Besen seiner Arbeit nach. Rechts sah man den kleinen Hof eines Baugeschäfts und zwei winzige Häuser, dahinter hohe Bäume, Silver Street Bridge und das Queens' Essex-Gebäude. Unsichtbar war nur das kleine Tudorhäuschen, das unter den Bäumen stand. Ein nächtlicher Brand im Bauhof gegenüber gehört zu meinen ganz frühen Erinnerungen. Meinen Vater versetzten die Funken, die über die Straße zum Kornspeicher flogen, in höchste Aufregung.

Die zur Brücke führende Straße hatte einmal ein Geländer, ein wunderschönes georgianisches Geländer, das man inzwischen wegbereinigt hat. Manchmal waren die Leute froh, sich dahinter vor dem verschreckten und aufgescheuchten Vieh verstecken zu können, das montags mit Schlägen und Geschrei zum Markt getrieben wurde. Wo heute die Brücke ist, muß es wohl schon immer einen Übergang gegeben haben: Desiderius Erasmus persönlich ist vermutlich auf seinem Spaziergang von Queens' College aus über unsere Straße gewandelt.

Im Sommer drang der dicke weiße Puderstaub durch alle Fenster, er wirbelte in Wolken unter den Pferdehufen auf und färbte Gras und Bäume entlang der Straße weiß. Im Winter war alles von zähem, schleimigem Schmutz bedeckt, den die Straßenreiniger abkratzten und schaufelweise wie eine köstliche Suppe in ihre Karren schöpften. Und immer und überall Pferdegeruch, er drang mit dem Staub durch die Fenster, nicht gerade angenehm, aber bei weitem nicht so aufdringlich wie die heutigen Benzin- und Auspuffdünste. Oft hörten wir das Hufgeklapper der Mietkutschenpferde und das Glockengeklingel, wenn sie vorübertrabten. Fast immer waren es ehemalige Rennpferde aus Newmarket, die, um die Studenten zufriedenzustellen, so tun mußten, als galoppierten sie, egal, wie langsam sie in Wirklichkeit trotteten. Meine Cousine Nora behauptete, jedes einzelne dieser Pferde am Gesicht zu erkennen. Dann gab es noch das eilige Gerumpel der Metzgerkarren mit ihren wilden, kleinen Ponys, von denen wir annahmen, sie würden mit Fleisch gefüttert, um sie böse zu machen, und die gelben Milchwagen mit ihren schweren, messingverkleideten Kannen und den Schöpflöffeln, die an der Seite an Haken hingen, und die Kaltblüter mit ihren bepelzten Hufen, welche die schwerbeladenen Getreidefuhrwerke vom Land hereinzogen. Samstags, am Markttag, trotteten die Bauern mit ihren Einspännern und die Fuhrwagen mit ihren langsamen Pferden aus bis zu 20 km entfernten Dörfern vorbei. Manchmal hatten die Wagen eine Plane, oft waren sie auch ganz offen, mit Bretterbänken, auf denen zwölf Frauen in Umhang und Haube saßen, je sechs an jeder Seite zusammengepfercht während der endlosen Fahrt.

Noch 1914 gab es in Croydon-cum-Clopton, 16 km von Cambridge entfernt, einen Fuhrmann, der morgens um 6.30 Uhr losfuhr und abends um zehn zurückkam. Obwohl er noch nicht alt war, hatte er weder lesen noch schreiben gelernt, nahm aber überall an der Straße Bestellungen auf, ein Päckchen Nadeln für Mrs. Soundso, eine neue Teekanne für Mrs. Sowieso, und lieferte alles korrekt auf dem Rückweg ab.

Tagsüber klapperten dauernd die schwerfälligen Mietdroschken bei uns vorbei zum Bahnhof. Und manchmal hörten wir – noch langsamer, noch schwerer und trauriger – den Hufschlag der ältesten Pferde der Welt, die die schwarzen Kutschen zu einer Beerdigung nach Girton zogen, in denen jeweils vier melancholische Studenten saßen.

Indessen eilten die Mädchen von Newnham College leichtfüßig zu ihren Vorlesungen, Professoren begaben sich mit »im Wind flatternden Gewändern« in die Hörsäle, und Studenten in ihren losen Gürteljacken spazierten paarweise zum Büffeln ins Repetitorium.

Fast jeden Tag sahen wir den Rektor von St. Catherine's College auf seinem zierlichen schwarzen Pony vorüberreiten, einen gebrechlichen Herrn im Priestergewand, der uralt und verloren wirkte. Sogar wir Kinder wußten, daß er seit dreißig Jahren, seit den Gerüchten um seine Wahl zum Rektor im Jahr 1861, von allen an der Universität gemieden wurde. Und es hieß, daß man ihn stillschweigend übergangen hatte, als die Reihe an ihm war, Vizekanzler zu werden. Das alles wegen der Vermutung, er habe damals bei der Wahl im College mit einem anderen Dozenten verabredet, daß einer dem anderen seine Stimme geben sollte. Die beiden erhielten die gleiche Stimmenzahl, dann wählte Dr. Robinson sich selbst und wurde mit einer Stimme Mehrheit Rektor. Die Affäre ist jedoch nie ganz aufgeklärt worden. Meine Eltern grüßten ihn, wenn sie ihm draußen begegneten, schon wegen der armen Mrs. Robinson, aber zu Gesellschaften wurde er nie eingeladen. Oft ritt seine Tochter Mary auf einem größeren Pferd mit ihm aus, was aber seine Aura von Einsamkeit nur verstärkte.

Zuweilen kamen Handwerker mit Arbeitsgerät in geflochtenen Strohtaschen auf ihren altmodischen Hochrädern vorbei oder freundliche Drehorgelmänner oder ein kleiner Italiener mit zitterndem Äffchen oder einem Tanzbären. Jeden Abend trat der Laternenanzünder mit der langen Stange auf und zündete die Gaslampen an. An manchen Sommerabenden marschierten prachtvoll rot uniformierte Freiwillige vorüber, schön anzusehen, aber auch ein bißchen furchteinflößend: Sie weckten in meinem Kindergemüt eine schattenhafte Vorstellung von dem, was Krieg bedeuten könnte. Der Klang der Militärkapelle und ihrer auf der Brücke hallenden Marschtritte drehte mir das Herz im Leib um.

Da gab es immer etwas zu sehen – das ganze Leben von Cambridge strömte in beiden Richtungen über unsere Brücke und an unserem Haus vorüber.

3

Theorien

Seit 1878 traten die revidierten Statuten, nach denen Dozenten heiraten durften, ohne ihren Status zu verlieren, nach und nach an den Colleges in Kraft. Bis dahin durften, bis auf einige wenige Ausnahmen, nur Hausvorsteher und Professoren heiraten, so daß es an der Universität wenig Kinder gab. Nach 1878 freilich traten immer mehr Familien in Erscheinung. Ich selbst gehörte zwar nicht zu den Ältesten, aber immerhin zu den ersten Würfen dieser Dozentenbrut und wurde in eine Gesellschaft hineingeboren, die noch wenig zahlreich und sehr exklusiv war. Die Stadt zählte natürlich überhaupt nicht dazu.

Unter meinen Geschwistern jedoch war ich die Älteste, eine schwierige Position, denn die Erprobung der Erziehungstheorien meiner Mutter traf mich mit ungebremster Wucht. Mir fiel es zu, den Jüngeren durch den Dschungel ihrer guten Absichten einen Weg in die Freiheit zu bahnen.

Ich glaube nicht, daß meine Mutter häufiger als andere Eltern von theoretischen Anfällen heimgesucht wurde. Viele Kinder, die ich kannte, hatten Eltern, die der Theorie weit mehr verfallen waren als sie. Schlimmer noch, sie setzten diese abstrakten Grundsätze auch konsequenter durch. Es gab Kinder, die nicht radfahren durften; anderen war es verboten, Boot zu fahren. Manche wurden gezwungen, Geige zu spielen oder stets einen Schal zu tragen. Einige durften keine Rosinenbrötchen essen, wieder andere mußten kalt baden: lauter verrückte Einfälle und Marotten. Sollten manche Kinder nur barfuß gehen, so wurde es anderen streng untersagt. Die Theorien meiner Mutter hielten oft nicht lange stand. Und Gott sei Dank gab es eine Menge Schlupflöcher und Seitenwege, ihre festgefügten Anordnungen zu umgehen. Zudem ging sie oft aus oder verreiste. Und Nana war, wenn auch loyal, doch überaus menschlich und hielt es mit der praktischen Vernunft. Im ganzen durften wir uns wohl freier fühlen als viele unserer Zeitgenossen.

In ihrem unerschütterlichen amerikanischen Glauben an Unabhängigkeit hielt uns meine Mutter dazu an, Dinge selbst zu tun, anders als andere wohlerzogene Kinder unserer Klasse, von denen manche noch nicht einmal *wußten*, daß man sein Bett selber machen konnte. Zweifellos diente es hauptsächlich der Bequemlichkeit, daß ich es war, die mitunter einen freien Tag bekam, um den stets verschlossenen Vorratsschrank auszuräumen und zu säubern. Aber die Theorie, uns unsere Betten selbst machen und unsere Fahrräder eigenhändig putzen zu lassen, bedeutete einen großen Fortschritt. Hin und wieder mußten wir sogar unsere Schuhe blank reiben, was großen Spaß machte. Auch sollten wir kochen lernen, doch das ging nicht, weil immer eine freundliche Köchin mit in der Küche war, die einem sagte, was man tun mußte und das Feuer überwachte. Einmal, als Margaret mit dem Kochunterricht dran war, unternahm sie es in Abwesenheit der Köchin, zum Abendessen eine Gans zu braten, die dann, weil das Feuer ausging, nach und nach im Backofen erfror. Es gab ja damals noch keine Gasöfen! Der Besuch jedoch lobte die köstlichen Tomatensandwiches, die sie an jenem Nachmittag zum Tee gereicht hatte. Später allerdings wurde entdeckt, daß sie anstelle von Pfeffer mit reichlich Keatings Insektenpulver gewürzt waren, versehentlich natürlich. Den Grundsätzen meiner Mutter verdankten wir teilweise, daß wir 1940, als wir urplötzlich mit den nackten Tatsachen des Lebens konfrontiert wurden, nicht ganz so hilflos wie andere dastanden. Wenn auch, weiß Gott, immer noch tölpelhaft genug!

Selbst als ich jung verheiratet war, wäre es mir nie in den Sinn gekommen, etwa selbst zu kochen oder mein Baby selbst zu versorgen, obwohl wir damals keineswegs mit weltlichen Gütern gesegnet waren. Nicht, daß ich zu stolz war zu arbeiten – es hätte mir nicht das geringste ausgemacht, nur hatte ich einfach keine Ahnung, wie man einen Haushalt selbständig führte und hätte es mir nicht zugetraut, trotz aller Bemühungen meiner Mutter, uns die Hausarbeit nahezubringen. Natürlich war ich im Prinzip gegen Hausangestellte, selbst wenn sie mit Zuneigung und Respekt behandelt wurden wie unsere daheim. Aber das war nichts als abstraktes Gedankengut, denn ich hatte mir nie überlegt, wie man ohne sie auskam. Tatsächlich schien ihre Anwesenheit mir unvermeidlich, eine notwendige und sehr erträgliche Einrichtung, sowohl für sie als auch für uns. Welch langen Weg haben wir in den letzten vierzig Jahren zurückgelegt!

Es tat uns aber außerordentlich gut, uns manchmal selbst durchzuwursteln, mehr als es für Kinder unserer Zeit und Klasse üblich war. Das hatte jedoch nur zum Teil mit den Unabhängigigskeitsprinzipien meiner Mutter zu tun. Zum größeren Teil war es ein Ergebnis ihrer lässigen Lebenshaltung, die einer gewissen Faulheit nicht entbehrte und zu ihren liebenswertesten Eigenschaften gehörte. Gewiß verfolgte sie alles, was sie interessierte, mit unerschöpflicher Energie. Sie unterzog sich großen Mühen und langwierigen Expeditionen, um für andere eine Köchin ausfindig zu machen. Brauchte sie aber selbst eine Köchin, so fand sie das langweilig und gab sich fast ebensoviel Mühe, jemanden zu finden, der die ermüdende Aufgabe für sie übernahm.

»Sehr wichtige« Komitee-Sitzungen hielten sie bisweilen davon ab, uns bei dem großen Familienumzug zu begleiten, wenn wir in den Sommerferien ein Haus in Yorkshire gemietet hatten. Es war dann an meinem Vater, die schwierige Reise zu organisieren und durchzuführen. In Ely und York mußten wir umsteigen, mit Bergen von Gepäck und den Dienstmädchen und den Hunden und dem Kinderwagen und dem Papagei und dem Kinderbett und der Badewanne und uns Kindern, vor allem Billy, dem im Zug stets schlecht wurde. Nach der Ankunft im Haus räumten Nana und ich die Sachen ein. Einen oder zwei Tage später reiste dann meine Mutter unbeschwert an und fand alles fertig vor. Aber wir machten es gern und sehr gut, warum sich also sorgen? Die meisten Mütter hätten es dagegen für ihre Pflicht gehalten, sich an dem ganzen Durcheinander zu beteiligen. So war es immer: In gewisser Weise führten die Mädchen den Haushalt. Solange sie taktvoll auf ihre persönliche Sparsamkeit und ihre eigenartigen Einfälle Rücksicht nahmen, war meine Mutter damit sehr einverstanden. Trotzdem war es entschieden *ihr* Haushalt, sie führte ihn eben auf ihre eigene Weise. Es war gemütlich bei uns, das Essen war immer ausgezeichnet, und die Mädchen blieben über lange Zeit: die großartige Mrs. Phillips (Mrs. wurde sie natürlich nur aus Höflichkeit betitelt) beinahe dreißig Jahre. Gastfreundschaft stand an erster Stelle: In diesem Haus konnte man unerwartet fünf Leute mit zum Lunch bringen, ohne daß sich jemand darüber aufregte. Während ihrer Regierungszeit lag der Haushalt natürlich ganz in den Händen von Mrs. Phillips, doch der Schein wurde gewahrt. Man mußte nur sehen, wie geschickt Mrs. Phillips und meine Mutter sich aus dem Weg gingen, wenn sie böse aufeinander waren. Doch selbst Mrs. Phillips blieb der lächerliche Umstand nicht erspart, um jedes Glas Marmelade und jede Streichholzschachtel aus dem Vorratsschrank zu bitten, weil sie selbst nicht einen Augenblick lang über den Schlüssel verfügen durfte.

Die Unantastbarkeit des verschlossenen Vorratsschranks gehörte für meine Mutter zu den Grundfesten ihrer geheiligten Haushaltstheorien. Das Öffnen des Schranks war eine in ihrem Ablauf nie ganz voraussagbare Zeremonie. Zunächst mußte man meine Mutter in einem günstigen Moment erwischen; dann mußte der Schlüssel gefunden werden. Dann hatte jedes Mädchen das für ihre Arbeit Notwendige regelrecht zu beantragen. War meine Mutter abwesend oder krank, so wurden mir der Schlüssel und die Durchführung der Riten anvertraut. Weil ich fand, die Ausgabe jedes einzelnen Stücks Seife mache den Mädchen das Leben recht schwer, gab ich immer das Doppelte der geforderten Menge. Doch mit Anpassungsfähigkeit, die eine der wichtigsten menschlichen Eigenschaften ist, fanden die Mädchen bald eigene Auswege: Sie baten um mehr als sie brauchten und legten kleine Vorräte für die Zukunft an. Oder sie »vergaßen« absichtlich die Seife im Schlafzimmer meiner Mutter. Oder sie achteten darauf, daß ausgerechnet die Zuckerdose im Speisezimmer leer blieb. Das war für niemanden besonders lästig, doch ihrem Schwarzen Engel mit Namen Sparsamkeit wurde durch diesen Schein der Unterwürfigkeit gehuldigt, während in allen wichtigen Dingen ihr Guter Engel namens Heiterkeit regierte.

Diesem Guten Engel war es auch zu verdanken, daß wir mehr allein herumstreifen durften als andere Kinder. Als ich elf oder zwölf Jahre alt war, wurde mir sogar erlaubt, nach Einbruch der Dunkelheit durch die Backs zu radeln, wenn ich zum Tee bei meinen Cousinen gewesen war. Dort war es abends sehr still und einsam, vielleicht auch etwas unsicher, aber eigentlich kannte sie keine Furcht.

Ich dagegen fürchtete mich, sprach aber nie darüber. Mit meinen Cousinen zusammenzusein war mir wichtiger als alles andere, und die Einschränkung meiner Freiheit fürchtete ich mehr als alle Schrecken der Dunkelheit und Einsamkeit. Die Backs waren allerdings ein furchterregender Ort, sogar bei Tage, weil sich dort eher als anderswo tollwütige Hunde herumtrieben. Das sagte jedenfalls meine Cousine Frances, und die wußte Bescheid. Sie hatte nämlich einmal eine höchst mysteriöse Gestalt gesehen, die etwas mit tollwütigen Hunden zu tun hatte: ein Mädchen mit roten Flanellsohlen an den Schuhen. (Ich kann mir nicht vorstellen, wer das gewesen sein soll, wenn nicht die Göttin der Tollwut höchstselbst?) Wir beschäftigten uns sehr viel mit der Möglichkeit, der Wahrscheinlichkeit tollwütiger Hunde, die sabbernd und winselnd, mit roten hängenden Zungen herumrannten, wie auf Caldecotts Gemälde *Der Hund, der gestorben war*. Natürlich gab es damals wirklich tollwütige Hunde und unsere mußten zeitweise Maulkörbe tragen. Das nur als Rechtfertigung unserer Angst.

Selbst als wir älter und die Backs tagsüber nicht mehr so beängstigend waren, blieb es doch nachts sehr unheimlich, die weiten Strecken der Dunkelheit zwischen zwei schwachen Gaslaternen zu durchradeln, wo sich schattenhafte Liebespaare hinter den dicken Ulmenstämmen versteckten. Vielleicht aber auch Schlimmeres als Liebespaare? Mörder? Wegelagerer? Wir hatten damals nur eine Öllampe oder eine Laterne mit Kerze am Fahrrad, die, um alles noch schlimmer zu machen, bei jedem schwachen Luftzug ausgingen. Doch ich biß die Zähne zusammen und radelte, schnell wie der Wind, in der Hoffnung, mit dem Leben davonzukommen. Für die Freiheit lohnte sich jede Art Heldentum. Keine meiner Cousinen durfte so etwas, ich wurde also durch Überlegenheitsgefühle belohnt.

Alles in allem war unsere Freizügigkeit freilich nur relativ, wir waren gerade eben etwas freier als unsere Zeitgenossen. Ich würde ohne Zögern behaupten, unsere ganze Generation sei viel zu behütet aufgewachsen. Als wir dann die Kinderschuhe ablegten, wurden die Verbote immer schmerzlicher, sie behinderten unseren natürlichen Wuchs wie das Einbinden der Füße bei Chinesenmädchen. Unsere Cousinen Ruth und Nora wurden mit noch mehr Beaufsichtigung erzogen als wir und hatten damals und später noch mehr darunter zu leiden. Frances war ein abgeschirmtes und verhätscheltes Einzelkind, dem es zunächst besser ging, das aber am Ende ebenfalls unter übermäßiger Beaufsichtigung litt.

Meine persönliche Meinung dazu: Es ist besser, die Moral oder die Zähne der Kinder durch Nachlässigkeit Schaden nehmen zu lassen, als sie ständig zu überwachen. Da werden allerdings Menschen, die in ihrer Jugend wirklich unter Vernachlässigung litten, nicht mit mir übereinstimmen. In dieser Sache kann man einfach nie ganz recht haben.

Lieber Leser, lassen Sie sich eins gesagt sein: Wieviel Mühe Sie sich auch geben oder nicht geben; was Sie auch tun oder nicht tun; ob besser oder schlechter, reicher oder ärmer, wie auch immer und wann auch immer:

DIE ELTERN SIND STETS IM UNRECHT

Es ist also wenig sinnvoll, sich darüber Gedanken zu machen. Werden die kleinen Teufel groß, so erklären sie Ihnen ganz genau, was Sie in ihrem Fall falsch gemacht haben. Aber machen Sie sich nichts draus – die werden eines Tages genauso unrecht haben wie Sie. Nehmen Sie's leicht, und vor allem lassen Sie Ihre guten Absichten aus dem Spiel.

Nach allem, was ich gehört habe, war ich ein reizendes Baby. Da mich seither niemand mehr für besonders reizend hielt, meine ich, es ist nur gerecht, dies hier festzuhalten. Ich werde richtig rot, wenn ich die seitenlangen Lobpreisungen in den alten Briefen lese, nicht nur in denen meiner Mutter, auch in anderen. Wie ist es seitdem mit mir bergab gegangen! Über einen Besucher in Down schrieb meine Mutter: »Zum ersten Mal bin ich einem typisch englischen Ehemann begegnet, wie man sich ihn in Amerika vorstellt. Mürrisch, schlecht gelaunt und voller Vorurteile... doch sogar er war von Gwen bezaubert!«

Mit dem Zauber sind freilich auch Gefahren verbunden. In einem anderen Brief beschreibt sie, wie mein Vetter Bernard Darwin mit mir spielte, ich war ein Jahr alt und er zehn. »Es wird schwierig werden, Gwen, wenn sie älter ist, von Dubba [B. D.] fernzuhalten. Auf beiden Seiten von Georges Familie besteht eine ausgesprochene Neigung, Cousinen ersten Grades zu heiraten. Noch ist es nicht soweit... aber mit siebzehn muß ich Gwen wohl fortschicken.« Diese Vorsichtsmaßnahme erwies sich als unnötig; mit siebzehn war mein Charme keine Gefahr mehr für das männliche Geschlecht. Meine Mutter hatte ständig neue Einfälle. Manche waren recht überspannt, andere so einfach und vernünftig, daß man sie fast genial nennen konnte. Nur ihre Anwendung fiel oft ziemlich autokratisch aus. Zum Beispiel sollten Kinder ihrer Auffassung nach einfach leben, ohne viel verwöhnt zu werden. Selbstverständlich waren unsere Schlafzimmer nie geheizt, außer wir waren wirklich krank. Aber das galt auch für die Erwachsenen, war also gerecht und fair. Trotz der riesigen Kohlenfeuer in den Wohnzimmern und in der Diele war das Haus so kalt und zugig, daß man es heute unerträglich finden würde.

Aber war unser Essen nicht doch übertrieben kärglich? Zum Frühstück gab es Haferbrei mit Salz, ohne Zucker und Milch dazu. Haferbrei erinnert mich immer daran, wie ich allein mit meinem Vater frühstückte. Da war ich noch so klein, daß ich den Haferbrei mit den Fingern auf den Löffel schob, während er mir auf Französisch Geschichten erzählte. Meine Mutter kam erst später herunter, wahrscheinlich aus der verständlichen Absicht, mich und den Haferbrei und das Französisch zu vermeiden. Es gab auch Toast und Butter, aber für mich nie etwas Kräftigeres zum Frühstück, bis ich im Alter von fast zehn Jahren, zu Besuch bei meiner Cousine Frances, zum ersten Mal im Leben Speck kostete.

Es ist wahr: Zweimal in der Woche bekamen wir zum Abschluß des Frühstücks ein Stück Toast, bestrichen mit einer gefährlichen Luxusspeise: Marmelade. Selbstverständlich ohne Butter darunter. Butter und Marmelade auf demselben Brot wäre einer unerhörten Verwöhnung gleichgekommen, einer höchst verwerflichen Orgie. Das Komische daran ist, daß wir es bis heute so mögen. Diese beiden glanzvollen Marmeladentage haben meiner Vorstellung von Sonntag und Mittwoch dauerhafte Farbe verliehen – beide sind wunderbar dunkelrot. Doch der Mittwoch, der dazu auch noch der Tag mit Zeichenunterricht war, ist noch viel röter als der andere. Die Aussicht auf den Kirchgang ließ die köstliche Marmeladenfarbe des Sonntags erheblich verblassen.

Nur ganz selten bekamen wir von meinem Vater als Lekkerbissen zum Frühstück etwas ganz Besonderes. Bei uns hieß es »Manna«, bei meinen Cousinen dagegen »Knurrfleisch«. Über die korrekte Bezeichnung wurde ständig diskutiert. Bei Fortnum & Mason nannte man es »Tartar«. Jeden Morgen wurde ein wenig davon frisch durchgedreht zu einem luftigen Häuflein auf einen Teller gegeben. Man nahm ein Stück Toast, Butterseite nach unten, und tupfte es darauf, so daß etwas davon hängenblieb. Es schmeckte unvergleichlich. Aber das war viel später, als der moralische Verfall bereits eingesetzt hatte. Margaret bekam es schon als kleines Kind, ich nicht.

Zum Tee gab es Butterbrote und Milch, da Marmelade unsere Charakterstärke geschädigt hätte. Biskuit nur, wenn Besuch kam. Eine meiner größten Untaten war, die Ränder der Biskuittörtchen anzunagen, bevor der Besuch eintraf. Unsere Cousinen hielten nicht viel von unseren Tee-Partys, wir taten ihnen eher leid. Nach dem Tee bekamen wir in der Regel ein Stück Ahornzucker, den meine Mutter aus Amerika kommen ließ. Das schmeckte herrlich, war aber nicht genug. Süßigkeiten zu kaufen war streng verboten, sie galten als äußerst ungesund. Die Ausnahme bildeten seltsamerweise Karamelbonbons aus den Bahnhofsautomaten. Für diesen Fall gab es die gesegnete Theorie, die Automaten seien so gut wie steril, und die Eisenbahngesellschaft garantiere ihre Unberührtheit. Aber wir reisten nicht oft, und so war ich gezwungen, mir Zucker zu klauen, wann immer ich konnte. Gewiß, ich war naschhaft, doch zu jener Zeit blieb einem nichts anderes übrig, als für sich selbst zu sorgen, denn damals war Zucker noch als ungesund verschrien, und Obst wurde nur als erfreuliche Ausnahme zugelassen, sonst aber als gesundheitsschädlich in Acht und Bann getan.

Als wir älter wurden, unterminierte man unsere Moral durch Marmelade oder sehr schweren Hefekuchen zum Tee. Aber natürlich nie beides, niemals beides gleichzeitig. Diese Aufweichung war jedoch der Anfang vom Ende: Unter unserem ständigen Druck gaben die festen Speiseregeln immer mehr nach, und als Billy, neun Jahre jünger als ich, eigentlich davon betroffen gewesen wäre, waren sie schon überhaupt nicht mehr vorhanden. Er aß zum Frühstück und zum Tee einfach alles, was da war, wie die Erwachsenen auch. Dadurch entstandene Schäden an seinem Charakter kann ich nicht feststellen, vermutlich ist er sogar weniger vernascht als ich. Ach, das unschuldige Kind, er ahnte ja nicht, was er meinen aufopfernden Feldzügen für Freiheit, Gleichheit, Brüderlichkeit in bezug auf Ernährung verdankte.

Meist waren die theoretischen Anfälle meiner Mutter kurzlebig, bisweilen aber auch von Dauer. So wurde uns niemals erlaubt, Tee zu trinken. Als gute Amerikanerin hielt sie ihn für übermäßig anregend, Kaffee dagegen für vollkommen harmlos. Wir tranken stets große Mengen Milch, bis eines Tages ein bösartiger Kinderarzt mit der revolutionären Theorie anrückte, Milch müsse unbedingt *gekocht* werden.

Wegen der Bazillen! Von diesen Dingern hörten wir zum ersten Mal, und wir lehnten es entschieden ab, daran zu glauben. Als uns dann kalte gekochte Milch *mit Haut* vorgesetzt wurde, gab es einen regelrechten Aufstand – voller Ekel weigerten wir uns, sie anzurühren. Das ging, mit Nanas versteckter Zustimmung, so weiter, bis die gräßliche Verfügung allmählich fadenscheinig wurde und die Theorie ins Niemandsland der Theorien abwanderte, wo sie auf ihre nächste Inkarnation wartet. Nach Ablauf von zwei oder drei Monaten tranken wir stillvergnügt wieder unsere schöne frische tuberkulöse Milch.

Das war ein kurzer Anfall, wenn auch ein übler. Die Theorie, Rindfleisch sei schlecht und Hammelfleisch gut, brauchte länger zum Erliegen. Doch auch die »Hammelleidenschaft« meiner Mutter ging vorüber. Die Theorie, Lebkuchenpudding erzeuge Krebs, machte uns wenig Kummer, da wir den Pudding ohnehin nicht mochten. Auf braunen Zucker hingegen fiel ein nie widerrufener Bannfluch: Er war ja von Negern gemacht, und Neger waren schmutzig. Wir zogen sie auf, indem wir sagten, sie glaube wohl, die Negerhaut färbe ab und mache den Zucker braun. Es ist anzunehmen, daß sie nicht im Ernst so dachte – ich jedenfalls habe bis auf den heutigen Tag einen unbefriedigten Braunen-Zucker-Komplex zurückbehalten.

Meine Mutter wäre eine verbissene Anti-Alkoholikerin gewesen, hätte nicht mein Vater dem Wein in Maßen zugesprochen. Uns erklärte sie, er trinke ihn nur zur Förderung seiner Verdauung. Doch wir wußten sehr genau: Das war Unsinn. Trotzdem bekamen wir keine Cognacbutter zum Plumpudding. Oft erzählte sie uns die wirklich schreckliche Geschichte von ihrer Mutter, die ihren Kindern, wenn es nötig war, Rhizinusöl mit Whiskey verabreichte, damit sie einen Abscheu vor Alkohol bekämen. Ich glaube, sie hatte ein einigermaßen schlechtes Gewissen, weil sie es mit uns nicht genauso machte – Gott sei Dank! Rhizinusöl *und* Whiskey – das wäre zuviel gewesen, ekelhaft wie beides war! Kinder von heute ahnen ja nichts von den Schrecken, denen sie entgangen sind, weil sie nicht mit Rhizinusöl aufgezogen wurden. Uns wurde es dauernd eingeflößt. So unschädlich! hieß es, dabei halten es die Ärzte heute für höchst gesundheitsgefährdend. Wie glücklich wären wir früher über solche Ansichten gewesen. Aber man darf annehmen, daß es nur eine Frage der Zeit ist, bis das Rad sich wieder dreht, und die Ärzte ihr Urteil revidieren.

Mein ganz besonderer Horror war *Pulver*, modernen Kindern ebenfalls unbekannt. Es war ein höchst unerfreulicher Schock, aufgeweckt zu werden, wenn die Erwachsenen zu Bett gingen, und jemand hielt einem plötzlich einen Teelöffel voll rosafarbenen Pulvers – genau wie Silberputzpulver –, gekrönt von einem Klecks Gelee unter die verschlafene Nase. Von dem pulvrigen Geschmack wurde mir regelmäßig übel.

Eine andere Gesundheitstheorie besagte, Seebäder seien gesund und Meersalz im Badewasser habe dieselbe Wirkung wie Ferien an der Küste. Demnach wurden ein paar Handvoll Dr. Tidmans Meersalz, kleine runde Kiesel, in die Wanne geworfen, die zweimal in der Woche vor dem Kaminfeuer im Kinderzimmer aufgestellt wurde. Das Salz kam erst ins Wasser, wenn wir auch hineinstiegen, hatte also keine Zeit zu schmelzen. Das war abscheulich, denn es tat weh, auf den Kieseln zu sitzen oder zu stehen. Vermutlich war diese Maßnahme pure Magie. An dieser Stelle muß ich noch von einem Heilmittel gegen Frostbeulen erzählen, von dem eine Freundin sagte, das Kindermädchen ihres Vaters habe es erfunden. Ein rotglühendes Stocheisen wurde »in das, was unter dem Bett war« gestoßen und, wie das Kindermädchen es ausdrückte, »es war ganz misteriös«, heilte aber mit Sicherheit. Noch im Jahr 1947 wurde allen Ernstes eine *gebratene Maus* als Mittel gegen Keuchhusten empfohlen. Ich würde sagen, das Mittel war so gut wie jedes andere, schwer war es nur, daran zu glauben.

Unsere Mutter blieb UNSEREM DOKTOR stets treu, er war der einzige gute Doktor der Welt. Noch seine nebensächlichsten Bemerkungen schloß sie in sich ein wie Bernstein eine Fliege, und seine Worte blieben auf ewig Evangelium. Und erst UNSER ZAHNARZT in London – der hatte praktisch göttergleichen Status. Heilig war auch unser Kinderwagen. Es war eine »Kinderkarre«, 1885 für mich, zusammen mit ein paar Schaukelstühlen, aus Amerika geschickt. Der Wagen bestand aus Korbgeflecht, war hochbeinig, leicht und wacklig, mit ratternden Holzrädern. In den zwanziger Jahren focht meine Mutter manchen Strauß mit den Kindermädchen ihrer Enkel aus, die sich weigerten, mit »so einem komischen Ding« von anderen Kindermädchen gesehen zu werden. Ich glaube, selbst Nana hatte zu ihrer Zeit ähnliche Bedenken.

Natürlich hatten wir Kinder auch ein paar eigene Theorien. Eine davon lautete, Harz von Kirsch- oder Pflaumenbäumen schmecke köstlich und müsse als besonderer Leckerbissen verzehrt werden. Das war ein Irrtum, in Wirklichkeit schmeckte es unbeschreiblich scheußlich, genau wie Schnee mit Marmelade, den wir auch für wohlschmeckend hielten. Eine weitere Theorie war: Wenn man nur den winzigsten Krümel Kork verschluckte, würde dieser im Magen gewaltig anschwellen, bis man ganz davon ausgefüllt wäre und sterben müsse. Dann gab es noch die heute längst widerlegte Behauptung, daß Bullen beim Anblick roter Farbe wild würden, für mich ein Grund, mir bei jeder Begegnung mit den ältesten und sanftesten Kühen auf meine vermeintlich roten Lippen zu beißen. Und ich erinnere mich, daß ich aus demselben Anlaß die roten Halfpenny-Briefmarken versteckte, wenn ich Briefe zur Post bringen mußte. Wie alle anderen Kinder und Kindermädchen glaubten wir selbstverständlich auch, ein Kratzer oder Schnitt in die Hautfalte zwischen Daumen und Zeigefinger rufe auf der Stelle Starrkrampf hervor und man müsse unter Qualen zugrunde gehen.

Eine andere Theorie meiner Mutter war, Strafen müßten den Vergehen angemessen sein. Deshalb wurde mir, als ich einmal das Hausmädchen gebissen hatte, der Mund mit Wasser und Seife ausgewaschen. Ein anderes Mal, als ich das Mädchen geohrfeigt hatte, wurden mir Socken um die Hände gebunden. Ich mußte so zum Lunch herunterkommen und wurde vor aller Augen mit dem Löffel gefüttert, obwohl ich schon viel zu alt dafür war. Eine schreckliche Strafe für ein schüchternes Kind. Als ich in meinen Haaren herumgeschnipselt hatte, mußte ich mehrere Tage so herumlaufen, bevor es ordentlich geschnitten wurde. »Das sieht aus, als hätte ein Hund daran herumgeknabbert«, sagte meine Mutter, als sie mich auf dem Schoß hielt. Ihr Gesicht hatte einen merkwürdigen Ausdruck, und mir wurde plötzlich klar: Sie versuchte, mich nicht auszulachen, was mich sehr kränkte. Soweit ich mich erinnere, bekam ich nur einmal Prügel. Ich war zum Mittagsschlaf in das Bett meiner Mutter gelegt worden, unter die Musselinvorhänge, die von einem ausgespannten Baldachin herabflossen. Aber Mittagsruhe ist eine der dümmsten Theorien, der viele Eltern verfallen sind. Für Kinder ist sie viel zu ermüdend, eigentlich nur für alte Leute geeignet. Wenn ich zum Mittagsschlaf verurteilt wurde, strengte ich mich bis zur Erschöpfung an, Spiele zu erfinden, die mir die endlose Zeit vertrieben. So daß ich, wenn die Ruhezeit vorbei war, wirklich Schlaf gebraucht hätte.

Wie dem auch sei, diesmal war es vergnüglich. Auf dem Frisiertisch fand ich einen Stift mit roter Lippensalbe. Die weiße Tapete wurde hübsch von den Vorhängen eingerahmt. Ich begann ein schönes kühnes Wandgemälde mit enormen Schwüngen und Kreisen. Es war, als malte ich ein Fresko auf Himmelswände. Doch dann wurde ich unterbrochen, und mein Vater bekam den Befehl, mich mit dem Pantoffel zu verdreschen. Es tat nicht weh und machte mir überhaupt nichts aus. Aber das Vergnügen, eine Wand zu bemalen, habe ich nie vergessen.

4

Bildung

Die Bildungsvorstellungen meiner Mutter waren so handfest und zugleich revolutionär, daß sie selbst heute noch nicht von modernen Ansichten überholt worden sind. In einem ihrer Briefe aus der Zeit, als ich noch keine sechs Monate alt war, lese ich: »Meiner Meinung nach müßte jedes Mädchen so ausgebildet werden, daß es als Erwachsene einen Beruf hat, genau wie die Jungen. Sie werden dadurch viel zufriedener. Gwen wird Mathematikerin werden.« Doch in diesem einen Punkt gab sie sich später geschlagen und trat, so seltsam es klingen mag, vor meinem offensichtlichen mathematischen Schwachsinn verblüfft den Rückzug an. Das war ganz ungewöhnlich, denn im allgemeinen war sie fest davon überzeugt, daß jeder alles könnte, was er wollte. Zum Beispiel drängte sie mich bis zum letzten Jahr ihres Lebens ständig, Karikaturen von Studenten zu zeichnen und als Postkarten in Umlauf zu bringen, weil ich damit viel Geld verdienen könnte. »Was für ein Unsinn. Natürlich kannst du es. Für jeden, der zeichnen kann, ist es ganz einfach. Wie dumm von dir, es nicht zu versuchen.« Doch in dieser Hinsicht, wie in so vielen anderen, enttäuschte ich sie, was mir heute leid tut. Vielleicht hätte ich es doch einmal probieren sollen, einen Studenten bei Erklettern eines Laternenpfahls zu zeichnen. Aber ich tat es nie.

Sie vertrat auch die unverrückbare Ansicht, die Ausbildung der Hände entwickele den Geist. Wir konservativen Kinder stimmten ihr da keineswegs zu, vielleicht, weil der Geist unserer Gouvernanten nicht besonders entwickelt war. Jedenfalls waren ihre Bemühungen, uns handwerklich zu bilden, nicht von Erfolg gekrönt. Die Theorie mag wie meistens gestimmt haben, doch in der Praxis kam nichts dabei heraus. Wir hatten etwas dagegen, von unserem normalen Unterricht – Rechnen oder lateinische Grammatik – weggerissen zu werden, um gebrechliche und wenig standfeste Körbe zu flechten, die keiner haben wollte, oder Papierbögen zu falten, während unsere Gouvernante aus der Anleitung zu entnehmen versuchte, was wir damit anfangen sollten. Es langweilte uns gewaltig, es verletzte sogar unsere Würde. Es gehörte sich einfach nicht, während unserer Unterrichtszeit solche Sachen machen zu müssen. Und Nähen war schlicht niederträchtige Sklaverei.

Das Verhängnisvollste war eine starke Theorie, die besagte, Tagesschulen seien *schlecht* für Mädchen. Obwohl Charles schon ziemlich früh zur »Goody's« (St. Faith's School) gehen durfte, waren wir Mädchen, unter der Aufsicht einer Reihe wechselnder Hauslehrerinnen, zur trüben Abgeschiedenheit des häuslichen Schulzimmers verdammt. Teilweise lag das daran, daß von der Perse-Mädchenschule zu jener Zeit gerade nichts Gutes vermeldet wurde. Der tiefere Grund aber war, daß meine Tanten nicht einmal davon träumten, ihre Töchter dorthin zu schicken. Die Oberschicht hielt nichts von Tagesschulen, obwohl für ältere Mädchen manchmal Internate in Frage kamen. Die Aristokratie jedoch lehnte auch Internate ab. Eine uns bekannte Dame des Hochadels versetzte einmal meine Mutter mit den hochmütigen Worten in helle Wut: »*Wir* schicken unsere Töchter nicht zur Schule aus dem Haus.« Daß wir all die Jahre zu Hause gehalten wurden, hatte aber, glaube ich, noch einen unausgesprochenen Anlaß: Meine Mutter hatte sich in der Schule stets unglücklich gefühlt. Wäre sie wirklich davon überzeugt gewesen, uns zur Schule schicken zu müssen, sie hätte uns gehen lassen, trotz hundert Tanten und einer Million Adelsdamen. Aber ich sehnte mich danach, zur Schule zu gehen, auch wenn ich nichts davon sagte. Alles wäre besser gewesen als das Schulzimmer zu Hause. Ich fand, es gab keinen Grund, uns vier Cousinen ungefähr gleichen Alters nicht zusammen unterrichten zu lassen. Margaret war ein ganzes Stück jünger, doch Ruth, Nora, Frances und ich paßten altersmäßig gut zusammen. Wäre das nicht selbst für feine Familien exklusiv genug gewesen? Und uns hätte es solchen Spaß gemacht! Aber, soviel ich weiß, wurde kein Gedanke daran verschwendet. Da waren also vier Mädchen in einzelnen Schulzimmern mit einzelnen Hauslehrerinnen eingesperrt. Phantastisch!

Anders als unsere Cousinen hatten wir Gouvernanten, die nicht bei uns wohnten, hauptsächlich deshalb, weil meine Mutter es unerträglich gefunden hätte, sie im Haus zu haben. Laut einer ihrer Theorien schätzten die Damen ihre Unabhängigkeit. Zwar handelte es sich meist um Schottinnen, doch die hatten, trotz ihrer stolzen Haltung, noch nicht viel Eigenständigkeit erreicht. Ihr zur Schau getragener Stolz, *Whahaeing* oder Selbstlob genannt, gehört zu den Hauptbestrebungen der Schotten, wie Robert Burns in seinem schwierigen Gedicht feststellt, das mit den Worten beginnt: *»Scots wha hae…«*

Diese Damen lebten einsam und unkomfortabel in möblierten Zimmern. Auch waren sie meist verliebt, wenn sie auch meinten, wir merkten es nicht. Einige von ihnen hatten überdies *familiäre Ärgernisse* und manche obendrein *religiöse Skrupel*, was alles noch schlimmer machte, für uns und für sie. Da gaben sie also mit Bruce und Wallace an, redeten ständig über Dreifüße, Schottenmuster und Porridge und die unerträgliche universale Überlegenheit alles Schottischen, in einem Ausmaß, das uns in die Ecken trieb und Gott danken ließ, daß wir keinen einzigen Tropfen schottisches Blut in den Adern hatten. Es dauerte viele Jahre, bis einer von uns imstande war, etwas Schottisches ohne Vorurteile zu sehen, mit Ausnahme der schottischen Romane, die wir liebten. Ich schreibe dies einfach so hin, zur Mahnung an alle überlebenden schottischen Gouvernanten, nicht so dick aufzutragen. Unsere Nana war übrigens Schottin – ihr Name war Helen Jean Campbell –, aber sie hatte nie in Schottland gelebt und die schottischen Lobpreisungen nicht gelernt. Sie waren allesamt freundliche brave trübsinnige Frauen. Sogar interessanter Lehrstoff kann unglaublich stumpfsinnig werden, wenn die, die ihn vermitteln, tödlich gelangweilt davon sind und sich dazu aus der Kunst des Lehrens nicht das geringste machen. Allerdings, wäre der Ehrgeiz dieser Damen größer gewesen, dann hätten sie kaum bei uns unterrichtet, sondern an einer Schule Karriere gemacht. Gott sei Dank wurden wir in zwei oder drei Fächern von richtigen Lehrern unterwiesen, die für ihr Fach auch Interesse aufbrachten.

Unsere täglichen Spaziergänge mit der Gouvernante waren geradezu lähmend eintönig. Als wir zu alt wurden, um Piraten zu spielen und auf die Bäume zu klettern, waren im Winter Spaziergänge unser einziger Auslauf. Ruth und Nora hatten eine Gouvernante, die darauf bestand, kurze Schritte zu machen, um mehr Training herauszuholen.

Wie dem auch gewesen sein mag – es gab ja immer noch Miß Mary Greenes Zeichenunterricht am Mittwoch, der im Mittelpunkt meiner Jugendjahre stand. Ich lebte damals von Mittwoch zu Mittwoch, denn nicht nur das Zeichnen war pure Ekstase, auch Miß Greenes warme, großzügige, verständnisvolle Art war für mich eine große Befreiung und ein Ansporn. Es machte mir unendliche Freude: Die drei Cousinen waren mit von der Partie, und wir unternahmen aufregende Sachen. Statt den »Sterbenden Gladiator« zu zeichnen, erforschten wir die riesigen Kellergewölbe des Cast-Museums mit Hilfe einer Schachtel Streichhölzer.

Oder beim lehrreichen Betrachten normannischer Architektur wurden wir mit einem Verrückten in der Round Church eingesperrt. Mit Miß Greene machten wir alles mögliche, nicht nur im Atelier sitzen und zeichnen, obwohl auch das ungeheuer interessant war, besonders nach lebendem Modell. Sie nahm uns mit nach draußen, um Gebäude, Straßen, Bäume und Tiere zu zeichnen, und wir lernten alles über Architektur und Perspektive und Anatomie. Sie hielt uns Vorträge über die großen Maler und zeigte uns Reproduktionen ihrer Werke. Noch heute kann ich den Vortrag über Hogarth fast auswendig: wie er mit der Tochter seines Meisters auf und davon lief, und was all die seltsamen Figuren in *Calais Gate* und *Gin Lane* bedeuteten, und wie sehr er Grausamkeit haßte. Jede Woche bekamen wir Hausaufgaben, eine Zeichnung nach der Natur und eine Komposition mit vorgegebenem Thema. Charles beste Arbeit war über das Thema »Eine Überraschung«: drei feuerrote Teufel in einer Reihe, die einem armen kleinen Kerl auf seinem natürlich vor Schrecken scheuenden Pferd eine lange Nase drehten. Ein außerordentliches Werk, wenn wir Charles auch sonst nicht für den begabtesten Künstler unter uns hielten. Am meisten bewunderte ich Frances' Bilder. Sie schienen mir wie nach dem wirklichen Leben gemalt, was damals mein schlichter Maßstab für Kunst war. Freilich fällt mir jetzt ein – ich fand, sie zeichnete Menschenbeine nicht ganz richtig, an den Waden zu stark ausgebuchtet, wie mir schien. Aber sonst waren ihre Bilder vollkommen schön.

Ab meinem neunten Lebensjahr, seit der Zeichenunterricht begonnen hatte, trug ich immer ein Skizzenbuch bei mir und zeichnete alles, was ich sah. Die Zeichnungen fielen zwar unbeholfen aus, trotzdem habe ich wohl doch bei diesen Übungen etwas gelernt, vor allem beobachten. Kein Mensch hat mir je gesagt, daß Zeichnen nicht Abzeichnen bedeutet, und wenn es so gewesen wäre, hätte ich es nicht verstanden.* Alle, die ich kannte, glaubten, Bilder müßten photographisch genau die Wirklichkeit wiedergeben, also dachte ich auch so. Aber ab und zu sah ich plötzlich ein Bild in meinem Kopf – meist die Vision einer Landschaft, keine Szenerie, an die ich mich erinnerte –, und wenn ich es zeichnete, merkte ich, daß es besser wurde als die Landschaften, die ich so angestrengt nach der Natur kopierte. Nur wußte ich nicht, warum. Sicher hätte mich niemand in der Klasse als vielversprechendes Talent erkannt, denn mein Umgang mit Farbe war noch ungeschickter als meine Zeichnungen. An mir war nichts bemerkenswert außer meinem Eifer.

Ich war gerade dreizehn, als ich zum ersten Mal auf eine Auslandsreise mitgenommen wurde. Wir kamen durch Amsterdam, wo gerade eine große Rembrandt-Ausstellung stattfand. Die stieg mir regelrecht zu Kopf, und ich versuchte, mit Bleistift in meinem zerfledderten kleinen Skizzenbuch so viele Gemälde wie eben möglich zu kopieren. Danach schenkte mir jemand ein Buch mit Reproduktionen von Rembrandts Zeichnungen und Radierungen, das ich mehrere Jahre in der Tasche herumtrug und sogar mit ins Bett nahm. Hätte mich damals einer gefragt, was ich später einmal tun wollte, ich hätte geantwortet: Bilder von Menschen bei der Arbeit malen. Etwas später, nach einem Vortrag von Miß Greene über Turner, ging ich ganz allein ins Fitz William-Museum und bat darum, die Aquarelle von Turner, die dort aufbewahrt werden, sehen zu dürfen. Das erforderte allerhand Mut. Sie zeigten mir einige, die auf blaugetöntem Papier mit Deckfarben gemalt waren. Ich habe damals nicht viel davon verstanden und war recht enttäuscht. Rembrandt war und blieb mein Gott. Aber als ich dann zur Slade School** ging, hatte ich schon halb begriffen, daß Turners beste Werke abstrakt waren und daß er zu

* Es dauerte lange, bis ich es auf eigene Faust herausfand.
** berühmte Londoner Kunstakademie (Anm. d. Übs.)

den größten Malern seiner Zeit gehörte. Natürlich hätte ich damals noch nicht das Wort abstrakt gebraucht, aber ich meinte es, als ich überwältigt vor Bildern wie *Interior at Pentworth* oder *The Sea Monster* stand.

Bilder habe ich immer geliebt, solange ich denken kann. Auch Gedichte, und ich wußte, daß es keine Rolle spielte, ob ich sie verstand oder nicht. Dagegen ließ mich Musik völlig kalt, schlimmer noch, ich fand sie entsetzlich langweilig. Gelegentlich wurden wir zu Konzerten für Kinder mitgenommen, wo ich verzweifelt gegen den Schlaf ankämpfte, mit meinen Fingern herumspielte und auf die Uhr schaute. Es war mir nie in den Sinn gekommen, einfach zuzuhören, bis ich eines Abends, als wir alle nach dem Konzert durch die Backs bummelten, einen Jungen sagen hörte: »Ach, seid doch still, ich möchte über die Musik nachdenken.« Ich war äußerst überrascht. Ich wußte, über Malerei und Dichtung konnte man nachdenken, aber ich wußte nicht, daß man sich bei Musik auch etwas denken konnte. Doch selbst danach lauschte ich nur mit dem Verstand, nicht mit den Ohren. Freilich übte Musik, vor allem Blaskapellen, Kirchenorgeln und Mrs. N., wenn sie machtvoll Beethoven auf dem Klavier intonierte, durchaus eine sinnliche Wirkung auf mich aus, die mir aber eher unangenehm war. (Übrigens wußte ich zu der Zeit noch nicht, daß es sich um Beethoven handelte und vermute es auch heute nur.)

Ich selbst tat mich beim Klavierspiel nicht gerade hervor, war aber offensichtlich in der Lage, Margaret, als sie noch klein war, damit zu beeindrucken. Einmal blätterten wir ihr Tagebuch durch und fanden folgende Eintragung: »Gwen spielte wunderschön Klavier, und Olwen und ich lagen auf dem Fußboden und hatten so reine traurige Gedanken.« Noch jahrelang wurde Margaret von uns wegen ihrer reinen traurigen Gedanken aufgezogen.

In Musik war ich so unwissend und uninteressiert, daß

ich, als ich mit sechzehn ins Internat kam und einen Fragebogen über Allgemeinbildung ausfüllen mußte, auf die Frage nach meinen drei Lieblingskomponisten nur mit Mühe überhaupt drei nennen konnte. Und ich hatte keinerlei Vorstellung davon, was einer von ihnen geschrieben hatte. An meiner lückenhaften Entwicklung war ich selber schuld – man nimmt nicht auf, was einen nicht bewegt.

Im Kinderzimmer kam Musik von einer Spieluhr, auf die man runde gelbe Karten mit kleinen Löchern legte, durch welche, wenn man den Schwengel drehte, um *Der Sängerknabe* oder *Sie trug einen Kranz von Rosen* zu hören, Stahlzähne auftauchten und verschwanden. Nur Charles kam auf die Idee, es etwas anregender zu gestalten, indem er die Karten falsch herum auflegte, so daß die Lieder rückwärts gespielt wurden. Es lag ihm sehr, etwas rückwärts zu tun: Ich kenne noch den Anfang oder vielmehr das Ende des griechischen Alphabets rückwärts, das er mir auf dem Bahnsteig von Rugby Station beibrachte: Omega, Psi, Chi, Phi, Ypsilon, Tau etc. Ungefähr um diese Zeit erfand er auch eine neue Sprache, in der es *nur* unregelmäßige Verben gab.

Aber damit bin ich schon weit weg von unseren Gouvernanten. In meiner Mutter steckte viel von einer Feministin, und sie hätte unsere Lehrerinnen gern für einen der neu aufkommenden Frauenberufe begeistert, aber sie hatte keinen Erfolg damit. Dennoch gab es *eine*, aus der meine Mutter vielleicht mit der Zeit etwas gemacht hätte – sie verfügte zumindest über Unternehmungsgeist. Sie war nur für kurze Zeit bei uns, als Feriengouvernante, und mußte uns nicht ernsthaft unterrichten, vermutlich der Grund, weshalb sie die Stellung angenommen hatte. Miß Z. war groß und sportlich, mit rollenden schwarzen Augen und einem verblüffend hohen gestärkten Kragen. Im Gepäck hatte sie einen umfangreichen Beutel mit Golfschlägern. Ihre Manieren waren ziemlich lässig, aber in ihrer Konversation kam so ein gewisses »Ich könnte, wenn ich nur wollte« zum Vorschein, das uns faszinierte. Ich weiß noch, einmal drohte sie im Scherz, uns »die Hosen runterzuziehen und uns den Po zu versohlen«. Das fanden wir zwar ordinär, aber interessant, so ganz anders als alles, was andere Gouvernanten von sich gaben. Sie brachte der sechsjährigen Margaret bei, eine Parodie auf *Nach dem Ball* zu singen, die lautete: »Schau, wie sie sich die falschen Haare abnimmt« und so weiter. Meine Mutter konnte sie nicht leiden, ließ sie aber bis zum Ende der vereinbarten Zeit bleiben.

Wenig später wurde in der Zeitung über einen Fall berichtet, in dem genau diese Miß Z. einen Mann wegen Verleumdung verklagt hatte. Er war Gast in einem Haus gewesen, in dem sie als Gouvernante wirkte, und er hatte ihrer Arbeitgeberin erzählt, er habe sie in einem anderen Haus, wo er zu Besuch war, als Hausmädchen gesehen. Das leugnete sie, doch es erwies sich als wahr, und sie verlor den Prozeß. Offensichtlich hatte sie die Gewohnheit, kurzfristige Stellen anzunehmen, mal als Gouvernante, mal als Hausmädchen. Damals war die Kluft zwischen einem Dienstboten und einer Gouvernante noch unüberbrückbar – es war, als hätte eine Krabbe versucht, sich in einen Tiger zu verwandeln. Danach fragten wir uns, ob sie vielleicht all die Golfschläger gestohlen hatte, aber ich glaube nicht, daß sie etwas Schlimmeres getan hat, als ihren Status fälschlicherweise als den einer Dame auszugeben. Das war weiß Gott schlimm genug! Meine Mutter lachte darüber: »Na, Gott sei Dank war sie nur kurz bei uns, sie konnte also den Kindern nicht weiter schaden.« Die anderen Gouvernanten hatten weit mehr Schaden angerichtet, wenn auch mit den bestmöglichen Vorsätzen.

Die klassischen Sprachen, wo sie am klassischsten waren – nicht das Studium der Literatur, sondern das der Wörter und der Grammatik –, galten seinerzeit bei Internatspädagogen als der einzig richtige Lehrstoff für Knaben. Alles außer Latein und Griechisch war frivoles hors-d'oeuvre. Als Charles in Marlborough einen Preis für Geschichte gewann, schrieb der Schuldirektor in seinem Halbjahresbericht: »Das zeigt, daß er kein *bloßer* Mathematiker ist.« Charles war darüber sehr gekränkt, und mein Vater zeigte Verständnis dafür. Er setzte auf eine breitere Bildung, also sorgte er dafür, daß wir fließend Französisch sprechen lernten. Zu meinen frühesten Erinnerungen gehören die Geschichten auf französisch, die er uns erzählte, von Kindern, die an einem *falaise* (Kliff) entlangwanderten und eine *taupe* (Maulwurf) sahen – ich habe die Wörter nie vergessen. Unter Nana dienten stets französische Kindermädchen (Arme Nana!). Die bedauernswerten Dinger hatten immer Heimweh und schluchzten und schnüffelten in der Mädchenkammer. Dank einer Vorsorge des Schicksals hießen sie alle Eugenie, so daß jede Neue Neugenie genannt werden konnte. Mein Vater hatte einen guten Freund, einen adligen französischen Senator, dessen Kinder zu uns zu Besuch kamen und Nana damit in Empörung versetzten, daß sie mit den Erwachsenen zum Dinner gingen, wenn wir ins Bett mußten. Ich meinerseits regte sie auf, indem ich mit Charles Latein lernte, was sie höchst unweiblich und anstößig fand.

Später, kurz bevor Charles nach Marlborough ging, wurden wir zusammen nach Hannover geschickt, um Deutsch zu lernen. Dort nahm ich an einer Zeichenklasse teil, wo das »Akt«-Modell von Kopf bis Fuß mit einem rosa Trikot bekleidet war. Unter den Augen kräftig gebauter hochnäsiger Polizisten verfolgten uns Straßenjungen und warfen Steine nach uns, wobei sie schrien: »Engeländer, Engeländer, die Buren kommen!«, denn das war während des Burenkriegs. In Hannover erhielten wir auch die Nachricht vom Tod Königin Victorias, die mich überraschte. Ich wußte zwar, daß sie unmöglich ewig leben konnte, dachte aber im stillen, sie könnte es möglicherweise doch. Sie war schon lange vor der Geburt meines Vaters Königin gewesen, und mir war sie immer steinalt vorgekommen. Ich meinte, sie hätte sich am Ende doch als unsterblich herausstellen können.

Entrüstet war ich über die Sklavenbehandlung des Dienstmädchens in der Wohnung, in der wir in Hannover lebten. Das Mädchen schlief in einer fensterlosen Dachkammer, zu der sie über eine Leiter in der Küche hinaufgelangte. Während unseres Aufenthalts dort bekamen wir alle eine schwere Grippe. Als das Mädchen krank wurde, zog es sich einfach in seine Hundehütte zurück und blieb dort mehrere Tage allein im Dunkel. Niemand ging zu ihr oder tat etwas anderes als über sie schimpfen, weil sie angeblich nicht imstande war, ihre tägliche Arbeit zu verrichten. Selbstverständlich hätte sie arbeiten können, sie war ja nur ein Bauernmädchen, und Fürsorge war bei Bauern reine Verschwendung. Sie waren Tiere, weit unter allem Menschlichen. Allerdings muß ich zugeben, daß diese hannoveranischen Bauernmädchen, wenn sie mit ihren schweren Lasten von Brennholz auf Schultern und Rücken vorbeischwankten, weniger intelligent wirkten als eine Rassekuh. Dennoch war ich entsetzt von der deutschen Gefühllosigkeit und versetzte einmal eine Bauersfrau in größten Schrecken, als ich ihr ein paar Holzscheite aufhob, die ihr gefallen waren. Für diese Handlung verdächtigte sie mich der finstersten Motive. Mein Vater kam uns dort besuchen, und ich weiß noch, wie ich ihn sagen hörte, er sei verwundert über die vielen Berichte von Mißhandlungen und Grausamkeiten, die er in Deutschland vernommen hätte, besonders von Eltern, die ihre Kinder mißhandelten. Für mich war es neu, daß so etwas überhaupt möglich war. Auch war er erstaunt zu entdecken, daß all die berühmten Professoren, die er aufsuchte, Hurrapatrioten und Imperialisten waren und den Kaiser leidenschaftlich verehrten.

Solange Charles auf der »Goody's« war, blies in mein Leben noch ein frischer Wind aus der weiten Welt. Als er jedoch ins Internat kam, vermißte ich ihn schrecklich, und die häusliche Muffigkeit nahm schier überhand. Mit sechzehn schließlich fragte ich meine Eltern, ob ich nicht auch zur Schule gehen dürfte. Ich konnte mir keinen anderen Fluchtweg denken, und obwohl ich im Internat nicht besonders glücklich war, meinte ich doch, die Welt aus einem anderen Blickwinkel zu sehen. Wenigstens hörte ich nicht, wie es zu Hause der Fall gewesen war, auf, mich zu entwickeln.

Die Schule brachte mich zunächst ganz durcheinander. Wenn die giftigen Dämpfe des Heimwehs sich auf mich niedersenkten und mir unbeschreiblich übel zumute war, dachte ich, ich würde es nicht überleben. Trotzdem war es kein richtiges Heimweh, denn ich wollte ja nicht nach Hause, ich wollte nur irgendwohin entkommen, wo ich atmen konnte. Ich erinnere mich an den ersten Morgen, als wir zum Gebet niederknieten (für mich ein erschreckender Ritus). Wir mußten zwar die Augen fest geschlossen halten, aber ich schaute aus dem Fenster und dachte: »Wenn ich nur hinaus in den Garten könnte, vielleicht ging's mir dann besser. Immerhin gibt's da ein paar ganz normale Bäume und auch etwas richtiges Gras«, denn innerhalb des Hauses schien mir alles von alpdruckhaften Schrecken vergiftet. In den ersten sechs Monaten hob sich der Nebel kaum. Vor lauter Kummer fühlte ich mich auch körperlich schlecht. Dann kam meine Cousine Nora zu mir aufs Internat. Und diese kleine Möglichkeit der Verständigung ließ mich schon etwas aufleben. Übrigens gewöhnte sich Nora viel leichter an die Schule als ich.

Doch der Geruch von giftigen Gasen verschwand nie ganz, und noch heute glaube ich einen Hauch davon zu spüren, wenn ich in ein Internat komme oder mit unangenehmen Menschen zusammen bin. Ich muß gestehen, einmal, als ich schon älter war und bei Fremden Besuch machte, kamen mir die Möbel im Salon, wo das Mädchen mich allein gelassen hatte, so feindselig vor, daß ich Hals über Kopf aus dem Fenster kletterte, über die Auffahrt davonlief und nie mehr wiederkam. Was mögen wohl die Dame und das Mädchen gedacht haben, als sie hereinkamen und das Zimmer leer fanden? Möglicherweise haben sie mich zu ihrem Familiengespenst ernannt.

Ich war auf einem kleinen privaten Internat, das auf seine Art bestimmt ausgezeichnet war, nur nicht für mich. Der Schwerpunkt lag ganz und gar auf der Erziehung zur Jungen Dame, leicht mit Christlichkeit durchmischt, und ich wäre dort auch in einer Million Jahren nicht glücklich geworden. Als ich nach einiger Zeit auf die Slade School kam, fühlte ich mich sofort vollkommen wohl und kam auch mit den Schülerinnen gut zurecht, von denen freilich viele aus Verhältnissen stammten, die mir ganz unvertraut waren. Doch hier war ich wie in meinem eigenen Land. Im Internat war ich immer eine Fremde gewesen.

Ich wollte ja keineswegs die Schule verlassen, ich wollte bleiben, wenn ich es nur aushalten konnte. Die merkwürdigen Gewohnheiten der Mädchen machten mich überaus neugierig. Zum Beispiel sangen sie am ersten Tag alle im Chor: »Ich bin die Blüte und du bist die Biene.« Warum wohl? Was hatte es damit auf sich? (Ich hatte den populären Schlager nie im Leben gehört.) Und dann machten sie sich alle eifrig Hutnadelköpfe aus buntem Siegelwachs. Warum taten sie das bloß? Fast alles, was sie machten, kam mir geheimnisvoll vor. Es dauerte eine Weile, bis mir klar wurde, daß man es für eigenartig hielt, sich für etwas anderes zu interessieren als für Pferde oder Dinge wie Hutnadelköpfe. Oder natürlich Sport und Klatsch. Jedenfalls machte mit Hockey bald selber Spaß, ich kam sogar in die Mannschaft und fühlte mich ganz toll mit meiner roten Mütze (wie eine

Jungenmütze), die im Haar festgesteckt wurde. Wir spielten in weißen Blusen und blauen Röcken, die 15 cm Abstand vom Boden hatten. Die Gürtel über unseren engen Taillen sahen sehr hübsch und adrett aus. Wir spielten mit ungeheurem Einsatz, und wenn wir schweißüberströmt und schmutzbedeckt von einem Spiel zurückkamen, ging es direkt, ohne uns zu waschen, umzuziehen oder zu kämmen, in die Klasse.

Bald traute ich mich und begann, am Klatsch teilzunehmen, mit dem konfusen Eifer eines Anthropologen, der versucht, die Gedankengänge von Eingeborenen nachzuvollziehen. Nur gelang es mir nie so recht. Einmal, nachdem ich Jacques geheiratet hatte, träumte ich, ich müßte wieder zur Schule und Jacques mitnehmen, *um ihn den Mädchen zu erklären*. Nur Nora, die sowohl Jacques als auch *die Mädchen* kennt, weiß um die albtraumhafte Vergeblichkeit dieser Aufgabe.

Ich hatte immer das Gefühl, die Bemerkungen der Mädchen über mein Aussehen und meinen Charakter seien vollkommen fair, wenn auch nicht gerade nachsichtig. Ich wußte ja, daß ich grob und ungebärdig war. Die Kritik der Mitschülerinnen trug sicher zur Verbesserung meiner Manieren bei. Doch mein gesellschaftliches Selbstvertrauen, das nie sehr stark war, wurde von ihr tiefgreifend und dauerhaft geschädigt. Der Spitzname, den man mir in der Schule anhängte, verletzte mich tief. Sie nannten mich in jenem Anglo-Französisch, das wir den ganzen Tag sprechen mußten »Das Génie«, eine Mischbezeichnung, weder Genius noch Le Génie. Offiziell wurde mir dieser Spitzname verpaßt, weil ich gleich nach meiner Ankunft in eine ziemlich hohe Klasse eingestuft wurde, in Wahrheit aber, weil sie mich für einen Sonderling hielten. Wie der Name mich traf! Er ist ein Leben lang an mir haften geblieben. Und doch wünschte ich mir glühend, ein *gewöhnlicher Mensch* zu sein.

Nachdrücklich und ohne besonderen Erfolg versuchte ich, meine wirklichen Interessen vor ihrer Verachtung und ihrem Spott zu verbergen. Denn Lügen war das Wichtigste, was ich auf der Schule lernte. Oder vielmehr, weil ich nicht besonders geschickt darin war, es doch zu versuchen. Ich tat mein Bestes, so zu tun, als gefiele mir, was mir nicht gefiel und umgekehrt. Es half jedoch nicht viel: Sie wußten ganz genau, daß mit mir etwas nicht stimmte, daß ich mich stets unterlegen und, wie bei einer Party, als Außenseiter fühlte. Die Wahrheit war, daß ich mich zwar verzweifelt bemühte, genau wie alle anderen zu erscheinen, gleichzeitig aber die Absicht hatte, um jeden Preis den kostbaren kleinen Funken meines *Selbst*, der in mir brannte, am Leben zu erhalten. Und niemand kann über längere Zeit erfolgreich zugleich mit den Hasen rennen und mit den Hunden jagen. Außerdem machte der Hase auch manchmal auf sich aufmerksam. Einmal diskutierten wir darüber, »daß Unglücklichsein besser für den Charakter sei als Glück«. Mir ging die scheinheilige Falschheit dieser Lebensauffassung sehr gegen den Strich. Nora und ich hielten beide mit leidenschaftlicher Emphase dagegen. Doch die ganze Schule überstimmte uns und schwelgte, unserer Verachtung zum Trotz, in den veredelnden Wirkungen des Leids.

Ein weiterer Ausbruch ergab sich in der Französischstunde. Mademoiselle M. gab uns Aufsatzthemen wie »Le berceau et le tombeau« oder »L'honneur«. Als sie aber das Thema »Le mariage est une loterie« vorschlug, wurden wir sehr wütend. Nora sagte mit ihrem englichen Akzent: »Ce n'aye pas vraye, Mademoiselle«, und wir beide beharrten heftig darauf, die Ehe sei ein völlig vernunftgemäßer Zustand, keineswegs den Gesetzen des Zufalls unterworfen. Nora war mir in der Schule oft ein starker Beistand.

Mademoiselle war unter den Lehrern die temperamentvollste Persönlichkeit. Wir alle hatten Angst vor ihrem gelben, welken Gesicht über der ewigen karierten Bluse mit dem schmuddligen Spitzenjabot. Wenn nämlich eine Französin sich dafür entscheidet, schäbig auszusehen, macht sie es gründlicher als alle anderen. Unterrichten war ihre brennende Leidenschaft und Berufung, sie hielt es für ihre Mission, uns lupenreines Französisch beizubringen. In der Stunde zeigte sie plötzlich mit dem Finger auf einen und befahl: »Le cinq temps primitifs de moudre« (oder irgendeines anderen dieser anarchischen Verben). Antwortete man nicht auf der Stelle: »Moudre, moulant, moulu, je meuds, je moulus«, so brachte ihr Zorn uns zum Weinen, sogar den Captain der Hockeymannschaft. Selbst die Direktorin, eine feurige Dame von königlichem Auftreten, überlegte es sich zweimal, bevor sie in die Klasse ging, in der Mademoiselle unterrichtete.

Jeden Morgen nach dem Gebet wurden wir gefragt: »Hat gestern jemand Englisch gesprochen? Bitte die Hand heben!« In der Regel hoben nur drei die Hände und bekamen ihre schlechten Noten, denn wir nahmen es nicht allzu genau mit einem Wort hier oder da. Ein Mädchen aber hatte Skrupel und hob jeden Tag die Hand. Sie tat das wohl hauptsächlich, um die Obrigkeit zu ärgern, was ihr auch gelang. Ihre Geste wurde würdevoll übersehen. Doch Mademoiselles unermüdliche Wachsamkeit ließ sie schon aus dem Studierzimmer hervorschnellen, wann immer jemand im fernsten Winkel des Hauses Englisch sprach oder gar so verwerfliche Dinge sagte wie: »Je vais faire mon cheveu«, oder »Êtes-vous froid?« Sie brachte uns wirklich bei, Französisch ohne falsche Hemmungen zu sprechen, womit die halbe Schlacht ja schon gewonnen ist.

Meine anderen Schulerinnerungen sind größtenteils verschwommen, ein eiliges Hin und Her. Morgens fing's an mit dem Geräusch, das die Schritte der Hausmädchen machten: Sie liefen mit schweren Heißwasserkrügen durch die Korridore und füllten die Waschschüsseln, die sie unter den Betten hervorzogen. Dann rannte man selbst den ganzen Tag wie ein Hase von einem Ort zum anderen, in dem hoffnungslosen Bemühen, nicht zu spät zu kommen, wenn es geklingelt hatte. Und dann die ständige Anspannung, die mühevollen Versuche, zu verstehen und nachzuahmen, die Eingeborenen in diesem fremden Land zu beschwichtigen, von denen mir nur die freundlicheren Bewohner die tolerante Bemerkung gönnten: »Ach, es ist ja bloß das alte Génie.« Und war der angsterfüllte bedrängende Tag schließlich vorbei, dann kam noch die widerwärtige Pflicht, fünf oder sechs Lehrerinnen einen *Gute-Nacht-Kuß* zu geben. Nach dem Abendgebet – wie konnten sie's nur ertragen? – stellten sie sich in einer Reihe auf, um diese unhygienische Handlung von sämtlichen Schülerinnen über sich ergehen zu lassen.

Aus all der Zeit gibt es nur einen Augenblick, der sich mir wirklich eingeprägt hat: ein durch die Gartenhecke erspähter Farbfleck von ein paar Schafen auf dem Feld nebenan, auf deren Rücken das frostige Winterlicht spielte. Es schien mir wie etwas aus einer anderen Welt, der wirklichen Welt, in die ich eines Tages wieder entkommen würde. Es hielt mich am Leben.

Aber ich will nicht undankbar sein: Ich habe eine Menge in der Schule gelernt und bin auch erwachsener und weitblickender geworden. Ich bin froh, daß ich dort war. Dennoch kann ich es nicht leugnen: Ich mag keine Internate. Wenn sie auch besser als Gouvernanten sind. Möglicherweise sind Tagesschulen doch erträglicher, aber ich habe nie eine besucht.

5

Damen

Als meine Enkelin Anne ungefähr fünf Jahre alt war, sagte sie eines Tages zu mir: »Großmama, wenn ich erwachsen bin, werde ich sicher eine Hexe. Es gibt schon zu viele Damen, meinst du nicht auch?« Was mich betrifft, gibt es immer noch zu viele Damen. Aber als ich jung war, waren es noch viel mehr. Mein ganzes Leben drehte sich um sie. Wie Anne war ich jedoch von Anfang an fest entschlossen, keine zu werden. Ich weiß noch, wie fein die Hände meiner Mutter waren – weiß, schlank und bezaubernd, mit einem großen Brillantring an dem Finger mit der rosigen Spitze. Und ich dachte mir: »Wenn ich alt bin, möchte ich nicht solche Hände haben, ich will Hände wie Nanas, ganz braun und verschrumpelt.«

In jenen Tagen waren Damen wirkliche Damen: Sie machten nichts selbst, sie sagten anderen, was und wie etwas zu machen sei. Meine Mutter hätte jedem ohne Umschweife erklärt, wie was zu tun war: der Köchin, wie man einen Hasen abzieht; dem Reitknecht, wie man einem Pferd das Geschirr anlegt, obwohl sie selbst natürlich diese Arbeiten nie ausgeführt, ja nicht einmal dabei zugesehen hatte. Ungerührt hätte sie einen Lokomotivführer angewiesen, wie er seine Lokomotive bedienen solle, und er hätte das ganz normal gefunden und geantwortet: »Ja, Ma'am«, »Ganz recht, Ma'am«, »Sehr wohl, Ma'am«, und seine Lokomotive genau wie vorher betrieben und nicht einmal innerlich gegrinst über die Wunderlichkeiten der Oberklasse. Während meine Mutter gewiß der Meinung gewesen wäre, er wisse jetzt viel besser Bescheid. Aber beide waren Experten auf ihrem ureigenen Gebiet, und jeder tolerierte die kleinen Schrullen des anderen.

Meine Mutter vertrat zum Beispiel die auf Eingebung beruhende Ansicht, Schmalz sei ungenießbar. Demnach war in unserer Küche Schmalz streng verboten. Doch die Köchin hatte immer reichlich davon im Vorrat. Im Abrechnungsbuch stand vermutlich eine andere Bezeichnung, und das war ganz in Ordnung, denn meine Mutter hätte das Zeug kaum erkannt, wenn sie es offen auf dem Küchentisch erblickt hätte. Die Köchin wußte ganz genau, daß es zu ihrer Aufgabe gehörte, den Reden ihrer Herrin über Schmalz oder sonstwas zuzuhören. Danach machte sie es exakt so, wie sie es vorgehabt hatte und arbeitete wie gewohnt. Einmal saß ich peinlich berührt dabei, als ein Bekannter zu Besuch war, der eine hohe Beamtenstellung mit Verbindung zur Admiralität innehatte. Meine Mutter erzählte ihm genau, mit allen Details, was im Fall Archer-Shee – einem heute längst vergessenen Skandal im Marineministerium – falsch gemacht worden war – über den sie natürlich überhaupt nichts wußte, außer dem, was in den Zeitungen gestanden hatte. Er indessen kannte alles aus erster Hand. Und als sie ihm erklärte, was nun getan werden müßte, um die Sache zurechtzubiegen, lauschte er lächelnd und zustimmend und hatte seine stille Freude daran; ich bin sicher, er mochte sie und war amüsiert, keineswegs verärgert über ihre Schimpfkanonade.

Ich wüßte nicht, daß meine Mutter mich je gebadet oder nur mein Haar gebürstet hätte, und wenn, wäre es mir gar nicht recht gewesen. Wir fanden, das gehörte nicht zu ihren Aufgaben. Mein Vater freilich schnitt uns die Fingernägel mit einem scharfen Messer mit weißem Griff, und das hielten wir für angenehm und richtig. Wie auch immer – meine Mutter brauchte derlei ja gar nicht zu tun, denn Nana ging so gut wie nie aus, und sollte es einmal der Fall sein, dann übernahmen das Hausmädchen oder das Kindermädchen unsere Betreuung. Ungefähr einmal in zwei oder drei Jahren gab es eine gräßliche Kalamität, dann ging nämlich Nana für eine Woche in Ferien und ließ uns arme Waisenkinder zurück. Es wurde indes alles vorher geregelt, und meine Mutter brauchte nichts selbst zu tun, außer vielleicht ein bißchen mehr *erklären*.

Soviel ich weiß, bestand ihre einzige Handarbeit im Auftrennen von alten Kleidern, die von der Schneiderin umgeändert werden sollten, und manchmal hielt sie an Sommerabenden eine Zeitlang den Gartenschlauch, bevor sie ihn einem von uns in die Hand drückte. Dennoch muß ich ausdrücklich festhalten: Sie ging der Arbeit nicht aus dem Weg, weil sie sich zu gut dafür hielt. Arbeit langweilte sie nur, und so fand sie immer einen, der für sie einsprang. Was Äußerlichkeiten angeht, so wäre sie, ohne mit der Wimper zu zukken, mit einem Kohleneimer auf dem Kopf herumgelaufen. Sie lachte Onkel Dick aus, der es ablehnte, ein Paket über die Straße zu tragen. Aber irgendwie war sie faul – das war die Kehrseite ihrer freundlichen Gelassenheit.

Es gibt jedoch einen Brief meiner Mutter an meinen Vater, geschrieben kurz vor ihrer Hochzeit in Philadelphia. Er berichtet von einer Episode, die in ihrem Leben einzigartig ist: »Eben jetzt ruhe ich mich vom Malen aus – kein Kunstmalen, sondern praktisches. Ich dachte, es wäre eine nette kleine Überraschung für Mama, wenn sie nach Hause kommt und das Speisezimmer vollkommen neu angestrichen vorfindet. Also kaufte ich Farbe und pinselte den ganzen Vormittag... jetzt habe ich den Pinsel einem der Hausmädchen gegeben und sie macht weiter. Es ist wirklich ermüdende Arbeit.« Und man darf sicher sein, daß sie sich nie wieder als Anstreicher betätigt hat. Dann gab es noch ein anderes herausragendes Ereignis: Sie machte *Corn Beef Hashee (sic!)*. Das war in ihrem ersten Sommer in England, als sie bei den Jebbs wohnte, und Gerald Balfour wurde zum Dinner erwartet. Sie schreibt: »Dick war ›nervös‹, er fragte nach dem Essen. Nur G. B. war eingeladen. Tante C. hatte vor, Suppe, Fisch, Roastbeef, Pudding, Früchte und Käse zu reichen. Dick wandte ein, es gäbe ja kein Entrée. Es war zu spät, um zum College zu schicken, und wir zerbrachen uns den Kopf, etwas zu finden, was leicht zu machen ist. Tante C. sagte, die Ragouts in Philadelphia hätten ihr immer so gut geschmeckt. Und dann schlug ich zum Spaß Büchsenfleischragout vor, wir hatten nämlich Corn Beef *(sic!)* zum Lunch gegessen. Zitternd und bebend ging ich in die Küche und machte es so, wie ich es mir vorstellte. Dick und Gerald aßen es mit offenkundigem Genuß. Tante C. fragte Dick später nach seiner Meinung, und er sagte, es sei gut gewesen, hätte aber ›improvisiert‹ ausgesehen.«

Dem regelmäßigen Turnus der Abendeinladungen wurde in Cambridge höchste Bedeutung zugemessen. In unserem Haus bestanden die Gesellschaften meist aus zwölf bis vierzehn Personen, und jeder, der den Dinner-Party-Status besaß, wurde reihum eingeladen. Die Gäste wurden nach dem Protokoll gesetzt, wobei der Rang der College-Vorsteher sich nach dem Gründungsdatum ihres Colleges richtete, nur der Vizekanzler stand an allererster Stelle. Nach den Vorstehern kamen die Professoren in der Reihenfolge ihrer Fächer, die Geistlichkeit vornean und dann die anderen Professoren nach den Daten der Gründung ihrer Lehrstühle und so weiter, die ganzen Stufen der Hierarchie abwärts. Es war besser, nicht zu viele bedeutende Leute gleichzeitig einzuladen, die Komplikationen wurden nämlich dann für durchschnittlich gebildete Gastgeber unlösbar. Wie sollten sie wissen, ob Hebräisch oder Griechisch den Vorrang hatte, wenn beide Lehrstühle im gleichen Jahr gegründet worden waren? Manche der Hohen Herren waren bezüglich ihrer Rechte überaus empfindlich, und ihre Frauen fühlten sich noch schneller auf den Fuß getreten.

Die am kürzesten Verheiratete mußte ihr Brautkleid tragen und wurde vom Gastgeber zu Tisch geführt. Schrecklich für die arme junge Frau, so an den falkenäugigen Matronen vorbeizuparadieren und den Augenblick nicht zu verpassen, wo ihr die Gastgeberin am Ende des Essens einen Blick zuwarf, als Zeichen für die Damen, ihre Sachen zusammenzuraffen und sittsam den Raum zu verlassen, wo die Männer beim Wein zurückblieben. Und am schlimmsten war es für sie im Salon, wenn alle anderen Damen in ein gedämpftes intimes Gerede über ihre Krankheiten, ihre Kinder und ihre Dienstboten verfielen, denn sie hatte weder Krankheiten noch Kinder und von Dienstboten so gut wie keine Ahnung. Zum Schluß – etwa um Viertel nach zehn – durfte niemand aufbrechen, bevor die Braut sich nicht erhoben hatte. In einigen bekannt gewordenen Fällen war sie vor Angst so versteinert, daß die freundlichste unter den älteren Damen selbst aufstehen und sie ihrer Pflicht zuführen mußte.

Wir Kinder hockten im Nachthemd oben auf der Treppe und sahen die förmlich-steife Prozession aus dem Salon ins Speisezimmer schreiten, angeführt von meinem Vater mit der wichtigsten Dame am Arm, und meine Mutter bildete am Arm des bedeutendsten Herrn den Schluß. Nachdem sie würdevoll vorübergezogen waren, konnten wir hinunterflitzen und uns am Feuer im Salon wärmen, bevor wir Posten an der Durchreiche bezogen und mithalfen, die guten Dinge aufzuessen, die von der Tafel zurückkamen. Wenn sich die Durchreiche öffnete, kam ein Schwall Gesprächslärm, unterlegt von Besteckklappern, auf uns zu, und verstummte abrupt, wenn sie wieder geschlossen wurde.

Das Essen begann um Viertel vor acht; es gab acht, neun oder sogar zehn Gänge – ich besitze noch einige der Menükarten. Solche Einladungen erforderten gute Organisation, das Essen wurde von unseren normalen drei Hausangestellten zubereitet und serviert, mit nur wenig anderer Hilfe als einer Serviererin. Manche Leute ließen sich besondere Gerichte aus den Küchen der Colleges kommen, was meine Mutter aber als verschwenderisch ablehnte. Hier ist ein Dinner, das meine Eltern am 31. Oktober 1885 gaben, als Sir William und Lady Thomson (die Kelvins) zu Gast waren. Das ist ganz eindeutig ein überaus festliches Essen:

Klare Suppe
Hühnerfilets mit Reisbällchen
Austernpasteten
Hammelbraten, Kartoffeln, Artischocken, Rote Beete
Wachteln mit Salat
Karamelpudding, Birnen mit Schlagsahne
Warme Käsehappen, Käsegebäck
Eis
Trauben, Walnüsse, Pralinen und Birnen.

Am 1. April 1885 waren nur vier Personen zu Tisch: meine Mutter, mein Vater, Edmund Gosse und Dew Smith, und trotzdem gab es:

Tomatensuppe
Gebratener Stint mit ausgezogener Buttersauce
Champignons auf Toast
Roastbeef, Blumenkohl und Kartoffeln
Apfelcharlotte
Überbackene Käseschnitten
Kandierte Früchte, Orangen, Erdnüsse, Rosinen und Ingwer.

Von diesem Essen weiß ich aus einem Brief meiner Mutter; sie hatte die drei Männer nach Tisch allein gelassen, sich in den Salon gesetzt, um das Ganze sofort ihrer Schwester zu schildern. Es war fünf Monate vor meiner Geburt. Sie war dreiundzwanzig und fühlte sich, mit drei eigenen Hausangestellten, erhaben und sehr erwachsen.

Die Köchin weigerte sich, den Sahneschläger oder Schneebesen zu benutzen – »so was Dummes«. Und das Hausmädchen wurde später entlassen, weil es die Handschuhe meiner Mutter nicht ordentlich gestopft hatte. Dann gab es noch einen Diener, der Rittler hieß und aus der Schweiz stammte. Er schlief in einem schrankartigen Gelaß neben der Anrichte. Zu Rittlers Aufgaben gehörte es auch, das Boot auf dem Fluß zu rudern. Eigens zu diesem Zweck wurde für ihn eine Seemannsuniform angefertigt. Ich wüßte gern, wie sie ausgesehen hat!

Rittler war wohl ein besonders attraktiver Mann. Aber leider, eines Abends, »als er nach Hause kam, hatte er getrunken. Er war zwar nicht betrunken, aber man roch seinen Atem.« Dies nahm man als Vorwand, um ihn zu entlassen, allerdings suchte man für ihn eine gute Stellung in Amerika, wo man es mit dem Trinken augenscheinlich nicht so genau nahm. In Wirklichkeit mußte er aber aus dem Haus, weil sich die weiblichen Angestellten alle in ihn verliebten. Nana fühlte sich offenbar besonders zu ihm hingezogen, er dagegen scheint nicht viel für sie übrig gehabt zu haben. Arme Nana! Auch heute, nach so vielen Jahren, kann ich sie mir kaum als junge verliebte Frau vorstellen. Für mich war sie immer alt und unverrückbar auf ihrem Platz am Firmament. Vermutlich kann ich mich nur deshalb an Rittler erinnern, weil sie ihn so gern hatte – ich war ja erst achtzehn Monate alt, als er ging. Danach hatten wir nur noch weibliche Dienstboten. Aber meine Mutter trauerte Rittler nach. »Ich finde, Hausangestellte, die ein bißchen Verstand haben, sind viel besser zu gebrauchen«, schrieb sie bekümmert. Zu jener Zeit war das eine sehr fortschrittliche Auffassung.

Neben uns, in der Eremitage, wohnte eine Dame, die über acht Dienstboten, einen kleinen Hund, zwei Pferde, eine Kutsche, einen Kutscher und einen Lakai verfügte. Einst im Mittelalter hatte an dieser Stelle ein Eremit gelebt, der den Brückenzoll einzog. Jetzt steht dort die Eremitage, eine riesengroße düstere viktorianische Villa, aus weißen Ziegeln erbaut und mit einem Schieferdach. Von den Spiegelglasfenstern sind viele gegen Einbrecher vergittert. Als ich noch klein war, hieß der Eremit im Gehäuse Mrs. C., vormals Mrs. P., eine reiche Witwe, die zweimal in ihrem Leben für kurze Zeit reiche Ehefrau gewesen war. Sie hatte störrisches weißes hochgekämmtes Haar, kleine schwarze Augen, ein Gesicht wie eine Backpflaume – übrigens eine sehr sympathische Backpflaume. Als Dr. P. starb, war ich noch winzig. Er war Dozent am St. John's, und ich weiß noch, daß um die Weihnachtszeit der College-Chor unter seinem Fenster sang – mitten in der Nacht, so schien es mir damals.

Nach der gebotenen Anstandsfrist beschloß Mr. C., Dozent am Trinity, um Mrs. P.s Hand anzuhalten. Dazu ließ er im Roundabout, dem Garten der Dozenten von Trinity, einen kleinen künstlichen Hügel anlegen und darauf eine zierliche Laube bauen, in der er ihr seinen Heiratsantrag machen konnte. Sie sagte ja, und Hügel und Laube, bekannt unter dem Namen »Monte Cobbeo«, bezeugen noch heute, daß ich keine Lügen erzähle.

Sie gaben großartige Abendgesellschaften im Glanz von Mahagoni und Silber, mit duftendem Portwein. Im Salon nach dem Essen trat Mr. C. auf Mrs. C. zu und sagte: »Liebste, vielleicht möchten unsere Freunde unser Duett hören?« Darauf führte er sie zum Flügel, und sie trugen es gemeinsam vor. Auch in der Zeit nach Mr. C.s Tod, an die ich mich besser erinnere, bot sich uns zuweilen durch das Schlafzimmerfenster meiner Mutter der faszinierende Anblick von Mrs. C. an ihrem mächtigen Flügel. Sie spielte mit munter ausholenden Bewegungen, ähnlich dem Traben ihrer überfütterten Pferde, wenn der Kutscher den Wagen vorfuhr. Zu den von jedermann besuchten Konzerten in der Guild Hall fuhr sie ganz allein, feierlich von Kutscher und Lakai begleitet. Sie grüßte zwar freundlich, wenn sie vorüberfuhr, und plauderte auch mit uns im Konzertsaal, doch in all den Jahren, die wir sie kannten, hat sie meiner Mutter nicht einmal angeboten, mitzufahren. Was aber viel wichtiger war: Jeden Tag schickte sie dem lahmen und verkrüppelten Straßenfeger unten an der Ecke eine Schüssel mit warmem Essen. Nach ihrem Tod stellte man fest, daß sie ihm etwas Geld hinterlassen hatte, und eins ihrer Hausmädchen heiratete ihn und sorgte für ihn bis zu seinem Ende. Wie sie das freilich über sich bringen konnte, habe ich nie begriffen – durch einen Unfall war er gräßlich entstellt und konnte nicht richtig sprechen. Der arme Teufel gehörte zu den Schreckbildern meiner Jugend. Aber Mrs. C. hatte eben immer schon ein Herz für arme Leute. Von dem, was sie sagte, ist mir nur ein Vergleich zwischen ihren beiden Ehemännern in Erinnerung geblieben: »Ja, der arme Francis wollte sein Steak immer blutig und kurz gebraten, aber Gerard mochte es nur, wenn es gut durchgebraten und gebräunt war.« Keine schlechte Art, den Unterschied zwischen ihnen im Gedächtnis zu behalten.

Außer den Ärzten, die in Zylinder und Frack mit ihren Broughams zur Visite fuhren, gab es in Cambridge nicht viele Leute, die Kutschen hatten. Onkel Frank und Tante Ellen besaßen einen Eselskarren, den Tante Ellen zuweilen mit einem Eselspaar kutschierte. Einen dieser Esel hatte sie schon als Fohlen bekommen, und eine Weile lief er frei neben dem Wagen mit, was zeigt, wie ruhig es damals auf den Straßen zuging. Eine Freundin lenkte ihren enormen Dogcart nach Männerart, bespannt mit Pferden aus ihrer eigenen Zucht. Aber meistens war man auf Mietdroschken angewiesen, bis zuerst das Dreirad, dann das Zweirad aufkam – von da an machten die Damen ihre Besuche hauptsächlich mit dem Fahrrad. Sie steckten sich sogar die Schleppen hoch und radelten zu Dinner-Partys. Eines Sommerabends fuhren meine Eltern zehn Meilen per Fahrrad bis Six Mile Bottom zum Essen. Ihre Abendkleider hatten sie in einem Korb auf der Lenkstange, denn es war selbstverständlich unmöglich, zu Abend zu essen, ohne sich umzukleiden. Bis 1914 zog man sich stets zum Dinner um, auch wenn man allein war. Selbst bei einer sehr kleinen Tischrunde war festliche Kleidung üblich. Damals waren Abendkleider stets dreiteilig, aber als meine Mutter sich an diesem Abend umziehen wollte, entdeckte sie, daß sie zwar Taille und Schleppe mithatte, doch der Rock war zu Hause geblieben. So mußte sie sich von ihrer Gastgeberin, die viel kleiner und fülliger war als sie, einen Rock borgen, der nicht recht paßte. Später radelten meine Eltern bei Mondschein zurück.

Wir selbst hatten zwar keine Kutsche, dafür aber meine Großtante Mrs. Jebb (später Lady Jebb), und meine Mutter fuhr fast täglich mit ihr aus. Haus Springfield, wo die Jebbs wohnten, stand jenseits der Straße, hinter der Straßenfegerecke. Es war ein langweiliger viktorianischer Ziegelbau mit Schieferdach und Sprossenfenstern. Aber obwohl noch häßlicher als die Eremitage, hatte es doch eine ganz andere Atmosphäre. Es war genauso gemütlich, doch freundlicher und weniger aufwendig.

Tante Cara war eine außergewöhnlich schöne Frau. Rembrandts Gemälde *Batsheba* im Louvre scheint ein recht gelungenes Porträt von ihr. Ich sah sie einmal in ähnlicher Bekleidung, und sie sah einfach wundervoll aus. Sie hatte kastanienbraunes Haar – echt kastanienbraun, nicht rot –, eine bezaubernde Rubenshaut, und ihre Stimme war wie roter Samt, tief und voll. Sie kümmerte sich überhaupt nicht um ihr Aussehen, was man sich nur leisten kann, wenn man schön genug ist. Tennis spielte sie – ich habe es selbst gesehen – mit einem lächerlichen kleinen schwarzen Nasenschützer, der mit Gummiband befestigt war, damit sie keinen Sonnenbrand bekam. Ihre einzigartige Stellung in der Gesellschaft von Cambridge beruhte auf ihrem amüsanten amerikanischen Geplauder, ihrer Offenherzigkeit und ihrer starken Persönlichkeit.

Sie hatte eine romantische Vergangenheit. 1840 war sie als Caroline Reynolds, Schwester der Mutter meiner Mutter zur Welt gekommen. Ihr Vater war ein englischer Geistlicher, der um 1825 in die Vereinigten Staaten ausgewandert war. Mit sechzehn heiratete sie einen Leutnant der amerikanischen Armee, Slemmer mit Namen. Als 1861 der Bürgerkrieg unvermeidlich schien, wurde er zum Kommandanten der Festung Pensacola in Florida ernannt. Eine der vielen Legenden um Tante Cara betrifft diese Zeit. Es heißt, sie habe sich schluchzend an Präsident Lincolns Brust geworfen, um für ihren Gatten eine Beförderung zu erreichen, die ihm ihrer Meinung nach ungerechterweise vorenthalten worden war. Ich versuchte diese Szene zu zeichnen, kam aber schon bald zu dem Schluß, daß man sich Tante Cara unmöglich schluchzend an irgend jemandes Brust vorstellen konnte. Dann erfuhr ich die wahre Geschichte. Mit ihren zwei Schwägern ging sie zu einer vom Präsidenten gewährten Audienz, mit dem Hintergedanken im Kopf: »Er ist schließlich auch ein Mann wie alle anderen«, womit natürlich gemeint war, sie könne ihn schon dazu kriegen, das zu tun, was sie wollte. Als sie eintraten, saß der Präsident hinter seinem Schreibtisch. Das Gespräch war zunächst sehr reserviert, aber dann legte Tante Cara, die neben ihm stand, behutsam ihre Hand auf seine Schulter und sprach dabei ihre Bitte aus. Mr. Lincoln lächelte, bedeckte einen Augenblick lang ihre Hand mit der seinen, und das Eis war gebrochen. Daß sie Erfolg hatte, belegt folgende handschriftliche

Anmerkung in Lincolns Tagesnotizen: »Liste der Offiziere, die ich zur Beförderung in der Berufsarmee vorschlagen möchte: [mehrere Namen und am Schluß] Lieut. Slemmer – seine Frau meint Major oder First Captain.« Obwohl Tante Cara hatte feststellen müssen, daß sich der Präsident doch nicht ganz so leicht manipulieren ließ, wie sie erwartet hatte, behauptete sie zeitlebens, Lincoln sei der bedeutendste Mann, dem sie je begegnet wäre.

In Pensacola sprach sich herum, daß die Truppen der Südstaaten planten, den dortigen Marinehafen zu erobern. Man fragte sich, ob der Hafen verteidigt werden solle, denn bislang hatten noch keine Kämpfe stattgefunden. (Das war vor dem Angriff auf Fort Sumter.) »Ein Kriegsrat wurde im Haus von Captain Slemmer abgehalten ... man diskutierte lange, ohne zu einer Entscheidung zu kommen. Schließlich konnte Mrs. Slemmer (20) es nicht mehr ertragen ... in einer zornigen Aufwallung rief sie: ›Gut, wenn ihr Männer die vaterländische Fahne nicht verteidigen wollt, dann tue ich es.‹« Das war die Lösung. Die Garnison besetzte Fort Pickens im Hafen und schlug mehrere Angriffe zurück. Somit wurden durch Tante Caras Eingreifen die ersten Schüsse in diesem Krieg abgefeuert. Überdies behielt der Norden auf diese Weise einen Marinestützpunkt im Golf von Mexiko, der während der Blockade der Südstaaten große Bedeutung gewann.

Eine weitere Legende besagte: Mrs. Slemmer ist eine Spionin! Einige Tage vor dem ersten Schußwechsel hatte man sie auf dem Festland herumstreifen sehen. Wahrscheinlich war sie nur zum Einkaufen unterwegs, aber bei Tante Cara konnte man sich da nie ganz sicher sein. Sie war eine glühende Anhängerin des Nordens.

Ihr Gatte erreichte noch den Generalsrang und starb 1868. Auch ihr einziges Kind, ein Junge, starb früh. Tante Cara machte sich nach England auf, um Verwandte zu besuchen, unter anderen ihre Cousine Mrs. Potts, die in Cambridge lebte. Dort geht das Gerücht, jeder Mann im heiratsfähigen Alter habe ihr einen Antrag gemacht, einmal waren es drei an einem Tag, unter ihnen der Vize-Kanzler. Ich kann dafür nicht geradestehen, aber als sie Jahre danach das Haus (15 Fitzwilliam Street) besuchte, das einst Mrs. Potts gehört hatte, und die Dame, die gegenwärtig dort wohnte, zu ihr sagte: »Lady Jebb, soviel ich weiß, haben Sie in diesem Zimmer drei Heiratsanträge an einem Abend bekommen«, meinte Tante Cara nur: »Ach nein, das stimmt nicht, einer war im Garten.«

1874 entschloß sie sich schließlich, Richard Jebb zu heiraten, und ihr Haus wurde bald zu einem gesellschaftlichen Mittelpunkt. Weil sie so beliebt war, fand sie reichlich Gelegenheit zu einer besonders reizvollen Beschäftigung: Sie stiftete Ehen. Ihre Ansichten in Herzensangelegenheiten neigten jedoch mehr zum Praktischen als zum Romantischen. In ihren Briefen äußerte sie sich sehr freimütig darüber. So lockte sie eine Nichte mit dem Versprechen zu sich, ihr einen jungen Mann vorzustellen, den sie als »möglicherweise interessantes Objekt« bezeichnete. »Wirklich, er wäre eine glänzende Partie. Sein Vater ist reich, soeben geadelt, Tom ist der älteste Sohn«, und so weiter und so fort. Zur Ehre ihrer Nichten sei gesagt, daß dieses Vorgehen ihnen nicht besonders behagte. Unter ihren vielen Talenten besaß Tante Cara auch eins, das ihr bei ihren Ehevermittlungen sehr hilfreich war: Sie erkannte auf den ersten Blick, über welches Einkommen einer verfügte. Geld spielte bei ihr eine große Rolle, und sie dachte unaufhörlich über ihre Investitionen nach. Die Vermögensangelegenheiten von Onkel Dick lagen ganz in ihren Händen, auch anderen in der Familie gab sie ausgezeichnete Ratschläge. Über die Liebesaffären berühmter Leute, die sich ihr anvertraut hatten, wußte sie die merkwürdigsten Geschichten zu erzählen, in denen Haarspangen, Grabmäler, Liebesbriefe als Requisiten auftauchten. Ich hörte nie sehr aufmerksam zu, denn sie erschienen mir schon damals ganz unglaubwürdig und deshalb habe ich sie heute leider alle vergessen. Dennoch enthielten sie vermutlich ein Körnchen Wahrheit – es war ihr nun mal von der Natur gegeben, selbst einem Herzen aus Stein Geständnisse zu entlocken. Oder doch jedenfalls versteinerten Männerherzen. In erster Linie war sie eben eine Frau für Männer, obwohl sie sich auch mit Frauen stets gut verstand. Zugegeben, wenn sie mich neugierig über meine eigenen Angelegenheiten ausfragte, war ich oft in Versuchung, ihr aus der Luft gegriffene Dramen aufzutischen. Es kam zwar nie dazu, doch ich frage mich, ob andere in dieser Hinsicht nicht weniger Skrupel hatten.

Kein Wunder, daß man sich gern mit ihr unterhielt. Sie machte auf amüsante, witzige Weise Konversation und war sehr belesen. Einmal, so erzählt man sich, brachte sie eine Nichte dazu, ihr und ihrer Schwester Tante Polly aus Miltons *Paradise Lost* vorzulesen, damit Tante Polly etwas Bildung abbekäme. Die arme alte Dame langweilte sich schrecklich und war fast entschlummert, als Tante Cara sie mit strengen Worten aufschreckte: »Jetzt gib acht, Polly! Das ist Satans Stimme!«

Eins war Tante Cara gewiß nicht: warmherzig. Dafür war sie umgänglich und großzügig. Da sie aber geliebt werden wollte und sich im Wesen der Menschen sehr gut auskannte, gelang es ihr, einen recht gut funktionierenden Ersatz für ihre mangelnde Gefühlstiefe zu finden. Tatsächlich habe ich oft darüber nachgedacht, ob nicht für die Welt als Ganzes ihre kluge Menschenkenntnis wertvoller war als gefühlvolle Stümperei. Gewiß, als Kind war ich oft entsetzt über ihre kühle Weltläufigkeit. Aber ich war auch ein erschreckend ernsthaftes und idealistisches Kind.

1918 faßte sie den Beschluß, dem »Schrecklichen Krieg«

aus dem Weg zu gehen und den Rest ihres Lebens in Amerika zu verbringen. Sie verkaufte ihr Haus und die meisten Möbel und verließ ohne erkennbares Bedauern meine Mutter und alle ihre Freunde, mit denen sie fast vierzig Jahre verbracht hatte. Meine Mutter war über den Verlust sehr traurig. Tante Cara ließ ihr Pferd, ihren Hund und ihre Katze töten. Ich fürchtete, sie würde möglicherweise auch Melbourne, den Gärtner, einschläfern lassen, aber, wie man mir sagte, wurde er im letzten Moment gerettet. Onkel Dick war glücklicherweise schon 1905 gestorben.

Der Haushalt von Springfield war folgendermaßen geordnet: An erster Stelle stand Tante Caras Premierminister und Vertrauter, besagter Obergärtner Melbourne, ein kugelrunder, untersetzter Mann, der sich selbst als »echtes Norfolk-Klößchen« bezeichnete. Als nächste in der Rangordnung kam Zoë, die prächtige falbe Stute; danach Glen, die Colliehündin, ein Geschenk von Mr. Carnegie; dann Darius, der Perserkater; dann die drei Hausmädchen, die schon ewig bei ihr waren, und ganz am Schluß – so kam es uns wenigstens vor – der arme Onkel Dick. Ich weiß, er genoß einen internationalen Ruf als Gelehrter, doch aus unserer kindlichen Sicht war er eine gänzlich unbedeutende Figur, eine Art harmloser Herumtreiber, dem man gütig gestattete, sich in einer Ecke der Bibliothek einzurichten, solange er sich ruhig verhielt und keinen Ärger machte. Heimlich schlich er sich hinein und hinaus, und wenn wir uns zufällig trafen, erkannte er uns nie. Margaret war höchst verwundert, als er sie einmal, kurz vor seinem Tod, auf der Treppe mit einem »Guten Morgen« grüßte. Vermutlich flößten Kinder ihm Angst ein. Doch auch andere müssen Onkel Dick für weniger bedeutend gehalten haben, als ihm recht sein konnte. Aus seiner Frühzeit ist nämlich der bekannt gewordene Spruch von Dr. Thompson (Master von Trinity von 1866–1886) überliefert: »Die Zeit, die Mr. Jebb nach seiner ausführlichen Morgentoilette noch bleibt, widmet er der Vernachlässigung seiner Pflichten.«

Fast jeden Morgen schickte mich meine Mutter mit einem Briefchen oder einer Botschaft hinüber nach Springfield, um die Unternehmungen am Nachmittag planen zu können. Ich lief über die morgendliche Straße und durch den taufrisch duftenden Garten zur offenen Eingangstür und die mit einem Axminsterteppich belegte Treppe hinauf. Tante Cara frühstückte um diese Zeit gemütlich im Bett und las die Zeitung. Neben ihr auf der Decke lag Darius, der Kater. Ich ging nicht besonders gern in das Zimmer, weil es immer etwas nach Katze roch. Freilich weiß ich nicht genau, ob der Katzengeruch meine Unlust förderte, oder ob die Katze mich störte, weil ich ohnehin nicht gern dorthin ging. Tante Cara gab mir Antwort auf Mutters Anfrage und sagte dann: »Geh nach unten und sag Kate, sie soll dir ein Stück Kuchen geben.« Das ärgerte mich, schließlich war ich ja kein kleines Kind mehr. Ich fand es unter meiner Würde, mir auf solche Art Kuchen anbieten zu lassen – obwohl er köstlich war. Vielleicht kam aber mein Unbehagen doch vom Katzengeruch.

Nach dem Mittagessen dann ging Melbourne hinunter nach Queens' Green, fing Zoë ein und spannte sie vor eine niedrige, leicht gebaute, schon etwas schäbige zweisitzige Victoria-Kutsche, quetschte sich in seinen dunkelblauen Rock, setzte den Zylinder auf, und fort ging's mit Tante Cara und meiner Mutter zum Besuchemachen, einer höchst willkommenen Verpflichtung. Fröhlich trabten sie dahin, verfolgt von der kläffenden Glen. Melbourne kutschierte grundsätzlich mit rückwärts gewandtem Kopf, da er stets maßgeblich an der Unterhaltung teilnahm. Er war über alles informiert, was man über die laufenden Ereignisse in Cambridge wissen mußte und versorgte Tante Cara mit wertvollen Informationen.

Hin und wieder wurde mir zugemutet, an diesen Ausfahrten teilzunehmen. Himmel, wie unausstehlich übellaunig muß ich dabei gewesen sein! Angetan mit Hut und Handschuhen, klammerte ich mich verzweifelt an den schmalen Vordersitz. Man mußte sich gut festhalten, wollte man nicht in den Kurven aus dem Wagen geschleudert werden. Außerdem wurde mir schlecht davon, und ich langweilte mich über alle Maßen.

Eine der wichtigsten Pflichten, denen Damen nachzukommen hatten, war der Einkaufstag in London. Um halb neun ging der Great Northern-Zug zum King's Cross-Bahnhof. Man benutzte damals nie die Great Eastern Railway, die zum St. Pancras-Bahnhof ging, und Liverpool Street-Station war feinen Leuten gänzlich unbekannt. Der frühe Aufbruch wirbelte den ganzen Haushalt durcheinander. Manchmal kam der Bus und holte meine Mutter ab. Er fuhr durch die ganze Stadt, um Leute aufzunehmen, die sich vorher angemeldet hatten. Doch manchmal war der Bus ausgebucht, dann wurde für acht Uhr eine Droschke bestellt. Meine Mutter war allerdings keineswegs abfahrbereit, wenn Ellis, hochrot im Gesicht, draußen vorfuhr. Einmal, als sie den Zug zur Einschiffung nach New York erreichen mußte, war sie bei Ellis' Ankunft noch im Nachthemd und hat den Zug trotzdem nicht versäumt. Zwar war sie nicht immer im Nachthemd, wenn Ellis kam, aber auf jeden Fall noch seelenruhig im Schlafzimmer, wo alle drei Mädchen, Nana und ich durcheinanderrannten, Sachen zurechtlegten und ihr beim Ankleiden halfen. Mein Vater stand mit besorgter Miene und der Uhr in der Hand unten an der Treppe und rief mit seiner beherrschten Stimme nach oben: »Maud, du wirst den Zug versäumen.« Natürlich blieb keine Zeit zum Frühstücken. Ich legte ihr deshalb mit Butter bestrichene Toastscheiben auf den Droschkensitz. Das mußte einfach sein, denn sie hatte einen so anstrengenden

Tag vor sich, daß sie meist nicht zum Mittagessen kam. Bei ihrer Rückkehr am Abend war sie immer völlig ausgehungert und erschöpft. Wenn sie schon in der Droschke Platz genommen hatte, reichte ich ihr durchs Fenster die Stiefeletten und einen Schuhlöffel nach, so daß sie sie unterwegs anziehen konnte. Im Austausch dafür gab sie mir ihre Pantoffeln.

Just als Ellis schon die Zügel aufgenommen und mit der Zunge geschnalzt hatte, rief sie plötzlich: »Ach, einen Augenblick – da ist noch der kleine Frisiertisch, den ich Mrs. X.s Tochter zur Hochzeit schenken wollte – er ist auf dem Dachboden, Isabel, lauf und hol ihn. Und die silberne Teekanne muß zur Reparatur, bitte Alice, bring sie mir. Und Gwen, lauf eben und bring mir die leere Hustensaftflasche von meinem Waschtisch...« und so immer weiter. Aber schließlich fuhr sie davon – der Frisiertisch war auf dem Droschkendach festgebunden, und sie knöpfte in aller Ruhe ihre Stiefel zu und aß ihren Toast. Wir gingen zurück ins Haus, genossen ein ausgedehntes Feiertagsfrühstück und spürten, wie sich Frieden um uns ausbreitete. Trotz all dem hat sie nie und nimmer einen Zug verpaßt. Ich glaube, sie hielt es für unsportlich, rechtzeitig am Bahnhof zu sein. Es hätte dem Zug keine Chance gelassen, ohne sie abzufahren. Wie anders war da doch die englische Seite meiner Familie!

Aus Sparsamkeit nahm meine Mutter abends vom Bahnhof aus oft die behäbige alte Pferdebahn, die rüttelnd und klappernd hinter dem betagten Roß herschwankte. Da sie an der »Römisch-Katholischen« umsteigen und auf die andere Bahn warten mußte, hätte sie genausogut in derselben Zeit zu Fuß gehen können. »Mit der Bahn um die Wette laufen«, war in Cambridge ein beliebtes Spiel, das ein flinkes Kind leicht gewann. Wir mußten so oft etwas für meine Mutter holen, daß »raufrennen« oder »raufflitzen« sich allmählich als Familienredensart einbürgerte, wenn es um einen Auftrag oder eine Gefälligkeit ging. Gefälligkeiten wurden in jeder beliebigen Menge verlangt.

Dabei fällt mir eine andere Beschäftigung ein, der sich die Damen Cambridges mit Lust hingaben: Vereine, die herrlichen Vereine! Welch ein Vergnügen! Einer, dessen Vorsitzende oder Sekretärin oder was sonst meine Mutter war, hieß »Diskussionszirkel für Damen«. Jedenfalls mußten dafür viele Abrechnungen erstellt werden (hauptsächlich von uns Kindern). Adressen wurden herausgesucht und auf Kuverts geschrieben (ebenfalls von uns), und dann sollte die Post persönlich zugestellt werden, um Portokosten zu sparen. Das fiel ganz und gar in unser Ressort. Wir hatten entschieden etwas gegen solche Gefälligkeiten. Es war einfach nicht einzusehen, warum wir den »Diskutierenden Damen« im Schweiße unseres Angesichts ein paar Halfpennies ersparen sollten. Leider muß ich gestehen, daß wir meistens nur ein paar Karten in der Nähe ablieferten, den Rest aber mit aus dem Arbeitszimmer entwendeten Briefmarken frankierten und zur Post brachten. Auf diese Weise bezahlte am Ende mein Vater die Damendiskussionen. Das Knausern mit Halfpennybriefmarken gehörte zeitlebens zu den bedauerlichen Schwächen meiner Mutter.

Wenngleich sie sich hauptsächlich auf den »Diskussionszirkel« beschränkte, hielt meine Mutter auch oberflächliche Verbindung zum »Wohltätigkeitsverband«, wie sie den Wohlfahrtsverband stets nannte. Außerdem unterstützte sie mit Rat und Tat einen privaten Wäschereibetrieb. Dabei öffnete sich ihr ein weites Betätigungsfeld, besonders da der Betrieb rätselhafterweise (nicht von ihr) an einer Stelle eingerichtet worden war, wo das ganze Wasser von einem einarmigen Mann mit der Hand heraufgepumpt werden mußte. Wir fanden es schlimm, daß Wäschereien offensichtlich soviel Abrechnungen erforderten. Schlimm für uns, sehr schlimm.

Rechnen gehörte nicht zu den starken Seiten meiner Mutter. Übrigens auch nicht zu meinen. In meinen eigenen Angelegenheiten machte ich jedoch kurzen Prozeß mit der naturgegebenen Bösartigkeit der Zahlen, indem ich überhaupt nicht nachrechnete. Um so ärgerlicher war es, wenn man von anderen zum Rechnen herangezogen wurde. Nach dem Vorbild meines Vaters bestand meine Mutter darauf, bis auf jeden Halfpenny abzurechnen. Was nicht hieß, daß einer von uns – am wenigsten sie selbst – sich in den Abrechnungen auskannte. Solange mein Vater noch lebte, war er wahrscheinlich imstande, die wichtigeren Positionen im tief verwachsenen Dschungel aufzufinden, in dem sie versteckt waren. Das Addieren und Nachprüfen war ja ohnehin seine Sache. Uns Kindern blieb nur die simplere Rechnungsführung der Damenvereine überlassen. Doch nach dem Tod meines Vaters wurden *Die Kontobücher* für jedes Familienmitglied zur ständigen Bedrohung. Wie oft habe ich mich stillschweigend aus dem Zimmer gestohlen, wenn ich den Augenblick kommen sah, wo ich gebeten wurde, »nur eben bitte diese Seite zu addieren«. Es war ein gänzlich hoffnungsloses und sinnloses Unterfangen. Man konnte nicht einfach eine Seite addieren, ohne in die Komplikationen aller Seiten in allen anderen Kontobüchern hineingezogen zu werden, die unterschiedslos für alle möglichen Eintragungen benutzt wurden. Das ganze System bestand darin, daß jeder Posten irgendwo niedergeschrieben werden mußte – egal, ob auf einem Zettel oder auf irgendeiner Seite des Kontobuchs. Von Zeit zu Zeit wurde dann alles aufgerundet und zu einer enormen Summe zusammengezählt. Die so entstandene Endsumme war zum Glück kein Anlaß zur Beunruhigung – oft genug wurden Soll und Haben durcheinandergebracht und alles zusammen addiert.

Ich muß jedoch so ehrlich sein und hinzufügen, daß es meiner Mutter in späteren Jahren gelang, mit einem verhältnismäßig kleinen Einkommen ein großes Haus zu führen. Möglicherweise kamen ihr dabei die Kontobücher auf geheimnisvolle, für uns nicht durchschaubare Weise zu Hilfe.

6

Anstandsregeln

Auf eine Aufgabe wurde ich schon sehr früh vorbereitet: bei Liebespaaren die Anstandsperson zu spielen. Meine Mutter hatte oft Freundinnen und jüngere Schwestern zu Besuch. Sie waren nett, umgänglich und als Amerikanerinnen von jenem Hauch des Fremdartigen umgeben, der sie begehrenswert machte. Ihr junges Leben wurde hauptsächlich von einer einzigen großen Hoffnung bestimmt: daß einer der Herren, die ihnen angeblich »sehr ergeben« waren, sich zu einem Heiratsantrag durchrang. Seither habe ich mich oft gefragt, wie ernst diese Ergebenheit wohl zu nehmen war. Von den in Frage kommenden Herren hat jedenfalls keiner eine Amerikanerin geheiratet. Möglicherweise lag das an mir: Ich muß als Anstandsdame nicht sehr förderlich gewirkt haben. Indessen war meine Mutter jederzeit darauf vorbereitet, daß eine Verlobung stattfand.

Kurz nach ihrer Heirat berichtete meine Mutter ihren Schwestern von den betrüblichen Verhältnissen in Cambridge: »Die Mädchen hier haben es schwer... Außer Mr. C. gibt es in Cambridge keinen Mann, der für eine Heirat in Frage käme. Und so, wie die Dinge liegen, ist er keine besondere Attraktion, wenn auch gesagt wird, er wäre früher nett gewesen. Jetzt versucht er nur, feurig dreinzublicken, und wenn man ihm die Hand reicht, drückt er sie lange, was bei einem Mann mit grauen Haaren nicht gerade vorteilhaft wirkt. Beim Reden brummelt er dauernd vor sich hin und erzählt von der guten alten Zeit... weitschweifig, das ist wohl der richtige Ausdruck dafür... Ach, die armen englischen Mädchen haben wirklich nicht viel vom Leben, es sei denn, sie sind so hochgeboren wie Alice Balfour, dann sind sie eher wie Amerikanerinnen. Aber der obere Mittelstand findet es richtig, die Töchter von vorne bis hinten unter Schutz zu stellen... Es wird schwer sein zu entscheiden, wie wir es mit Gwen halten sollen, wenn sie größer wird. Erziehe ich sie so selbständig wie die Mädchen zu Hause, wird man sagen, sie sei leichtfertig.« Und in einem anderen Brief stand: »M. F. [ein Mädchen von achtzehn] erzählt, zwei Studenten wollten ein Fest in ihren Räumen im College geben. Sie haben bei Mrs. F. schriftlich angefragt, ob M. kommen dürfte und entschuldigten sich bei der Gelegenheit, daß sie nicht auch sie einladen, aber ihre Zimmer seien so klein – übrigens hätten Mrs. S. und Mrs. C. [zwei äußerst korrekte Cambridger Damen] zugesagt, als Anstandspersonen zugegen zu sein. M. kann aber nicht hingehen, weil Mrs. C. ihrer Familie nicht gut genug ist. Sie sagt, viele Mütter in Cambridge sind wütend und behaupten: ›Wir lassen uns von den jungen Männern nichts diktieren...‹ Mir kommt es unaussprechlich vulgär vor, daß guterzogene Mädchen und Jungen nicht zusammenkommen können, ohne daß die Mutter danebensteht und aufpaßt, daß nichts Anrüchiges passiert. In Wahrheit ist es so: Die Anstandsdamen wollen ihre Macht ausüben und, obwohl sie das Gegenteil behaupten, amüsieren sie sich sehr gut auf den Festen. Hoffentlich findet, wenn Gwen erwachsen ist, in dieser Hinsicht eine Revolution statt, und sie wird daran teilnehmen. Warum kann M. eigentlich nicht mit ihrem Bruder dorthin gehen?«

Das Merkwürdige an diesen Briefen ist, daß sich meine Mutter offensichtlich für großzügiger und unkonventioneller hielt als diese englischen Damen, und es wohl auch wirklich war. Dennoch fanden wir jungen Leute sie später penibler als viele andere. Im Grunde war sie wohl eine Puritanerin altamerikanischer Tradition, während man in England mehr Gewicht auf gutes Benehmen und Auftreten legte.

Auch die Predigten von Spurgeon befremdeten die Engländerinnen keineswegs so wie sie: »Manche seiner Sätze kann man wirklich nicht als fein bezeichnen«, schrieb sie nach Hause. »Zum Beispiel, der Herr möge uns Rückendeckung geben.« (Vielleicht, weil das eine Redensart aus dem sportlichen Bereich ist?) Andererseits hätte sich bestimmt niemand sonst gewagt, als Weihnachtsmann verkleidet (sie sagte immer Santa Claus) mit Bart und allem Drum und Dran von einem Ende von Cambridge zum anderen zu radeln, wie sie es einmal tat. Gewiß nahm sie es mit Dingen wie Baden und Ausziehen viel genauer als andere. Und obwohl sie nichts gegen Partys hatte, gestattete sie befreundeten Paaren nie, allein irgendwohin zu gehen, ganz gleich wie alt oder respektabel sie waren.

Da begann mein Wirkungsbereich: Es hatte sich seit der Zeit, da Mr. C. der einzige heiratsfähige Mann in Cambridge war, einiges gebessert. Inzwischen gab es jede Menge Junggesellen, und bei Bootsfahrten oder Besichtigungstouren wurde ich oft als Anstandswauwau mitgeschickt. Bei Booten hatte meine Mutter immer besondere Bedenken. Nie wurde einem Paar erlaubt, allein einen Bootsausflug zu unternehmen, nicht einmal entlang der Backs, der Collegegärten. Einmal machte sie einer ihrer Schwestern schwere Vorwürfe, weil sie allein mit *zwei* Männern nur ganz kurz mal zum Rudern gegangen war. Dabei weiß ich, daß eine überaus korrekte Dame ihrer Tochter die Erlaubnis gab, in einem Kanu mit einem jungen Mann allein von Grantchester nach Cambridge und zurück zu paddeln. Meiner Mutter hätten bei so etwas die Haare zu Berge gestanden.

Diese ganzen Anstandsregeln scheinen mir heute doch ziemlich abwegig, besonders im Hinblick auf Alter und Charakter der Personen, die sich ihnen unterwerfen mußten. Als Onkel Frank mit Tante Ellen (seiner zweiten Frau) verlobt war, war er schon fünfunddreißig, sie siebenundzwanzig und dazu Fellow und Lektorin am Newnham College. Wenn es noch respektablere Leute gegeben hätte – ich hätte sie gern kennengelernt. Aber als Miß Clough, die Vorsteherin von Newnham, für ein paar Wochen verreist war, schrieb meine Großmutter: »Frank wird froh sein, daß Miß Clough zurück ist, so kann er Ellen wieder besuchen.« Während Miß Cloughs Abwesenheit hatte er das kein einziges Mal tun können. Sie saß höchstpersönlich bei den beiden im Aufenthaltsraum, niemand sonst kam als Anstandsdame in Frage. Natürlich durften sie sich auch nicht in Ellens eigenem Wohnzimmer treffen, geschweige denn, daß Ellen Frank besuchte. Mitunter fragt man sich, wie es überhaupt zu einer Verlobung kommen konnte.

In ihrem Gedenkbuch *What I Remember* erzählt Mrs. Alfred Marshal eine Geschichte, die sie mir einmal, als sie schon sehr alt war, erzählt hat: Sie und Miß Marion Kennedy, beide Lektorinnen in Newnham und fast dreißig, fuhren zur Hochzeit ihrer Freunde Professor Henry Sidgwick und Miß Eleanor Balfour nach London und wohnten dort in einem Hotel. Als ihr Vater, der Rektor, davon hörte, war er entsetzt. In aller Eile wurde ihr Bruder, ein Junge von vierzehn, losgeschickt, um den Anstand zu wahren. »Nachdem er angekommen war, blieben wir noch eine Nacht und gingen sogar mit ihm ins Theater«, berichtete sie mir vergnügt und triumphierend und fügte hinzu: »Aber zu Hause war ich für längere Zeit in Ungnade gefallen.«

In diesen Fällen mußte lediglich der Schein gewahrt werden. Onkel Frank hätte Tante Ellen ohne Schwierigkeiten irgendwo allein treffen können. Und Mrs. Marshall wäre es nicht schwergefallen, ihren Bruder hinters Licht zu führen, wenn sie etwas Ungehöriges vorgehabt hätte. Doch niemand zweifelte einen Augenblick an ihrer Integrität, es ging nur darum, wie es nach außen wirkte. Deshalb kommt uns heute das ganze Theater damals so unbegreiflich vor.

Auf Befragen hätten die Älteren wahrscheinlich erklärt: »Für dich, Liebes, ist das ja alles ganz in Ordnung; aber für andere ist es ein schlechtes Beispiel«, oder, noch deutlicher, »für die unteren Klassen«.

Vieles wurde uns verboten, nicht, weil es an sich falsch war, sondern »wegen der Hausmädchen«. An Sonntagen durften wir weder nähen noch stricken, noch Karten spielen, nicht einmal »Beggar-my-neighbour«. Und wenn wir sonntags zum Tennisspielen gingen, wickelten wir unsere Schläger in braunes Packpapier, um bei den Leuten auf der Straße keinen Anstoß zu erregen! »Die unteren Klassen«, die so viel realistischer waren als wir, wußten sicher genau, daß das alles nur Augenwischerei war. Doch sie verhielten sich sehr tolerant – wenn die Reichen sich so sonderbar benehmen wollten, war das ihre eigene Angelegenheit. Dagegen waren die Reichen weit weniger duldsam, sie neigten zu Selbstgerechtigkeit und Einmischung. Ich glaube, die Mittelklasse hatte zu jener Zeit nicht die leiseste Ahnung davon, was die Armen wirklich dachten. Es stimmt schon, daß damals England in zwei Nationen geteilt war.

Wenn nun schon die viktorianischen Ansichten den Anstand betreffend so seltsam waren, so streifte die Moralauffassung das Geheimnisvolle. Wir hörten allerdings nicht viel davon, bevor wir erwachsen und sogar verheiratet waren. Immerhin wurde unter uns jungen Leuten viel gemunkelt. Es war schon manchmal verblüffend, was wir über die moralische Haltung der Erwachsenen erfuhren, selbst bei so aufgeklärten und toleranten Menschen wie unseren Onkeln und Tanten aus der Darwin-Linie.

Als wir schon erwachsen waren, erzählte mir Frances, Tante Etty habe sie gefragt, ob X, ein mit ihr befreundeter Künstler, vor seiner Ehe mit Y bereits mit dieser zusammengelebt habe. »Ich sagte, das sei sehr wahrscheinlich. Daraufhin sagte Tante Etty, es tue ihr leid, aber auch (Professor)

Albert Dicey (einer ihrer besten Freunde) stimme mit ihr darin überein, daß man auf die Moral schauen müßte, weshalb sie X nach seinem Vortrag in Dorking nicht bei sich übernachten lassen könnte. Sie wußte genau, ich würde X nur mitteilen, ihr Gästezimmer sei belegt, und es bleibt ein tiefes Geheimnis, wieso sich das auf Xs oder irgend jemandes Moral auswirken sollte.« Wenn ein Mann seine Geliebte heiratet, tut er doch unter den gegebenen Umständen nur sein Bestes, indem er sie »zu einer ehrlichen Frau« macht, finde ich. Aber weit gefehlt, es wurde dadurch nur schlimmer. *Was* hätte der arme Mensch denn tun sollen? Vermutlich war nach der herrschenden Meinung eine solche Ehe nur das Zerrbild einer richtigen.

Auch Onkel Franks Haltung war manchmal schwer verständlich. Als Frances, schon mit Francis Cornford verheiratet, einen bekannten Schriftsteller besuchte, der nach einer längeren Trennung soeben wieder zu seiner Frau zurückgekehrt war, schrieb Onkel Frank ihnen, es setze ihn doch sehr in Erstaunen, daß sie sich auch nur in die Nähe des Hauses getraut hätten. Offenbar machte die Wiedervereinigung des Paars einen schlechten Eindruck, obwohl man sie doch eigentlich hätte begrüßen und ermutigen sollen. Aber nein, Onkel Frank war nicht dieser Meinung. Zugegeben, *aus seiner Sicht* war es vielleicht nicht richtig, sich mit einem Mann anzufreunden, der gegen die Normen der Gesellschaft verstoßen hatte – dabei war auch die Tatsache, daß es sich um eine interessante und schöpferische Persönlichkeit handelte, nicht von Bedeutung. Sicher, wenn die Gesellschaft überhaupt weiterbestehen will, muß es immer irgendwelche Normen geben. Und wenn es sie schon gibt, trägt man auch besser zu ihrer Aufrechterhaltung bei. SÜNDER *werden geschnitten* – so hieß die Parole damals. Dagegen ist man heute zu der Überzeugung gelangt, daß Schneiden nichts bewirkt.

In Wahrheit war die Kluft zwischen Normen und Realität – und eine solche Kluft wird es immer geben – zu jener Zeit außerordentlich tief, so daß die Normen sich als besonders unecht erwiesen. Man braucht nur daran zu denken, wieviel in den Romanen der mittel- und spätviktorianischen Periode ausgelassen wurde, um zu begreifen, in welch phantastischer Realitätsferne sich die Ansichten sonst recht vernünftiger Menschen zwischen 1850 und 1914 bewegten. Oft scheint es unglaublich, daß ihre Weigerung, den Tatsachen ins Auge zu sehen, nicht auf bewußter Heuchelei beruhte. Dennoch drückten sich nur wenige bewußt vor der Wahrheit, sie folgten eben nur dem Zug der Zeit, was für gedankenlose und unerfahrene Menschen ganz natürlich ist. Nahezu siebzig Jahre lang war die englische Mittelklasse in einer Festung aus leerem Schein und Wirklichkeitsfremdheit eingeschlossen, und keiner, der nicht in dieser Festung aufgewachsen ist, kann ermessen, wie dick die Mauern waren, wie selten man ein Stück freien Himmels durch die Schießscharten erspähen konnte.

Aber es befremdet mich nach wie vor, daß ein Mann wie mein Onkel, hellwach und erfahren, ein Mann, der in der materiellen Welt ständig alles in Frage stellte, sich ohne nachzudenken der engen und wirklichkeitsscheuen Moral seiner Zeit anschloß.

Doch nun zurück zu meinen eigenen Erlebnissen als Anstandsdame. Einmal wurde ich in dieser Eigenschaft auf einen Tagesausflug nach Lincoln mitgeschickt. In meiner garstigen Selbstherrlichkeit interessierte ich mich dort weit mehr für die Kathedrale als für meine Schutzbefohlenen, die übrigens beide schon über dreißig waren. Wahrscheinlich war diese Expedition mit großen Hoffnungen auf das Zustandekommen einer Verlobung verbunden, denn aus den Briefen, welche die Dame Jahre später schrieb, geht deutlich hervor, daß sie Feuer gefangen hatte. Doch er, fürchte ich, war eher ein Schürzenjäger. Jedenfalls übten weder ich noch die Kathedrale von Lincoln einen günstigen Effekt aus, und es kam nichts dabei heraus.

Nach Ansicht meiner Mutter war ich als Hemmschuh wohl weniger ernst zu nehmen als eine erwachsene Begleiterin. Da habe ich jedoch meine Zweifel. Ich glaube, das Paar muß mich ebenso gefürchtet wie gehaßt haben. Es war ihnen bestimmt nicht verborgen geblieben, wie sehr ich sie verachtete. Obwohl ich es damals nicht hätte aussprechen können, kommt es mir doch heute so vor, als hätte ich genau gewußt, was sie vorhatten, ob es eine ernsthafte Sache oder ein Flirt war und wer von den beiden es mehr auf den anderen abgesehen hatte. Glücklicherweise plagten mich keine Zweifel darüber, was die Dame zu tun hätte, sollte der Herr sie plötzlich küssen. Andere Kinder, habe ich gehört, schlugen sich mit solchen Fragen herum, aber mir wäre ein so abwegiger Gedanke nie gekommen. Ich blickte das Paar nur ruhig und unbewegt an, ich beobachtete die armen Teufel so ungerührt wie ein Wissenschaftler Ohrwürmer bei der Fortpflanzung – kein Wunder, daß alle Romanzen unter meiner Obhut dahinwelkten.

An eine Episode erinnere ich mich besonders gut. Ein junger Mann kam, um die Damen abzuholen, doch die waren noch oben beim Umziehen. Also wurde ich in den Salon geschickt, um auszurichten, sie seien bald fertig. »Und unterhalte dich nett mit ihm«, sagte seine Herzensdame, die in ihrem Zimmer gerade dabei war, ihren Pony mit der Brennschere zu kräuseln. Ich fand den jungen Mann ganz erträglich. Für eine Weile überwand er sogar seine Langeweile und spielte mit mir. Mir war klar, daß er sich langweilte, aber mir fiel etwas ein, womit wir die Wartezeit gut überbrücken konnten: Doktorspielen. Von grünlichen Lichtreflexen umspielt, lag ich in dem blumengeschmückten Sommersalon auf dem Sofa, und er war der Arzt, der mir aus einer Vase vom Kaminsims Medizin einflößte oder jedenfalls so tat. In der Vase war aber Staub, und ich mußte husten. Da plötzlich konnte er die Spannung nicht länger ertragen – er ging zum Kamin, stützte den Arm auf die Einfassung und erging sich ein bißchen in Seelenqualen, ganz für sich allein. Ich lag auf dem Sofa und beobachtete ihn und wußte ganz genau, daß die Vorstellung, jetzt gleich seine Liebste zu sehen, ihn in unerträgliche Erregung versetzte. Was mir unaussprechlich dumm und absurd vorkam.

Dann kam die Dame hereingerauscht, in einem hübsch bestickten Musselinkleid, mit fein gekräuseltem Haar. Ich machte mich davon, zurück ins normale Leben, und überließ sie einander. Nach vielen Jahren jedoch befand ich mich unversehens in derselben Lage. Wie kann man nur behaupten, Verliebtsein sei etwas Schönes!

Hier die wohlüberlegte Ansicht meiner Mutter zum englischen Liebeswerben: »Juni 1887. Meine Erfahrung mit englischen Liebespaaren ist folgende: Wenn sie es ernst meinen, kommen sie schnell zur Sache und geben es bekannt. Wenn nicht, behandeln sie sich sehr freundschaftlich ohne den geringsten Hintergedanken.« Da möchte man zu gern wissen, wie es amerikanische Liebespaare gehalten haben.

Oft wird gesagt, die Anstandsregeln im vorigen Jahrhundert hätten das Leben unendlich kompliziert. Aber genau besehen kann ich nicht behaupten, diese Anstandsregeln seien schwerer zu praktizieren gewesen als die Libertinage im 20. Jahrhundert. Eigentlich finde ich es leichter, vorzugeben, man sei schockiert, wenn man es nicht ist, als umgekehrt. So bin ich im großen und ganzen in den neunziger Jahren gut zurechtgekommen.

Trotzdem – da gab es auch seltsame Dinge. Zum Beispiel die Picknicks am Fluß. Sobald der Sommer kam, wimmelte es auf Sheep's Green und Coe Fen von rosaroten Knaben, so nackt wie Gott sie geschaffen hatte. Badehosen existierten damals noch nicht, zumindest nicht auf Sheep's Green. Man konnte die Jungen vom äußersten Zipfel unserer Großen Insel aus deutlich und rosig herumtanzen sehen. Um zum oberen Flußlauf zu gelangen, wo die besten Picknickplätze waren, mußte man an den Badeplätzen an beiden Ufern vorbei.

Diese gefährliche Strecke wurde schweigend und in hohem Tempo zurückgelegt. Die Gentlemen – in diesem Zusammenhang konnte man sie wirklich nur Gentlemen nennen – ruderten, und jede Dame spannte ihren Sonnenschirm auf. Wie ein Vogel Strauß vergrub sie ihren Kopf darin und starrte nachdenklich in die schimmernden Gewässer, bis die Krisenlage vorbei und der Fluß wieder sauber war.

Manchmal wurden wir Kinder auf einem Umweg rund um die Gefahrenzone geschickt, um etwas zu holen. Dann nahmen uns die Boote weiter oben am Fluß wieder auf. Aber zuweilen saßen wir auch mit den Erwachsenen im Boot. Mir – unfairerweise nicht Charles – wurde dann ein Sonnenschirm gereicht mit der Anweisung, ihn aufzuspannen und nicht hinzugucken, »weil es so schrecklich« war. Gehorsam öffnete ich den Schirm und hielt ihn so, daß die Damen mich nicht sahen und ich einen Blick riskieren konnte, ohne ihr Schamgefühl zu verletzen. Für mich war nämlich der Badeplatz der schönste Anblick der Welt: die schmalen nackten Jungen, wie sie im Sonnenschein auf dem frischen grünen Gras herumhüpften, dazu der glitzernde, tropfensprühende Fluß und die furchtlosen Kopfsprünge, bei denen die schlanken Körper wie himmlische Engel durch die Luft glitten – das war großartig, herrlich, nobel anzusehen. Überhaupt nicht schrecklich. Die Damen selbst erregten Schrekken – aber zugegeben, die armen Geschöpfe waren in der Regel noch dümmer als alle anderen Erwachsenen.

Ich hatte nicht die leiseste Ahnung, warum die Bootsfahrt durch die Badewiesen so riskant sein sollte. Allerdings, bei den Umständen, die gemacht wurden, war es ein wahres Wunder, daß ich nicht auf Hintergedanken kam. Was aber nie der Fall war. An dieser Stelle muß ich offen bekennen, daß ich fast bis zum Erwachsenenalter völlig, ja geradezu skandalös uninteressiert an allem war, was mit Sex zusammenhing. Unerhört! Widernatürlich! werden Sie sagen. Sicher, ich gebe es zu. Aber bedenken Sie, was mir dadurch erspart blieb. Die einzige Wißbegier, die ich in dieser Hinsicht an den Tag legte, war, soweit ich mich erinnern kann, der Wunsch, herauszufinden, ob Keith in der Tanzstunde so etwas wie Unterhosen unter dem Kilt trug. Und das war am Ende nur eine Kleiderfrage.

Alle unbequemen Fragen, die mir in den Sinn kamen, stellte ich Nana, während ich in der Badewanne saß. Sie besaß große Übung darin, sie abzuwehren. Als ich sie einmal fragte, warum man Zehen hätte, antwortete sie auf der Stelle: »Ja willst du denn, daß dein Fuß mit einem scharfen Knochen endet?« Solche Erwiderungen brachten mich zum Verstummen. Wenn ich aber später darüber nachdachte, fielen mir außer Zehen noch viele andere Möglichkeiten ein. Zum Beispiel könnten die Füße doch in einem weichen runden Hautlappen enden. Das schien mir vorteilhaft – keine Zehennägel, die geschnitten werden mußten (das war der ursprüngliche Anlaß zu meiner Frage gewesen). Oder vielleicht Schwimmhäute wie bei Fröschen? Und schließlich, wenn man's recht bedachte, warum eigentlich kein scharfer Knochen? Was war daran so unangenehm?

Ein anderes Mal fragte ich sie, wozu wohl das interessante kleine Knopfloch mitten auf meinem Bauch gut sei. »Da bist du fertig gemacht worden«, sagte sie. Prompt stellte ich mir Gott vor, wie er einen Knoten in den Stoff machte, bevor er das nächste Baby in Angriff nahm. Ich weiß nicht, warum diese Auskunft mich glauben ließ, daß kleine Kinder (die anscheinend irgendwo da drinnen wuchsen) durch dieses

Loch herauskamen. An dieser Meinung hielt ich fest, bis ich fast groß war. Und es scheint mir auch heute noch vernünftiger als der komplizierte und schmerzvolle Austritt, den das Oberste Management für uns vorgesehen hat. Doch im Laufe der Zeit begann ich an der Genauigkeit meiner Schlußfolgerung zu zweifeln. Und als ich siebzehn oder achtzehn war, versuchte ich ernsthaft und ohne jeden Erfolg, der Wahrheit in dieser Sache auf dem Weg über Chambers' Enzyklopädie auf die Spur zu kommen. Wenn Sie es nie versucht haben, können Sie sich nicht vorstellen, wie schwer es ist, irgend etwas mit Hilfe einer Enzyklopädie herauszufinden, ohne vorher schon alles darüber zu wissen. Ich wußte ja nicht einmal, bei welchen Wörtern ich nachschlagen sollte. Und natürlich wäre ich lieber gestorben, als jemanden danach zu fragen. Ich habe es nie getan, aber trotzdem sickerte die Wahrheit nach und nach durch, wie Kaffee durch einen Filter.

Daß *Tournüren* uns noch ein vertrauter Anblick waren, beweist die Frage meiner Cousine Nora an ihr Kindermädchen, als meine Mutter wieder ein Baby erwartete: »Warum trägt Tante Maud jetzt ihre Tournüre vorn?« Das war zum einen ein höchst gewagter Scherz von ihr – wer hätte gedacht, daß ausgerechnet Nora zu einer solch unerhörten Frivolität fähig sei? Die stille Nora, die mich immer an einen kleinen eigensinnigen grauen Quäkeresel erinnerte, so klug und sachlich und hübsch aussehend. Andererseits war die Frage aber auch so etwas wie ein Angelhaken, den sie auswarf, um etwas mehr über eine Angelegenheit zu erfahren, über die sich die Erwachsenen so betont geheimnisvoll ausschwiegen. Aber es half nichts, sie zog nichts an Land.

Ein paar Probleme gab es, die ich während meiner ganzen Jugend nicht zu lösen vermochte. Da war zum Beispiel Gloucesters natürlicher Sohn in *König Lear*. Wenn nun der böse Edmund ein natürlicher Sohn war, handelte es sich dann bei dem guten Edgar um einen unnatürlichen? Und was um Himmels willen war das? Verdankte Edgar seine Herkunft vielleicht einem Wunder? Wie Jesus Christus? Eigentlich mußten wir doch alle natürliche Kinder sein, so durchschnittlich wie wir waren. Wir waren doch nicht etwa alle unnatürlich? Und doch war das Natürlichsein im Drama irgendwie böse, unheimlich und außergewöhnlich.

Auch David Copperfield gab Rätsel auf. Er war ein »posthumes Kind«, geboren mit einer »Glückshaube«. In dem französischen Lexikon, dem einzigen, über das ich verfügte, stand »posthum – posthume«, was mir nicht weiterhalf. Bei »Glückshaube« aber stand »fillet«, und das ist ein Einkaufsnetz. Wie überaus merkwürdig! Dann schenkte mir jemand Esmond von Thackeray, aber meine Mutter sagte, ich dürfte es nicht lesen, gewisse Stellen darin wären »nicht in Ordnung«. Natürlich wollte ich herausfinden, was daran nicht in Ordnung war und beschloß alles zu lesen, was mir zugänglich war, ohne daß ich die Seiten aufschneiden mußte. Mit Fleiß und Ausdauer las ich so fast das ganze Buch, obwohl die Seiten noch jahrelang nicht aufgeschnitten wurden. Aber ich entdeckte nichts, was mir verdächtig vorkam.

Trotz meiner betrüblichen Einfalt in allem, was Sex betraf, gab es auch Dinge, die mich schockierten, ja geradezu entsetzten. So sah ich einmal durch das Treppengeländer in Down, wie einer meiner Darwin-Onkel meiner Tante, seiner Frau, einen liebevollen ehelichen Kuß gab. Mit Schaudern wandte ich mich eilig von dieser unerhörten Orgie ab. Mir kam es einfach übel vor, empörend, daß dieser Onkel, so ein netter, unauffälliger, anständiger Mensch, seine Frau lieb genug haben konnte, um sie in der Diele zu küssen. Noch heute kann ich mich nicht dazu überwinden, zu verraten, um welchen Onkel es sich handelte. Ich versuchte, nie, niemals mehr daran zu denken.

Und dann war da noch *Charleys Tante*. Es war das erste richtige Bühnenstück, das wir sehen durften. Mir kam es ganz und gar nicht komisch vor, nur überwältigend und aufregend. Und an einer Stelle gefährlich unanständig. Ich habe das Stück seitdem nicht wieder gesehen, aber ich erinnere mich, daß einer der jungen Männer, als Charleys Tante verkleidet, über die Bühne rannte, wobei er seine Unterröcke anhob und darunter seine Hosen zum Vorschein kamen. Nichts hat mich seit damals mehr in Verwirrung gebracht.

Doch, wenn ich's mir genau überlege, hatte ich schon einmal vorher einen ähnlichen Schock abbekommen. Als ganz kleines Kind war ich im Schlafzimmer einer alten Dame untergebracht worden, einer amerikanischen Großtante, die zu Besuch war. Ich lag schon im Bett, da kam die alte Dame herauf, um sich zum Essen umzukleiden. Sie trug eine Haube mit purpurfarbenen Straußenfedern, die mit breiten Bändern unter dem Kinn befestigt war, und ein rotes prächtiges Seidenkleid mit Samtapplikationen hier und da. Aus irgendeinem Grund zog sie sich zuerst den Rock aus und trat dann in Haube und Taille und Federboa an mein Bett, untenherum nur mit einem kläglich zipfelnden Unterrock bekleidet. Ich war von dem Anblick wie vor den Kopf gestoßen und heulte und schrie und brüllte, so daß ich weggetragen und anderswo schlafen gelegt werden mußte. Ich bin immer noch der Meinung, daß dieser Aufzug unheimlich und anstößig war, muß aber zugeben, daß sich bei mir die Erinnerung an die alte Dame hoffnungslos mit den Bildern der Herzogin aus *Alice im Spiegel* vermischt.

Das war die Tante, mit der meine Mutter nach Italien gereist war, bevor sie sich mit meinem Vater verlobte. Und sie scheint tatsächlich ein perfekter Anstandsdrachen gewesen zu sein. Ende 1883 schrieb meine Mutter aus Nizza: »Ein solcher Zorneskelch ist schon lange nicht mehr über mich ausgegossen worden! Oh, da habe ich was abgekriegt! Tante Em stellte eine Forderung, ›die ich einzuhalten hätte, solange ich mich in ihrer Obhut befand‹, und die lautete, daß ich ›keinem Herrn die Hand geben durfte. Damen tun so etwas nicht.‹ Ich sagte: ›Wenn mir ein Herr die Hand reicht, werde ich meine nicht hinter dem Rücken verstecken. Ich werde mich nicht schlecht benehmen. Tante Cara hat mir in Cambridge gesagt, was ich tun soll, wenn ein Herr mir die Hand gibt.‹ ›Das sind Cambridge-Manieren‹, war die Antwort. Hätte es für ihre Schimpferei einen Grund gegeben, ich hätte sie (vielleicht) über mich ergehen lassen. Aber es gab keinen. Ich hatte Mr. H. wie jeden anderen Tennisspieler behandelt.« Das Schlüsselwort in dieser Briefstelle ist »vielleicht«. Ich kann mir nicht vorstellen, daß meine Mutter eine solche Zurechtweisung widerspruchslos hingenommen hätte. Eine Tante ohne Feingefühl, meine ich.

Bei einer viel späteren Gelegenheit hatte ich schmerzlich unter Margarets vorwitzigem Fehlverhalten zu leiden. Sie war schon immer ungewöhnlich frech, und die ganze Familie bemühte sich, diesen Fehler der Jüngsten zu korrigieren. Doch trotz unserer ernsten, wenngleich freundlichen Zurechtweisungen blieb sie stets unbelehrbar schnippisch. Sie ging sogar so weit, uns Ältere manchmal zu kneifen, zwei- oder dreimal sogar zu beißen! Im Grunde hat sie sich kaum verändert, obwohl es schon so lange her ist, daß sie mich zuletzt gebissen hat.

Der Anlaß war folgender: Wir, also Margaret und ich, waren mit einer der amerikanischen Tanten in London unterwegs. Die hatte den Einfall, uns in der National Gallery abzusetzen und allein ein paar Einkäufe zu machen. Ich hätte mir gern die Bilder angesehen, aber ich hatte schreckliche Angst, sie würde nie mehr zurückkommen. Was würde dann mit uns geschehen? Angenommen, niemand käme, und wir wären noch da, wenn das Museum zumachte?

Würde man uns dann ins Gefängnis stecken? Oder müßten wir in der Galerie bleiben und verhungern? Oder würden wir einfach allein vor die Tür gesetzt, auf diese gräßlichen lärmenden Londoner Straßen? Eine Vorstellung furchtbarer als die andere... Aber Margaret hatte kein bißchen Angst. Sie war schlecht gelaunt und müde und langweilte sich, also setzte sie sich einfach im großen italienischen Saal auf den Fußboden. Was konnte ich tun, als ein Polizist auftauchte (es gab nämlich damals Polizisten in der National Gallery)? Sollte ich bis zu den Zehen errötend in den nächsten Raum schlendern und so tun, als ob dieses unverschämte Geschöpf nicht zu mir gehörte? Bei dieser Verleugnung fühlte ich mich wie der Heilige Petrus persönlich.

Der Polizist befahl ihr, sofort aufzustehen. Zuerst weigerte sie sich. Doch auf seinen erneuten Befehl hin gehorchte sie, begab sich ruhig in den nächsten Saal und setzte sich dort nieder. Er folgte ihr, und dieselbe Szene wiederholte sich mehrmals, während ich mich herumdrückte und von der Tür aus zusah. Tatsächlich »endete die Auseinandersetzung mit dem Besuch« oder vielmehr mit der Rückkehr der verlorenen Tante. Der Polizist hat sie, hoffe ich jedenfalls, tüchtig ausgeschimpft, weil sie uns allein gelassen hatte.

Darauf, daß schamlose erwachsene Verwandte einem Böses tun, muß man ja stets gefaßt sein. Dagegen ist nichts zu machen, es gehört einfach zu der stumpfsinnigen Dickhäutigkeit, die leider dem Charakter der Erwachsenen eigen zu sein scheint. Aber daß ein Kind, ein Mit-Kind sozusagen, mich so demütigen konnte, ist unverzeihlich. Und ich weiß nicht, ob ich es Margaret bis heute vergeben habe.

Das Ereignis, das ich jetzt versuchen werde zu beschreiben, hat nichts mit dem Inhalt des übrigen Kapitels zu tun, wenngleich es in meiner Vorstellung untrennbar mit den altmodischen viktorianischen Flirts verbunden ist, die ich zu beaufsichtigen hatte.

Ich muß ungefähr sechs gewesen sein, als es passierte. Es war an einem Sonntagnachmittag im Frühsommer. Wir hatten Gäste zum Lunch, die jetzt alle unter dem Mispelbaum auf der Kleinen Insel saßen. Ich ließ sie dort zurück und ging hinein und hinauf ins Kinderschlafzimmer, das lange alte große Kinderschlafzimmer mit dem welligen Fußboden und dem breiten Fenster an einem Ende, von dem man direkt auf den Fluß hinuntersah. Der Mispelbaum war genau gegenüber auf dem anderen Ufer, durch das Laub schimmerten die Sommerkleider der Damen, ich konnte ihre Stimmen und die der Männer hören, hell und dunkel, dazwischen manchmal ein Lachen, heiter, selbstbewußt und gesellig. Die Sonne schien und der Fluß strömte langsam dahin, mit winzigen Lauten, die man nur hören konnte, wenn man wirklich lauschte. Und dann begann es, bei strahlendem Sonnenschein, zu regnen. Nicht stark, nur ein paar Tropfen fielen, plitsch platsch, auf die grünen Fliederblätter. Und plötzlich stand die Welt still. Sie hörte einfach auf, sich zu bewegen, und ich war allein und *draußen*. Ich gehörte nicht dazu, ich war abgetrennt, nur ein Zuschauer – *draußen*.

Mit dem nächsten Herzschlag bewegte sich die Welt wieder, und alles war ganz alltäglich und wie sonst. Nur ich war draußen gewesen. Das war mir zum ersten Mal geschehen, und ich war sehr erschrocken und hatte Angst. Später dann kam es öfter, und ich gewöhnte mich daran. Aber ich fühlte mich immer verschreckt und einsam dabei, es zeigte mir den Unterschied zwischen *mir* und all den anderen freundlichen Menschen, die plaudernd zusammen unter den Bäumen saßen.

7

Tante Etty

FRAGE: Manche Darwins sind ja schrullig...
Wer von ihnen schießt den Vogel ab?
ANTWORT: Unter all den flotten Tanten
keine es wie Etty gab.
(Aus: *Weihnachtsrätsel* von Bernard)

Damen habe ich definiert als Menschen, die nichts selbst machen. Tante Etty war ohne Einschränkung ein solcher Mensch. Als sie sechsundachtzig Jahre alt war, erzählte sie mir, sie habe sich nie im Leben selbst einen Tee aufgegossen. Und sie sei nie im Leben nach Anbruch der Dunkelheit allein draußen gewesen, nicht einmal in einer Kutsche. Ich glaube, sie ist auch niemals im Zug ohne Begleitung einer Zofe gereist. Jedenfalls nahm sie immer ihre Zofe mit, wenn sie im Einspänner zu ihrem Zahnarzt fuhr. Einmal bat sie mich, ihr ein Stück dunkles Hühnerfleisch zu geben, weil sie lebenslang immer nur das Bruststück bekommen hatte. Ich weiß genau, daß sie nie einen Knopf angenäht hat, und ich nehme an, sie hat kaum je einen Brief selbst eingeworfen. Es gab immer Leute, die das für sie taten. Tatsächlich glich sie in vieler Hinsicht einer Monarchin. Einmal, als ihr Mädchen, die geduldige und treue Janet, für ein paar Tage nicht da war, schrieb sie uns: »Ich bin vollauf damit beschäftigt, mein eigenes Klingeln zu beantworten«, was ich ohne weiteres glaube, denn Janets Arbeit war keineswegs geruhsam. Aber natürlich wurde die richtige Arbeit während Janets Abwesenheit vom Hausmädchen getan, und Tante Etty mußte lediglich selbst die Briefmarken finden oder sich den eigenen Schal umlegen – Dinge, für die sie sonst nach Janet klingelte, alle fünf Minuten, den ganzen Tag über.

Tante Etty war Henrietta, die ältere Schwester meines Vaters. Sie hatte Onkel Richard Litchfield geheiratet, der als Jurist für die Kirchenkommission tätig war. Die Darwin-Brüder waren stets versucht, sich über ihn lustig zu machen. Einer von ihnen machte die unfreundliche Bemerkung, daß »Kleine Richards lange Ohren haben«, die bis heute unvergessen ist. Und natürlich lachten sie manchmal auch über Tante Etty. Aber ich liebte Onkel Richard sehr, weil er mit mir redete, als ob ich erwachsen wäre.

Er war ein netter komischer kleiner Mann, dessen Socken immer herunterrutschten. Er trug einen eiförmig geschnittenen Gehrock und einen struppigen flatternden weißbraunen Bart, der sowohl in der Farbe wie auch in der Textur nicht von dem Shetland-Schal zu unterscheiden war, den er auf Tante Ettys Geheiß fast immer umlegte. Denn deren Lebensaufgabe, ihr Beruf, war es, für Gesundheit zu sorgen, die eigene und die anderer.

Sie war ihr ganzes Leben lang kränklich gewesen, aber ich weiß nicht, um welche Krankheit (wenn es überhaupt eine war) es sich handelte. Bestimmt war sie als Kind sehr zart. Ihr winziger Körper, die kleinen Affenhändchen schienen zu einer zerbrechlichen, wenngleich drahtigen Person zu gehören. Aber ich bin ganz sicher, daß sie mit ihrem eisernen Willen die Gebrechen von Körper und Nerven hätte ignorieren und überwinden können, wäre sie nur in ihrer Jugend dazu angehalten worden.

Doch im Haus meiner Großeltern war es leider eine Auszeichnung und ein trauriges Vergnügen, krank zu sein. Das lag einmal daran, daß mein Großvater immer krank war, und seine Kinder bewunderten ihn und eiferten ihm nach. Und zum anderen war es so herrlich, von meiner Großmutter bemitleidet und gepflegt zu werden. Sie war eine höchst bemerkenswerte Frau, für Fremde eher streng und respektgebietend und von großer geistiger Unabhängigkeit. Aber sie war auch außerordentlich weichherzig, und ich habe oft gedacht, sie muß wohl zuviel Mitgefühl für ihre kränkelnde Familie aufgebracht haben. Ein wenig mehr Vernachlässigung oder Härte hätte ihnen vielleicht unendlich gut getan. Es gibt Hunderte von Briefen von Großmama und ebenso viele von Tante Etty, und jeder einzelne von ihnen, so eintönig sie auch waren, enthält irgendeine charakteristische anmutige Wendung, jeder aber auch verdächtig teilnehmende Hinweise auf das Unwohlsein von einem oder mehreren Familienmitgliedern. Viele der Leiden müssen nervösen oder doch zumindest teilweise nervösen Ursprungs gewesen sein. Natürlich gab es auch handfeste physische Krankheiten, nur weiß man heute nicht mehr welche, denn damals wurde meist keine Diagnose gestellt. Eines aber weiß ich ganz gewiß: Die Einstellung der gesamten Darwin-Familie zu Krankheit war in höchstem Maße ungesund. In Down wurde schlechtes Befinden für normal gehalten.

Jedesmal wenn ich Jane Austens *Emma* lese, wird mir klarer, daß wir irgendwie mit den Knightleys von Donwell Abbey verwandt sein müssen. Mr. Knightley und Mr. John Knightley sind mir so vertraut wie Brüder. Niemand, der kein Darwin- oder Wedgwood-Blut in den Adern hat, könnte so wütend werden wie Mr. John Knightley, als er ausgehen mußte, um bei den Westons zu Abend zu essen: »Daß man den Leuten nicht erlaubt, gemütlich zu Hause zu bleiben! Und daß die Leute nicht gemütlich zu Hause bleiben, wenn sie können! Was für ein Unsinn!« – das hätte Onkel Frank selbst sagen können. Aber offensichtlich treten bei uns auch Züge der Woodhouses von Hartfield in Erscheinung, besonders von Mr. Woodhouse. Da klang eine Art teilnehmendes Frohlocken in den Darwin-Stimmen mit, wenn sie zum Beispiel eins von uns Kindern fragten: »Hast du wirklich *schlimme* Halsschmerzen, mein armes Kätzchen?«, das mich mit Abscheu und Scham erfüllte. Das war genau die Stimme, mit der Mr. Woodhouse von der »armen Miß Taylor« gesprochen haben muß. Es hatte aber auch eine gute Wirkung: Es heilte uns davon, unsere Krankheiten zu *genießen*. Wenn es irgend ging, leugnete ich, Halsschmerzen zu haben.

Man hat mir erzählt, der Arzt habe Tante Etty, als sie mit dreizehn ein »leichtes Fieber« hatte, empfohlen, einige Tage im Bett zu frühstücken. Seitdem ist sie nie mehr zum Frühstück aufgestanden. Ich gebe zu, die genauen Tatsachen sind mir nicht bekannt, doch ich finde, meine Großmutter hat sich nicht als gute Mutter erwiesen, als sie einem Kind solche Gewohnheiten durchgehen ließ.

Die drei ihrer Kinder, bei denen der Krankheitskult am meisten zu Buche schlug, waren Tante Etty, Onkel Horace und später dann mein Vater George, der als Kind allerdings ganz robust war. Aber Krankheiten, wirkliche und eingebildete (und es gab sicherlich beides), hielten meinen Vater und Onkel Horace nicht davon ab, viel zu arbeiten. Da nun Tante Etty leider eine Dame war, gab es für sie nicht viel zu tun. Sie hatte nicht einmal Kinder aufzuziehen. Das war jammerschade, denn so fand sie keine Verwendung für ihre grenzenlose Fürsorglichkeit und Energie, außer der Beaufsichtigung des Haushalts und ihres Ehemanns. Dabei hätte sie mit Erfolg ein Königreich regieren können. Gemäß diesen Umständen wurde Krankheit ihr Beruf und ihr einziges Interessengebiet. Doch ihr Interesse war nie von Selbstmitleid gefärbt, es war abstrakt, nahezu wissenschaftlich, und forderte kein Teilnehmen unsererseits. Sie hielt ihr Berufsleben säuberlich getrennt von ihrem Gesellschaftsleben.

Häufig zog sie sich zurück, um sich auszuruhen, für den Fall, daß sie später am Tag oder am nächsten Tag müde werden würde. Sie ließ die Köchin unten bitten, die Pflaumenkerne auf ihrem Teller zu zählen, weil es von großer Bedeutung war, zu wissen, ob sie drei oder vier Pflaumen zum Lunch gegessen hatte. Nach dem Zubettgehen bat sie Janet manchmal, ein seidenes Taschentuch über ihren linken Fuß zu breiten, weil der ein wenig kälter war als ihr rechter Fuß. Und wenn Erkältungen umgingen, trug sie oft eine Art selbsterfundener Gasmaske. Das war ein gewöhnliches Saucensieb aus der Küche, ausgestopft mit desinfizierter Watte und wie eine Pappnase mit Gummibändern hinter den Ohren gehalten. So empfing sie auch ihre Besucher und diskutierte über Politik mit einer Stimme, die dumpf aus ihrer eukalyptusduftenden Maske klang, ohne zu beachten, daß die Gäste vielleicht gegen Lachanfälle zu kämpfen hatten. Bezeichnend, daß sie an angemeldete Besucher schrieb: »Kommt nicht mit dem Zug um zehn Uhr, besser mit dem um halb vier, damit ich Zeit habe, Euch abzusagen, wenn es mir nicht gut geht.« Im Jahr 1920, als sie siebenundsiebzig Jahre alt war, geschah es, daß eine ihrer kleinen Großnichten im Haus die Windpocken bekam – Tante Etty schrieb an Charles nach Cambridge mit der Bitte, in der Familienbibel von Down nachzuschauen, wann sie selbst diese Krankheit gehabt hatte, da sie sich nicht anstecken wollte. Als er die Bibel nicht sofort fand – sie lag in einem Bankfach –, schrieb sie noch einmal sehr dringlich. Woraufhin zu ihrer Befriedigung ein Telegramm kam: »Ja, du hattest im August 1845 die Windpocken.« (Alle Krankheiten und Impfungen sind in der Bibel von Down sorgfältig festgehalten. Sonst ist sie, wie es scheint, nicht viel benutzt worden.)

All das berührte jedoch nicht ihre Beziehung zu uns. Uns zeigte sie nur ihr enormes Interesse an allem, was in der Welt vorging, und ihre Vitalität und Zuneigung. Wir alle lachten über sie, und wir alle liebten sie. Wenn eine Entscheidung zu treffen war oder etwas angeordnet werden mußte, konnte man sich auf sie verlassen, besonders natürlich, wenn jemand krank war. Ein Zitat aus einem ihrer Briefe: »Wenn einer krank ist, wirkt's auf mich wie Champagner.« Sie hatte in der Tat Freude an ihrem Beruf.

Ich glaube, Onkel Richard ist ursprünglich gar nicht krank oder hypochondrisch gewesen, doch Tante Etty hatte nun mal beschlossen, er sei extrem anfällig, und er spielte mit. Vermutlich dachte er sich Ärger zu ersparen, wenn er ihr gehorchte, und so war es wohl auch. Trotzdem brachte Tante Etty es stets fertig, den fälligen Respekt vor dem viktorianischen Mann und Gatten mit seiner Unterwerfung in diesen eher materiellen Dingen zu verbinden. Was »Onkel Richard sagt« und »Onkel Richard meint«, das war immer von außerordentlicher Bedeutung.

In regelmäßigen Abständen brachte Janet dem armen Onkel Richard ein Gesundheitssüppchen, das wir »Onkel Richards Porridge« nannten. Wenn dies geschah, schien er stets ein wenig überrascht und ungehalten. Aber er legte sein Buch beiseite, schob die Brille auf die Stirn und löffelte die Suppe mit Mannesmut. Wurde bei kaltem Wetter das Fenster zum Lüften geöffnet, bedeckte ihn Tante Etty zum Schutz vor Zugluft von oben bis unten mit einem Laken. Darunter saß er still wie eine Statue, bis er wieder enthüllt wurde.

In ihrem Haus in Kensington Square 31 gab es überall Morris-Tapeten, Morris-Vorhänge, Chinaporzellan, Pfauenfedern und Arundel-Stiche, denn Onkel Richard war einst der typische schöngeistige junge Mann seiner Zeit gewesen. Die Darwins hatten sich nie besonders viel mit Kunst oder Modetrends beschäftigt, infolgedessen interessierten sie sich auch nicht dafür, was man gerade in den besseren Kreisen für gut und richtig hielt. Kauften sie einen Sessel, so sollte er vor allem bequem sein, und erst ganz zum Schluß entdeckten sie zufällig, daß er auch gut aussah. Das Resultat dieser Auswahl fiel oft langweilig, manchmal unglücklich, doch im ganzen zufriedenstellend, weil unprätentiös, aus. Onkel Richard jedoch hatte Ruskin bewundert und Morris angebetet und jahrelang mit einem Exemplar von *In Memoriam* unter dem Kopfkissen geschlafen. Er hat mir einmal erzählt, wie er und seine Freunde schon im Morgengrauen vor den Buchhandlungen warteten, wenn sie gehört hatten, daß ein neuer Band von Tennyson herauskommen sollte. Er hatte auch den ganzen Browning und den ganzen Wordsworth und Carlyle gelesen, tatsächlich alles, was modern war, und er las ständig wieder die Klassiker in den Sprachen des Altertums. Er liebte Musik und versuchte, mit sehr magerem Ergebnis, uns zum Singen anzuhalten. Bei Konzerten genoß er seine spezielle Form von intellektuellem Sandwich, indem er gewisse Passagen aus griechischen Dramen las und dazu die passenden Musikstücke hörte. Eine triumphale Koordination gelang ihm einmal, als er das Gewitter aus der *Pastorale* hörte, dazu die Gewitterschilderung aus *Ödipus auf Kolonus* las und zur gleichen Zeit draußen ein echtes Gewitter niederging. Sein Instrument war die Ziehharmonika, auf der er selbstverständlich nur klassische Musik spielte. Er verwahrte auch eine Unzahl langweiliger Fotografien von all den Dingen, die man in Italien anschauen muß, besonders von denen, die Ruskin gepriesen hat. Sie steckten in Futteralen aus grünem Fries, sorgfältig angefertigt mit Knöpfen und Knopflöchern und überaus anziehend für Motten. Oft habe ich mich gefragt: Warum gerade grüner Fries? Ich nehme an, Ruskin hat ihn empfohlen.

In der Tat, Onkel Richard hatte alles getan, was sich für einen aufgeklärten gebildeten Menschen in der Mitte des 19. Jahrhunderts gehörte: Er hatte an einem Arbeiter-College gelehrt, lange Fußwanderungen organisiert, die Natur bewundert und was es sonst noch gab.

Ganz deutlich sehe ich ihn vor mir, wie er, zwischen zwei Gesundheitssüppchen, Artikel aus Zeitungen ausschnitt und sie in Hefte klebte, denn er legte ein Dossier über den Fall Dreyfus an. Er erzählte mir viel darüber, aber da der Fall sich damals gerade – wie immer – in einem etwas wirren Stadium befand, ist es vielleicht verzeihlich, daß ich mich nur noch an einen sehr bösen Mann erinnere, der den faszinierenden weiblichen Namen Esther Hazy trug.

Manchmal blieben wir längere Zeit in Kensington Square 31, mitten im Londoner Nebel (damals viel dicker als heute). Wir schliefen in Betten mit Chintzvorhängen, umgeben von leuchtend bunten Mustern und Morris-Tapeten. Und genossen das hohe Vergnügen, in einer zweirädrigen Droschke zu einer Operette von Gilbert und Sullivan zu fahren. Öfter sahen wir Tante Etty jedoch in Down, wo wir den größten Teil des Sommers verbrachten. Das Schlimmste an den Aufenthalten bei Tante Etty in London war die Ankunft, vor der ich mich fürchtete. Wenn wir nämlich am King's Cross-Bahnhof ankamen, hefteten sich zwei oder drei Gepäckträger an unsere Fersen und rannten der Droschke bis zum Kensington Square nach, in der Hoffnung, unser Gepäck nach oben tragen zu dürfen und damit ein Trinkgeld zu erhaschen. Die großen schweren Koffer und Mantelsäcke, die man damals hatte, mußten von zwei Männern getragen werden, doch Tante Etty ließ die Träger niemals in ihr Haus. Sie hatte immer schon vorher eine unverdächtige Person, den Aufseher des Squares, engagiert, der dem Kutscher mit dem Gepäck half. Mein Vater streckte den Kopf aus dem Kutschenfenster und rief den Läufern zu, sie würden nicht gebraucht. Aber sie folgten uns trotzdem und wurden sehr ausfallend, wenn man ihnen bei der Ankunft sagte, sie sollten sich davonmachen. Einmal brach einer von ihnen in Tränen aus, und mein Vater, der sich schämte, gab ihm schließlich doch einen Shilling. Das wurde für sehr verderblich gehalten – unüberlegte Wohltätigkeit: denen zu helfen, die bettelten, und nicht denen, die wirkliche Hilfe brauchten. Ich bin sicher, meinen Vater machten diese elenden Kreaturen genauso unglücklich wie mich.

Dort, in Nummer 31, entdeckte ich eines Nachmittags, als Tante Etty ihren Mittagsschlaf hielt, den Zeichner und Illustrator Bewick. Ich erinnere mich noch genau: Ich lag auf dem Sofa zwischen den Speisezimmerfenstern mit den pfauenblauen Ripsvorhängen und wünschte mir leidenschaftlich, Mrs. Bewick zu sein. Natürlich wäre ich noch lieber Frau Rembrandt gewesen, aber das ging über jede Vorstellung hinaus, während es nicht völlig unmöglich schien, in die Haut von Mrs. Bewick zu schlüpfen. Die war immerhin englisch und auch unscheinbar genug. Wenn ich ihm, so dachte ich, sein Roastbeef köstlich zubereitete und seine Kleider flickte und mich um seine Kinder kümmerte – vielleicht, vielleicht würde er mir dann nur manchmal erlauben, eine kleine Schlußvignette für ihn zu zeichnen und zu radieren. Ich wollte nicht bekannt werden, ich würde sie nicht signieren. Nur daß ich ab und zu ein kleines Bild selbst entwerfen dürfte. O glückliche, glückliche Mrs. Bewick! dachte ich und trommelte mit den Fersen auf das blaue Sofa.

Natürlich wünschte ich mir noch inniger, mehr als alles in der Welt, ein Mann zu sein. Dann könnte ich ein wirklich guter Maler werden. Eine Frau hatte da kaum eine Chance. Ich wünschte mir so sehr, ein Junge zu sein, daß ich nicht wagte, darüber nachzudenken, denn ich verzweifelte an dem Gedanken, daß es nicht möglich war. Doch in meinen Träumen war ich immer ein Junge. Wenn schon die Wahrheit gesagt werden muß: Auch heute noch bin ich in meinen nächtlichen Träumen meist ein junger Mann!

Ebenfalls dort, am Kensington Square, erlitt ich auch zum ersten Mal die trostlosen Qualen der Eifersucht. Es war anläßlich des Krönungsjubiläums von 1897. Tante Etty hatte ein Zimmer gemietet, um von dort aus den Umzug zu sehen. Und da sie befürchtete, man würde morgens nur schwer durch die versammelte Menge kommen, traf sie alle komplizierten Vorkehrungen für eine Übernachtung dort. Frances und Charles würden dabeisein und *auf dem Fußboden* schlafen. Ich hatte morgens mit meinem Vater einen sehr guten Platz im Athenäum Club, aber was war das, verglichen mit auf dem Fußboden schlafen? Schmerzerfüllt stand ich auf der Schwelle von Nr. 31 und sah sie alle in einer Droschke davonfahren – Tante Etty und Onkel Richard und Janets Vorgängerin und Frances und Charles, mit Bündeln und Taschen und Wärmflaschen in Mengen. Die ganze Pracht des Athenäum am nächsten Tag war von Kummer getrübt.

Das alte Haus am Kensington Square hatte eine sehr starke Eigenatmosphäre. Es war eine ganz besondere Art von irdischem Paradies – irdisch, nicht himmlisch. Es war wie ein Wandbehang, in üppigen leuchtenden Farben zu einem vielfältigen Muster verwoben, ein Gobelin von Morris, kein mittelalterlicher. Das Essen war köstlich, die Betten waren weich, der Rhythmus ungebrochen, jedermann war freundlich und gut und aufrichtig und glücklich – es schien, als könnte nichts Ungutes in seine Nähe gelangen.

Down, das Haus meiner Großmutter, besaß einen ganz anderen Charakter, kühler und karger, weniger irdisch, weniger behaglich: ein Fresko in blassen, klaren Farben, ein schlichteres, flächigeres Muster. In der Regel war Tante Etty in Down, wenn auch wir dort waren, aber da war sie nur ein Teil des Ganzen, wenn auch ein wichtiger: Sie brachte den warmen Atem ihrer eigenen Aura mit.

Nach dem Tod von Onkel Richard zog Tante Etty in ein Haus bei Gomshall in Surrey und verwandelte eine ganz gewöhnliche Villa in dasselbe irdische Paradies, das wir aus London kannten. Dort gab es einen Garten und einen Wald, die den geheimnisvollen Zauber des alten Hauses am Kensington Square fortsetzten, wo vielleicht Esmonds Geliebte und die schöne Beatrix hätten wohnen können.

Die Reise nach Burrow's Hill war immer fröhlich. Man fuhr in der holpernden großen Kutsche den schmalen Hohlweg hinauf, vorbei an der Sägemühle über die Kreuzung und bog steil aufwärts in die Einfahrt ein. Die Tür wurde sofort von der strahlenden Frances, dem Zimmermädchen, geöffnet, indes die taube Nelly uns von der Treppe aus zum Willkommen zulächelte – Nelly, die den ganzen Tag blanke Kupferkannen mit heißem Wasser durch das Haus trug. Und in der Küche bereitete Emily – mit der faszinierenden Perücke – alle Speisen vor, von denen man wußte, daß ich sie gern mochte: gekochtes Huhn in weißer Sauce und Mokka-Trifle, so schwer und üppig, daß man ihn kaum essen konnte. Tante Etty saß auf dem Sofa im Salon, in ihren roten indischen Schal gehüllt, mit ihrer zierlichen Spitzenhaube, Taschen und Bücher und Papiere rings um sie verstreut. Und ich sah ihr schmales flaumiges weiches Gesicht wieder und wußte genau, hier wurde ich von allen ohne Ausnahme geliebt und willkommen geheißen. Gewiß liebte man mich auch zu Hause, aber dort stemmte ich mich bei jedem Anlaß gegen den Strom. Ich wußte zwar, es war alles meine eigene Schuld, aber das schien es nicht leichter zu machen. Hier aber waren wir alle Götterkinder, wohlwollende witzige Wesen, Heldinnen für Janet und Emily und die anderen lieben langjährigen Hausgeister. Wir waren uns schon alle bewußt, wie unheroisch wir waren, doch diese Zuneigung stärkte unsere Selbstsicherheit.

In Burrow's Hill wurde man den ganzen Tag über von Janet gestört, die alle paar Minuten Botschaften von Tante Etty brachte – schwierig, dabei etwas zu arbeiten. »Könntest du bitte für Mrs. Litchfield nachschauen, in welchem Jahr der Große Komet kam?« – »Mrs. Litchfield läßt fragen, ob du lieber Lamm oder Seezunge zum Lunch möchtest?«

»Mrs. Litchfield fragt, ob du weißt, wie lang die Karenzzeit bei Mumps ist?« Und jeden Morgen die Nachricht: »Mrs. Litchfield erwartet dich in ihrem Zimmer um fünf vor elf« (oder um fünf nach zwölf oder um irgendeine andere genaue Zeit), zu einem Gespräch, das immer interessant war. Selbst wenn uns Tante Etty sehr selten wegen irgendeines schlechten Benehmens sanft und vernünftig zurückwies, ließ uns das um so mehr fühlen, daß wir zu ihr gehörten. Und die Wirkung war noch nachhaltiger, weil sie sich mit offensichtlichem Zögern äußerte.

Unter Onkel Richards Einfluß hatte Tante Etty auf ihre Weise gelernt, Dichtung und Musik zu schätzen. Leider hatte sie kein Gehör für Rhythmus und brachte bei den phantasievollsten Versen der Dichter stets ihren drastischen Alltagsverstand voll ins Spiel. Man wurde herbeigerufen, um mit ihr zum Beispiel Wordsworths *Excursion* laut zu lesen – Wordsworth genoß bei ihr religiöse Verehrung –, aber man konnte nie zwei oder drei Zeilen hintereinander vortragen, ohne daß sie unterbrach, um über die *genaue* Bedeutung der Wörter zu diskutieren oder zur Abwechslung Janet irgendwelche Aufträge zu geben. Zu ihren liebenswertesten Gewohnheiten gehörte es, einen Satz in einem Gedicht nach ihrem eigenen Geschmack zu ändern, wenn ihr die Version des Dichters zufällig nicht zusagte. War sie mit ihrer Änderung nicht zufrieden, bat sie Frances, Margaret oder mich, sie zu verbessern. Ich erinnere mich, daß Wordsworths

Der Wind kommt zu mir aus Feldern von Schlaf...

ihr nicht gefiel. Was soll denn das heißen? Schlaf wächst doch nicht auf dem Feld. Ich meinte, sie sollte es vielleicht mit »Feldern von Schafen« probieren, aber das mochte sie gar nicht. Es existieren fünf oder sechs verschiedene Fassungen von Brownings Versen aus *Die verlorene Geliebte:*

Jeder Blick der Augen, so leuchtend und so schwarz,
Ist in meinem Herzen geborgen,
Deine Stimme, als du von Schneeglöckchen sprachst,
Ich höre sie heute und morgen!

Das war nun alles nicht richtig, leuchtende schwarze Augen erinnerten sie an »Glasperlenbroschen auf den Umhängen alter Damen«. Sie versuchte, die erste Zeile in »Augen so dunkel und klar« umzuändern und sie mit »Winter immerdar« oder »Schneeglöckchen auf der Erde bar« zu reimen, was alles nicht richtig hinkam, so daß sie verzweifelt Frances zur Hilfe rief. Frances setzte für »leuchtend und schwarz« »leuchtend und helle« und reimte es mit »Herzensquelle«, und alles war gut. Dann gibt es noch eine Version von Wordsworths *Wiedersehen mit Tintern*, die »Wiedersehen mit Tintern/Verbesserte Fassung« betitelt ist. Selbst der große Barde war nicht über Verbesserungen erhaben, nur sind leider die veränderten Zeilen nicht mehr aufzufinden.

Tante Etty war eine fanatische Anti-Katholikin. Eines Abends in Burrow's Hill nahm sie sich dieses Thema in Angriffsstimmung vor. Ich war erst achtzehn und konnte mit ihrer Vehemenz nicht Schritt halten, aber ich tat meine Pflicht und widersprach ihr, so gut ich konnte. Hätten meine Freunde mich plötzlich als Verteidigerin des Katholizismus erlebt, sie hätten nicht erstaunter sein können als ich selbst. Sie fing an: »Falls du einen Roman willst, der dich richtig wütend auf die Katholiken macht – ich habe einen ganz schockierenden hier.«

Ich: »Ach, im Augenblick habe ich eigentlich keinen Bedarf, danke, was steht denn drin?«

Tante Etty: »Er handelt von einem Priester, der so schnell zu einem Mann reitet, um ihm die letzte Ölung zu geben, daß sein Pferd *tot* unter ihm zusammenbricht. Ist das nicht *furchtbar?*«

Ich (milde): »Ja, vermutlich glauben sie, die Absolution sei wichtiger als alles andere.«

Tante Etty (vor Empörung nahezu der Sprache nicht mächtig): »Und das *Pferd?* Und die *Grausamkeit?* Bedeutet das gar nichts? Wie können sie…« Und so weiter, und so fort. So wurde die Schlacht eröffnet. Den ganzen Abend tobte der ungleiche Kampf, und ich war dankbar, als ich sie um zehn nach oben begleiten konnte, mitsamt ihrem ganzen Gepäck aus Wärmflaschen, Büchern, Taschen und Schals.

Von Kopfschmerzen geplagt, war ich froh, zu Bett zu gehen. Da lag ich friedlich und las und beruhigte mich allmählich, als die Tür aufging und eine winzige, zarte Gestalt im roten Morgenrock mit weißem Umhängetuch unten an meinem Bett erschien. Mit Augen, die in tiefen Höhlen unter den gesträubten Brauen brannten, fixierte sie mich und begann ohne Einführung: »Den Papst in Rom würde ich ja noch schlucken, aber das Zölibat, das kann ich nicht schlukken.« Ich glaube, ich bin an diesem Punkt ohnmächtig geworden, denn ich kann mich nicht mehr an den Fortgang des Gesprächs erinnern. Ihre Entrüstung konnte einem Angst einjagen. Einmal in Cannes warf sie sich mitten in einen Trupp Jugendlicher, die nach einem Hund traten, der überfahren worden war. Und, klein und tief erzürnt, wie sie war, mit flammenden blauen Augen, versetzte sie den Polizisten und die ganze teilnahmslos gaffende Menge in so lähmenden Schrecken, daß alle ihren Befehlen unterwürfig gehorchten.

Einmal wandte sie sich beim Mittagessen plötzlich an Charles und fragte, wie man wohl den Erzbischof von Canterbury anredete, wenn man ihm schriebe. Das war ungefähr 1920. Charles antwortete: »Ich weiß nicht, vielleicht Euer Gnaden oder so was. Warum willst du ihm denn schreiben?« Tante Etty sagte: »Weil er eine Rede im House of Lords gehalten hat, da hat er gesagt, die Bolschewiken würden unaussprechlich schreckliche Dinge in Rußland tun. Und als ihn einer der Abgeordneten fragte, was genau sie denn getan hätten, sagte er, es wäre zu gräßlich, man könnte nicht darüber sprechen. Also, das stimmt doch nicht. Es gibt nichts auf der Welt, was der Erzbischof von Canterbury im House of Lords nicht aussprechen könnte, und ich werde ihm schreiben und ihm das sagen.« Hoffentlich hat sie es getan. Das war eben ihre realistische Einstellung zum Leben. Einmal sprach sie zu mir in ihrem entschiedensten Ton über die römische Besetzung Britanniens: »*Erzähl mir nicht* [ich erzählte ihr gar nichts], daß all die römischen Soldaten die ganze Zeit in England waren und nicht eine Menge römischer Babies hinterlassen haben. Und das war gut so, würde ich sagen.«

Margaret hat mir erzählt, daß Tante Etty, als sie schon sehr alt war, eines Frühlings verkündete, sie habe nie eine Nachtigall singen gehört und wünsche das auf der Stelle nachzuholen. Aber da die Nachtigallen erst sehr spät zu singen anfangen, wollte sie sich vorher schon zum Schlafen zurechtmachen. Um halb elf schob Margaret sie also in ihrem Rollstuhl zu dem kleinen Wäldchen am Ende des Gartens. Sie trug ihr spezielles Vogelkonzertkostüm, einen roten Morgenrock und allerlei Tücher, Schals und Decken, dazu eine Wärmflasche und Gummistiefel. Ihr Haar war zu einem dünnen Pferdeschwanz zusammengebunden, und ihre Zähne hatte sie im Haus gelassen. (In dankbarer Anerkennung muß ich sagen: Ich hatte nie eine Tante, die sich davor fürchtete, lächerlich zu wirken.) Die Nachtigall, die bis dahin wie im Rausch gesungen hatte, warf nur einen Blick auf sie und verließ die Bühne. Mit dem sicheren Gespür für die Allüren einer Primadonna weigerte sie sich, überhaupt weiterzusingen.

So mußte Tante Etty den vielen Dingen, die sie nie getan hatte, fortan hinzufügen: »Nie eine Nachtigall gehört.« Das kleine Wäldchen war auch der Schauplatz einer Sportart, von der Tante Etty behauptete, sie habe sie erfunden, und die gewiß verdient, bekannter zu werden. In unseren einheimischen Wäldern wächst ein Giftpilz, der in Großbuchstaben als DAS STINKHORN bezeichnet wird. Sein lateinischer Name ist übrigens noch drastischer. Die Kennzeichnung ist gerechtfertigt, denn man spürt den Pilz allein nach seinem Geruch auf. Und das war Tante Ettys große Erfindung: bewaffnet mit einem Korb und einem spitzen Stock, angetan mit einem Jagdumhang und Handschuhen, schnüffelte sie durch den Wald und blieb hier und da mit bebenden Nüstern stehen, wenn sie den Pesthauch ihrer Beute ausgemacht hatte. Dann fiel sie mit einem tödlichen Stich über ihr Opfer her und warf den stinkenden Leichnam in den Korb. Am Ende dieses sportlichen Unternehmens wurde der Fang nach Hause gebracht und unter strenger Geheimhaltung im Kamin des Salons verbrannt, hinter verschlossenen Türen, wegen der Moral der Dienstmädchen.

Da es heute kaum noch Dienstmädchen gibt, spielt vielleicht dieser Teil des Rituals keine große Rolle mehr. Wie dem auch sei – es war die Jagd und nicht die Moral, die Tante Etty Freude machte. Ihren Übereifer pflegte sie mit den Worten zu entschuldigen: »Eines Tages wird es im Wald keine Stinkhörner mehr geben«, aber sie wäre entsetzlich enttäuscht gewesen, wäre ihre Voraussage eingetroffen. Wie kommt es nur, daß ein so spannender und gesunder Sport so wenig verbreitet ist? Es muß doch viele Besitzer von prächtigen Stinkhornreservaten geben, die von ihren Privilegien keinerlei Gebrauch machen.

Dieser Wald bedurfte ständiger Pflege: Hier hing ein Zweig herunter, dort mußte ein Weg erweitert oder ein Baum gefällt werden. Der alte Gärtner Newton wurde einmal in Tante Ettys Schlafzimmer beordert und gezwungen, seinen struppigen Kopf auf das Kissen neben den ihren zu legen, so daß er genau sehen konnte, welcher Ast zurückgeschnitten werden mußte, um ihre Aussicht vom Bett aus zu verschönern.

Der Gedanke an Newton erinnert mich daran, wie sie die Nachricht von meiner Verlobung aufnahm, die wie alle Verlobungen geheimgehalten werden sollte. Sie schrieb an Frances: »Ich habe Gwens lieben Brief in einen Umschlag gesteckt und daraufgeschrieben ›Schweine/Newton‹. Da ist er bestimmt ganz sicher und niemand kann ihn lesen.«

Wenn sie tagsüber müde wurde, nahm sie Zuflucht zu ihren Rechnungsbüchern und Vermögensanlagen. (Ich werde schon beim bloßen Gedanken an eine solche Entspannung müde.) Nachts lag sie oft wach und kämpfte mit der Frage, warum Gott das Leiden zuließ. Wie Robinsons Freitag fragte sie: »Warum Gott nicht Teufel töten?« Und wie Robinson fand sie die Frage schwer zu beantworten. Crusoe »tat so, als ob er nicht hörte«, bis er sich zu einer Erklärung durchgerungen hatte: »Wir sind dazu ausersehen, zu bereuen und Vergebung zu erlangen.« Worauf Freitag ihm erneut eine Falle stellte: »Also du, ich, Teufel, alle böse, alle ausersehen, bereuen, Gott vergibt allen?« Und wieder war Crusoe gezwungen, »dem Gespräch auszuweichen«, bis er sich daran erinnerte, warum Gott dem Teufel nicht verzeiht. Dazu gab er dem armen Freitag ein paar sehr weit hergeholte Erläuterungen. Zumindest mußten sie einem Ungläubigen so erscheinen. Tante Etty dagegen war viel zu ernst für Haarspaltereien und gab sich nie mit der eigenen Antwort zufrieden. Wenn sie jedoch ins Abseits geriet, nahm sie sich eine Liste von Themen vor, über die sie sich ärgerte. Die hielt sie stets als Gegenmittel für Irritationen bereit, so daß sie sich angenehm darüber aufregen konnte, wenn der Schlaf nicht kommen wollte. Während des I. Weltkriegs erfüllte der schwächliche Mund von Admiral Jellicoe diesen Zweck sehr befriedigend. Auch die damalige Unzuverlässigkeit Winston Churchills oder die Unmoral von H. G. Wells wiegten sie oft friedlich in den Schlummer. Bestimmt hätte sie Churchill heute verziehen und wäre eine seiner stärksten Anhängerinnen geworden. Aber Wells – den hätte sie wohl nie akzeptiert. Manchmal sagte sie zu einem von uns: »Also, du bist jetzt Churchill oder Wells oder der römische Papst (oder sonst jemand, der bei ihr in Ungnade war). Und nun versuche bitte, mir ein paar Fragen zu beantworten, die ich dir stellen werde.« Und sofort wurden die verheerendsten Fragen abgefeuert: »Wie um Himmels willen wollten Sie die Dardanellen erobern?« oder: »Sie müssen doch zugeben, daß Ehebruch ein Vergehen ist?« oder: »Wie können Sie bloß annehmen, daß die Ohrenbeichte den Sinn für Selbstverantwortung stärkt?« Es war geradezu niederschmetternd. Oft wurde man in die Ecke getrieben und mußte gestehen, daß man (als der Angeklagte) einen unseligen Fehler begangen hatte. Oder man hatte etwas nicht ganz so gemeint, wie man es in seinem Buch geschrieben hatte. Eine spontane Verteidigung war nahezu unmöglich.

Ich muß hinzufügen, daß jedes einzelne Wort in diesem Kapitel der Wahrheit entspricht, so unglaublich es auch scheint. Liebe Tante Etty, wie leicht ist es, deine absurden Seiten darzustellen, wie schwer dagegen, das Liebenswerte an dir zu zeigen. Aber wir waren alle deine Kinder, und wenn wir nach Burrow's Hill kamen, kamen wir nach Hause. Nicht, daß ich allzu lange in Burrow's Hill verweilen wollte. Es ist dort zu behaglich, ein wenig erdrückend. Und Janet stört einen eben zu oft – man kriegt einfach nichts getan.

8

Down

Aus einem der frühen Briefe meiner Mutter klingt ein aus tiefstem Herzen kommender Seufzer: »Wir fahren nach Down. Oh, ihr könnt euch nicht vorstellen, wie öde diese englischen Landhäuser sind! Man weiß dort absolut nicht, was man tun soll.« Down in Kent – heute Downe geschrieben – war das Haus meines Großvaters. Charles Darwin war 1882 gestorben, drei Jahre bevor ich zur Welt kam, und nach seinem Tod verbrachte meine Großmutter die Winter in Cambridge und nur die Sommer in Down House, wo wir uns dann auch alle für längere Zeit niederließen. Manchmal gab sie uns auch das Haus für den Winter oder für die Frühjahrsferien – wir waren dort wirklich wie zu Hause.

Ich fürchte, es war unerträglich öde für meine Mutter, und wahrscheinlich wäre es auch für die meisten anderen Leute langweilig gewesen. Es gab praktisch kein Gesellschaftsleben, keine Freundschaften mit der Nachbarschaft. Das lag in erster Linie an der schlechten gesundheitlichen Verfassung meines Großvaters, aber auch daran, daß die Darwins nicht so gut in irgendeine der speziellen Nischen paßten, die sich in der Umgebung anboten. Trotzdem standen sie mit allen Bekannten auf gutem Fuß. Das Bedürfnis nach Geselligkeit wurde von gleichgesinnten Verwandten befriedigt, die zu Besuch kamen. In meiner Erinnerung sehe ich immer das Haus voll von Verwandten, alle lieb und gut und freundlich, aber im allgemeinen viel älter als meine Mutter. Es wurde kaum über etwas gesprochen, was sie hätte interessieren können – nur milde Familienscherze und lange, ruhige Unterhaltungen über Politik oder, noch öfter, über Fakten und Theorien. Gewiß anregend, wenn einem an größeren wissenschaftlichen Überblicken gelegen war, für sie jedoch geradezu einschläfernd. Sport gab es nicht, weil niemand Freude am Spiel hatte. Nur Onkel Frank und Bernard schlugen manchmal ein paar Golfbälle. Ein Krockettspiel war wohl auf dem Rasen aufgestellt, doch niemand spielte, nur Tante Bessy und wir Kinder – das kann ihr auch keinen Spaß gemacht haben. Ich erinnere mich an ihre Erbitterung über ein Krockettspiel, bei dem niemand ernsthaft bei der Sache war. Selbst meine Mutter spielte mit einer Hand, während sie Billie kopfunter im anderen Arm hielt, weil er dauernd fortlaufen wollte. Es wurde nicht geritten und gejagt oder sonst etwas ähnliches. Nichts gab es zu tun, außer langen Spaziergängen in steilen Tälern und weiten einsamen Wäldern. Beim Überqueren von Feldern blieben einem schwere Klumpen roten Lehms an den Stiefeln kleben. »Eine Anhäufung von schlammigen Wegen«, sagte Tante Etty verächtlich zu der Landschaft ringsum. Aber ich fand sie und finde sie immer noch schön. Die Dörfer und Anwesen standen alle auf den Höhen der Downs mit fruchtbarem Kalk- und Lehmboden und nicht in den tiefen wasserlosen Taleinschnitten.

Wir Darwins fanden es dort nie langweilig, denn wir liebten das Landleben ohne Einschränkung. Und wir alle, alt wie jung, pflegten beim ersten Klingeln der Türglocke die Flucht durch Fenster und Türen zu ergreifen. »Vorsicht! Besuch!« hieß es dann. Ich bewundere meine Mutter wirklich für die Geduld und gute Laune, mit der sie unsere langen Ferien in Down oder in Yorkshire ertrug, weil das Land ihr eigentlich nichts sagte, ihre besondere Zuwendung galt Menschen. Landschaftspanoramen gefielen ihr nicht, dagegen waren »des Menschen Abgründe« ihr nicht fremd.

Für uns jedoch war alles in Down vollkommen. Das war ein Glaubenssatz. Mit uns meine ich nicht nur uns Kinder, sondern auch alle Onkel und Tanten, die dazugehörten. Onkel Horace bemerkte einmal mit Staunen in der Stimme: »Nein, Salvien mag ich gar nicht – aber sie wuchsen in Down.« Diese Andeutung überzeugte uns ganz und gar – Blumen, die in Down wuchsen, waren selbstverständlich alle schön und anders als alle anderen Blumen. Alles war dort anders. Und besser.

Zum Beispiel bestand der Pfad, der an der Veranda vorbeiführte, aus großen, runden, vom Wasser geglätteten Kieseln. Sie lagen nicht lose da, sondern waren dicht in Moos und Sand gebettet, schwarz und glänzend, als ob man sie poliert hätte. Ich bewunderte diese Kiesel. Ich meine es wörtlich: Ich bewunderte sie – ich verehrte sie geradezu. Diese Leidenschaft ließ mir manchmal ganz sonderbar im Gemüt werden. Und Bewunderung fühlte ich auch für die Fingerhüte in Down, und für den schweren roten Ton aus der Tongrube am Sandweg und für die schöne weiße Farbe, mit der der Fußboden im Kinderzimmer gestrichen war. Dieses Gefühl spürt man im Magen und in den Fingerspitzen, und es ist wahrscheinlich das wichtigste Erlebnis im Leben. Wenn ich längst alle meine menschlichen Lieben vergessen haben werde, kann ich mich bestimmt immer noch an den Geruch eines Stachelbeerblatts erinnern oder an das Gefühl von feuchtem Gras unter meinen nackten Füßen oder an die Kiesel auf dem Pfad. Auf die Dauer gesehen sind es diese Empfindungen, die das Leben lebenswert machen, sie sind die treibende Kraft hinter dem Schaffensdrang des Künstlers.

Natürlich gab es überall etwas, was man bewundern konnte. Ich weiß noch, daß ich mit verzweifelter Liebe die Blasen in der dunkelroten Farbe auf den Fensterbänken im Kinderzimmer in Cambridge anstarrte, doch in Down gab es mehr liebenswerte Dinge als irgendwo auf der Welt.

Der Zauber setzte in dem Augenblick ein, in dem John,

der Kutscher, uns am Bahnhof in Orpington mit dem offenen Wagen abholte. Dann fuhren wir durch die Eisenbahnunterführung und kreischten alle zusammen, um das Echo hervorzulocken. Es ging vier Meilen über schmale ausgefahrene Feldwege, wo die Äste der Bäume sich über uns berührten, und es feucht nach den hohen Erdböschungen auf beiden Seiten roch. Die Wege waren so eng, daß es oft schwer war, an einem anderen Wagen vorbeizukommen, ohne an einer breiteren Stelle anzuhalten. Dann waren wir im Dorf, und unser rumpelndes Gefährt umrundete den Friedhof, der die kleine alte Kirche aus Feuerstein umgab, bevor es hinter der Schmiedewerkstatt und dem Teich einbog und Down House erreichte. Sobald die Tür geöffnet wurde, stieg uns wieder der unverkennbare kühle, leere ländliche Geruch des Hauses in die Nasen, und wir rannten in freudiger Ekstase durch all die großen, wenig möblierten Zimmer. Sie spiegelten mehr den kargen Lebensstil des frühen 19. Jahrhunderts als die überladene zimperliche viktorianische Gegenwart. Auf eine Art waren die Möbel häßlich, doch würdig und schlicht.

Wie gesagt, der Fußboden im Kinderzimmer in Down war weiß gestrichen. Hinter den grünen Sonnenjalousien wuchs ein großer alter Maulbeerbaum direkt an den Fenstern. Seine Laubschatten spielten auf dem weißen Boden, und man hörte die reifen Maulbeeren ins Gras plumpsen, und am frühen Morgen sangen die Amseln.

Während der Erntezeit richteten sie sich im Baum häuslich ein. Bevor alle anderen wach waren, kletterte ich aus dem Bett und hörte ihnen zu. Unter dem Fenster war die Pumpe, die an den heißen Nachmittagen, wenn das Trinkwasser für das Haus heraufgepumpt wurde, jämmerlich quietschte. Die Quelle war angeblich 365 Fuß tief. Im Korridor vor dem Kinderzimmer hing das Seil, mit dem die große Glocke im Dachstuhl geläutet wurde. Sie erklang laut und majestätisch, wenn es Essenszeit war. Und auf dem Treppenabsatz hing ebenfalls ein freischwingendes Seil mit einem Querbalken, an dem wir ständig herumturnten.

Bei der Ankunft gab es zum Tee Sandkuchen und Wabenhonig, den es zu Hause nie gab. Das gemeinsame Mittagessen fand unten statt, aber wir aßen viel lieber im Kinderzimmer. Dort waren die Mahlzeiten kürzer und die Unterhaltung interessanter. Unten schien es zum Lunch immer Shepherd's Pie, einen Auflauf aus Hammelfleisch und Kartoffeln, zu geben, hinterher schweren braunen sahnigen Reispudding mit Pflaumenkompott. Wir mochten das ganz gern, nur wage ich zu hoffen, daß die Erwachsenen wenigstens zum Abendessen etwas Anregenderes bekamen.

Nach dem Frühstück im Kinderzimmer machten wir die Runde bei allen, die im Bett frühstückten. Zuerst besuchten wir Grandmamma und ihren kleinen Foxterrier Dicky. Grandmamma war zu dieser Zeit eine sehr alte Dame, schon über achtzig, bevor ich mich an sie erinnern kann. Draußen wurde sie stets im Rollstuhl gefahren. Ich hatte sie sehr gern. Auf ihrem Bett spielten wir mit winzigen Blechtöpfen und Pfannen, genannt Pottikins und Pannikins. Dann gab sie uns aus ihrem Handarbeitskorb Lakritz, der mit der Schere in Stücke geschnitten wurde. Ich glaube, ihr Handarbeitskorb diente nie einem anderen Zweck als der Aufbewahrung von Lakritz, den sie gegen ihren Husten nahm. Ich besitze diesen Korb noch heute, und er enthält nichts außer ein paar halbfertigen Lesezeichen, die in den fünfziger Jahren des vergangenen Jahrhunderts von ihren kleinen Buben, meinen Onkeln Horace und Leonard, in Kreuzstich angefertigt wurden.

Interessant war es, ihrer alten Zofe Mathison, einer würdevollen Dame aus den Highlands, zuzusehen, wenn sie Grandmamma die Haube auf das noch immer braune Haar setzte – tabakfarbenes Haar wie das meines Vaters. Zuerst kam das Unterfutter aus schwarzer Seide, dann die weiße Batisthaube mit wunderbar gerollten und gerüschten Bändern und langen Batistbändern. Darüber wurde, wenn es nach draußen ging, noch eine schwarze Kapuze gestülpt. Mathison redete mit ihr stets in der dritten Person: »Braucht Mrs. Darwin noch einen Schal?« Grandmamma erzählte mir, ihre Kinder hätten immer Leinenleibchen (für mich ein unbekanntes Wort) getragen, keine wollenen »Kombinationen« wie wir. Und daß man damals die Briefmarken mit der Schere abschnitt, weil zu ihrer Zeit die Perforation noch nicht erfunden war. Und sie schilderte uns, wie sie als beste Klavierspielerin ihres Internats in Paddington Green herbeizitiert wurde, um Mrs. Fitzherbert vorzuspielen, der Geliebten von George IV., welche die Schule besichtigte. Und wie sie für die Sonntagsschulkinder in Maer in Staffordshire, ihrer Heimat als junges Mädchen, ein Büchlein schrieb und von ihren Brüdern ausgelacht wurde, weil sie Pflaumenkuchen *Flaumenkuchen* geschrieben hatte.

Am Ende der Besuchsrunde gingen wir zu Tante Etty, dort war es am schönsten. Sofort zogen wir alle Vorhänge um ihr Himmelbett zu, damit es drinnen ganz dunkel wurde. Dann öffneten wir sie wieder, zogen unsere Schuhe aus und krochen zu ihr ins Bett, und sie las uns vor. Sie beklagte sich, unsere Darwin-Füße wären eiskalt, was uns gar nicht auffiel.

Tante Etty war die beste Vorleserin, die ich je gekannt habe. Manchmal änderte sie Kleinigkeiten, die sie für nicht ganz passend hielt, ließ ganze Seiten und Episoden weg und raffte die Erzählung, doch mit unsichtbaren Nähten. Oder sie verwandelte ein trauriges Ende in ein glückliches, ohne daß irgendwer auch nur ahnte, wie frei sie mit dem Autor umgegangen war. Aber sie achtete immer darauf, daß wir das Buch in der Zwischenzeit nicht fanden. Nach ihrem Tod entdeckte ich ein Buch, das sie uns vorgelesen hatte: *Don*

John von Jean Ingelow. Die Geschichte handelt von zwei Kindern, die verwechselt wurden, einem guten und einem bösen Knaben. Aber bei den vielen Zufällen wußte niemand so recht, zu welcher Familie welcher Knabe gehörte. Am Ende kommt heraus, daß der gute der Sohn von bösen Eltern war und umgekehrt. Das war für Tante Ettys eugenisches Gewissen unerträglich. Und im Sinne der Wahrheit, daß Moral ebenso erblich ist wie andere Charaktereigenschaften, änderte sie den gesamten Inhalt des Buchs, so daß der gute Knabe von den guten und der böse von den bösen Eltern abstammte. Wir waren zwar damals schon älter, aber keiner von uns entdeckte den Betrug, bis mir nach dreißig Jahren das Buch wieder in die Hände fiel.

Sie las uns herrliche Bücher vor, alle ausgesucht nach dem Thema »Große weite Welt«, und dabei wurde alles Religiöse ausgelassen, auch alles über Sterbefälle und Schwindsucht, dafür blieben das Landleben und das gute Essen auf dem Land drin. In *Masterman Ready* machte sie den Dummkopf Mr. Seagrave tugendhafter, und der liebe alte Ready wurde nicht von den Wilden umgebracht. In *Der kleine Herzog* ließ sie den gräßlichen kleinen Carloman am Leben, damit noch etwas Besseres aus ihm werden konnte. In *Siedler daheim* durfte das Baby nicht sterben, und dann kamen noch viele andere: *Die Kinder von New Forest*, *Der Ausreißer* und *Die Prinzessin und der Kobold*.

Auch Tante Bessy las uns vor, nicht mit solcher Meisterschaft, aber doch ganz unterhaltend. Sie traf dafür regelrechte Vorbereitung, indem sie Lesezeichen an den Stellen einlegte, die sie zu überspringen gedachte. Tante Bessy war die jüngere Schwester meines Vaters, unverheiratet, dicklich, nervös und mit der Angewohnheit behaftet, an ihren Fingern zu zerren, wenn sie erregt war. Es muß leider gesagt werden – zum praktischen Leben war sie kaum zu gebrauchen. Ohne etwas Hilfe und Anweisung hier und da hätte sie sich kaum zurechtgefunden. Doch auf ihre Weise war sie schon recht gewitzt und gut in der Beurteilung von Menschen. Mitunter wagte sie es sogar, Tante Ettys Leiden anzuzweifeln. Dabei war Tante Etty im Grunde unanfechtbar in ihrer Stellung als ältere und klügere Schwester und Ehefrau. Amüsant zu sehen, wie sich die Beziehung der Schwestern bis zum Lebensende nicht wandelte: Tante Etty immer etwas überlegen und leicht ungeduldig, Tante Bessy ergeben, doch nicht ohne Kritik und Vorwurf.

Selbst wir Kinder wußten instinktiv, daß Tante Bessy unsere Hilfe und Zuneigung brauchte, weil die Familie ihr einziger Lebensinhalt war. Sie gehörte zu den bemitleidenswerten Menschen, die Freude nur durch andere erleben können. Wenn wir mit ihr ins Theater gingen, warf sie stets Seitenblicke auf unsere Gesichter, um zu sehen, wie wir es fanden. Am Ende des Stücks hatte sie jedoch eine vollkommen vernünftige Kritik zur Hand, die ganz von ihr selbst kam und nirgendwo abgeguckt war. Ging sie spazieren, so hoffte sie immmer, einen »Kleinen Geheimpfad« (so drückte sie es in ihrer ererbten Wedgwood-Intonierung aus) zu entdecken, denn sie hatte einmal einen solchen Pfad mit anderen erforscht, die so viel Spaß dabei hatten, daß sie ihre Begeisterung teilen konnte. Es fiel uns nicht schwer, sie zu lieben, weil sie so warmherzig und auf Zuneigung angewiesen war.

In Down ging ich mit ihr Blumensträuße für das Haus pflücken, den langen Kiesweg zwischen den hohen Syringen- und Fliederbüschen hinunter zum Küchengarten, wo die Rosen hinter dunklen Buchsbaumhecken versteckt standen, nah bei den leeren Gewächshäusern, in denen früher mein Vater gearbeitet hatte. Wir füllten den Holztrog mit Blumen, die süßer dufteten als alle anderen Blumen der Welt, und trugen ihn zum Haus. Dort, im alten Arbeitszimmer, wo mein Großvater den *Ursprung der Arten* geschrieben hat, arrangierten wir sie auf einem grüngestrichenen Eisentisch in Vasen. Sonst tat Tante Bessy nicht viel Nützliches in jenen wunderbar müßigen Tagen in Down. Sie las viel, in Französisch und Englisch, machte kleine Spaziergänge und schrieb Briefe. Wahrscheinlich fielen ihr auch ein paar unwichtige wohltätige Aufgaben zu. Ich weiß, daß sie später, als sie in Cambridge lebte, viel für die alten Leute im Arbeitshaus getan hat. Unzählige Male las sie den Frauen dort *Der kleine Lord* vor, weil die nichts anderes hören wollten. Doch in Down saß sie nur lesend und plaudernd mit den anderen alten Damen auf der Veranda. Ich weiß nicht, worüber sie sich unterhielten, es war mir zu langweilig, zuzuhören. Zweifellos hatten die anderen Damen zu Hause einiges zu tun, sie schienen sich jedoch hier ohne Arbeit sehr wohl zu fühlen. Für Grandmamma und Tante Bessy gab es damals nur eine Form von »Arbeit«: Sie werkelten gemeinsam an etwas, was wir »Puppenstricken« nannten. Sie strickten lange Streifen aus dicker Wolle, die über Metallhaken an einer Holzpuppe gezogen wurden, und die Mädchen nähten dann die Streifen zu Teppichen zusammen. Die Farben waren seltsam viktorianisch, wie man sie heute kaum noch sieht: muffiges Ocker neben dunklem Rot, Salbeigrün und Spinatgrün nebeneinander oder mehrere Schattierungen von Pfauenblau. Es handelte sich um leichte Arbeit, viel leichter als richtiges Stricken, auch ungeschickte Hände kamen damit zu Rande. Grandmammas Finger waren ganz und gar von Arthritis verkrümmt und Tante Bessys waren schon immer unbeholfen gewesen. Sie fanden nie den Weg in die Tasche, um ein Taschentuch hervorzuholen – es war sicher auch nicht einfach, eine Tasche in den Stoffmassen hinten am Rock zu ertasten. Wenn Tante Bessy die Arme in Mantelärmel stecken sollte, geriet sie in regelrechte Aufregung.

Sie war immer von Großmutter behütet worden, erst nach deren Tod wurde sie viel selbständiger. Zwei Bilder von ihr sind mir in Erinnerung geblieben, beide aus dieser späteren

Zeit, als sie ein Haus in Cambridge hatte. Kurz nach dem Tod meines Vaters gingen wir Tante Bessy besuchen – wir wußten, daß sie allein war. Sie hatte uns nicht erwartet und sich auf dem Bett niedergelegt. Als wir hereinkamen, saß sie plötzlich aufrecht im Bett und breitete beide Arme aus, als ob sie uns alle umschlingen, uns mit einer großen Geste ihres fülligen, schwerfälligen Körpers an sich drücken wollte. In der Kraft der Bewegung und der unbewußten Leidenschaft des Gefühls glich sie einer Figur von Giotto oder Donatello.

Tante Bessy hielt ihren Freundinnen ewige Treue. Unter ihnen war eine gewisse Miß S., die uns gelegentlich mit Informationen versorgte, wobei sie am Ende jeden Satzes die Stimme belehrend hob. Nach einer unserer Weihnachtsaufführungen improvisierte Margaret, hingerissen von ihrem Erfolg als Schauspielerin, eine kurze Parodie auf Miß S. als Pädagogin. Für uns war es das Komischste, was wir je gehört hatten. Und als wir eines Morgens Tante Bessy besuchen wollten, meinte Frances, es würde auch ihr Spaß machen. Im Grunde hätten wir alle es besser wissen müssen, denn kaum hatte Margaret mit ihrem Vortrag begonnen, da richtete sich Tante Bessy steil auf und sagte würdevoll: »Miß S. ist meine älteste Freundin.« Es war entsetzlich peinlich. Wir sanken förmlich in uns zusammen, entschuldigten uns und gingen mit Tränen in den Augen, voller Reue, nach Hause.

Auch bei einem anderen absurden Vorfall hatte ich Gelegenheit, Tante Bessys Würde zu bewundern. Wir waren zu einem Picknick auf dem Fleam Dyke gewesen und hatten unseren Leiterwagen bei einem verfallenen kleinen Häuschen an der Hauptstraße nach Newmarket stehen lassen. Auf dem Rückweg zum Wagen blieben wir stehen, um mit einer zerlumpten, verhärmt aussehenden Frau zu sprechen, die an ihrem Hofzaun lehnte. Sie erzählte uns unter anderem, daß »während der Kriege« ein goldener Streitwagen unter dem nahen Hügel vergraben worden sei, und nach einem kurzen Gespräch sagte sie zögernd, bemüht so höflich wie nur möglich zu sein: »Ich weiß nicht, ob Sie es sehen wollen, aber unsere Sau kriegt gerade Ferkel. Sieben hat sie schon geworfen.« Keine Person wäre denkbar ungeeigneter für ein solches Angebot gewesen als Tante Bessy. Dennoch gelang es ihr, wenn auch in sichtlicher Aufregung, der Frau herzlich zu danken und uns zu entschuldigen: Wir könnten der freundlich Aufforderung nicht nachkommen, weil wir augenblicklich nach Hause aufbrechen müßten.

Ich hätte gern zugesehen!

Vor diesen ganz armen, erbärmlich lebenden Leuten auf dem Land fürchtete ich mich. Im Garten derselben Hütte sah ich ein anderes Mal einen Mann auf allen Vieren kriechen, weil er das ganze Geld vertrunken hatte, das man ihm nach einem Unfall für ein Holzbein gegeben hatte. Ich glaube, mein Vater verhalf ihm trotzdem zu einem Holzbein, aber soviel ich weiß, ging es ihm danach auch nicht viel besser. In den Geschichtenbüchern kamen solche Leute nicht vor. Trunksüchtige und degenerierte Menschen gab es vielleicht in den Städten, doch auf dem Land fand man nur die »Guten Armen« in rosenumrankten Hütten.

Klein, wie ich noch war, kamen mir sogar die »Guten Armen« entsetzlich vor. In Down gab es die dicke alte bettlägrige Betsy, die man besuchen ging, wenn man »freundlich« sein wollte. Viele Jahre war sie Wäscherin gewesen, und als Ruhegehalt bekam sie 10 Shilling in der Woche und durfte in einer Hütte wohnen. Der Betrag war nicht allzu dürftig, wenn man bedenkt, daß die gesetzliche Rente zwanzig Jahre später mit 5 Shilling pro Woche und ohne Hütte anfing. Aber ich fand das Häuschen nicht ansehnlich, obwohl es für die damalige Zeit auch nicht übel war. Es stand hinter den Nebengebäuden, in einem geheimnisvollen Niemandsland jenseits der Schweineställe: zwei kleine Zimmer mit einer

Tür zum Weg nach draußen und einer zum Hof. Die Tür zum Weg hin war zugestellt worden, das Bett stand quer davor und vor dem winzigen Fenster, damit Betsy alles beobachten konnte, was auf dem Weg vor sich ging – und das war nicht gerade viel. Durch die Ritzen der verschlossenen Tür fiel Tageslicht herein, und der Fußboden bestand aus abgetretenen Ziegeln. Aber darauf lag ein selbstgemachter Flikkenteppich, den ich schön fand. Betsy war so fett, daß sie im Bett einen gewaltigen Buckel machte, und ihre Finger waren dick geschwollen. Meine Großmutter hatte eine noch unheimlichere Alte aus dem Arbeitshaus zu ihrer Pflege angestellt. Ich hatte vor beiden Angst.

Aber sonst mochte ich alle Dienstboten in Down sehr gern. Harriet war damals das erste Hausmädchen, die schöne Harriet mit der üppigen Stimme, dem reizenden Lachen und ihrem starken kentischen Dialekt. Ich bin sicher, sie wußte, daß sie schön war, denn sie trug ein schwarzes Samtband um den Hals wie eine Herzogin. Im Haus lief ich ihr nach in das Zimmer der Köchin und in das Mädchenzimmer, riesengroß – da schliefen drei oder vier Mädchen zusammen. Als ich das Zimmer für die Männer sah, erschrak ich: Ein langer dunkler mit Holzbohlen ausgelegter Dachboden, in dem vier Betten – und sonst fast nichts – standen. Hier schliefen der Kutscher John und Price, der Butler, und die beiden Diener. Es machte keinen komfortablen Eindruck, war allerdings sehr sauber. Die Köchin hieß Mrs. Brummidge. Köchin paßte ausgezeichnet zu ihr, ich wüßte nicht, wie man sie sonst hätte nennen können. Man spürte sofort, daß sie alles auf die allerbeste englische Art kochte – und die kann sehr gut sein –, aber mit modischen fremdländischen Gerichten hatte sie nichts im Sinn.

In Down gab es kein Badezimmer und kein heißes Wasser, außer in der Küche, aber es waren ja genug Mädchen da, die mit den schweren braungestrichenen Badekannen durchs Haus liefen. Und wie alles in Down vollkommen war, so befand sich dort auch am Ende eines langen Korridors und ein paar Stufen hinauf das schönste geheimste romantischste Klosett. Es hatte das einzige Fenster, das zum Obstgarten hinausging und war stets erfüllt von gedämpftem grünem Licht. Man schaute hinunter auf die Kronen der Apfelbäume, und als ich in *Romeo und Julia* (dem ersten Shakespeare-Stück, das ich ganz für mich allein las) die Zeile fand: »...der silbern dieser Bäume Wipfel säumt«, kam mir immer dieses Fenster in den Sinn. Der Ort, in dem sich der Duft des ganzen Hauses konzentrierte, war der Schrank unter der Treppe bei der Gartentür. Er war voll von alten Tennisschlägern, kleiner als die, die wir heute benutzen, und von Sonnenschirmen und Krockettschlägern – hier war der köstliche erlesene Geruch des Hauses am stärksten.

Es gab noch einen anderen Ausgang in den Obstgarten, nämlich durch das neue Arbeitszimmer. Dort war nach dem Tod meines Großvaters nichts verändert worden, ab und zu wurde es als Sehenswürdigkeit vorgezeigt. Oft blieben aber auch die Fensterläden den ganzen Tag über geschlossen. Wenn wir dort hinauswollten, huschten wir so schnell wie möglich durch das Zimmer, es war nämlich kein guter Ort, unheimlich und weihevoll wie eine Kirche. Auf den Tischen und Regalen standen viele mysteriöse Sachen, darunter ein Baby in einer Flasche, oder doch zumindest etwas in Alkohol, was ich für ein Baby hielt. Nur manchmal, wenn das Haus voll war, bekam das Zimmer einen menschlicheren Anstrich. Dann wurde es von einem meiner Onkel als Ankleideraum benutzt, und ein Badetrog mit kaltem Wasser stand darin.

Der Geist meines Großvaters war als freundlicher, schwacher Hauch überall spürbar – im Haus, im Garten und sonstwo. Natürlich wurden wir immer etwas verlegen, wenn von meinem Großvater die Rede war, gerade als spräche man vom lieben Gott. Offensichtlich gehörte er zur selben Kategorie wie Gott und der Weihnachtsmann. Nur meinten wir bei unserem Großvater bescheiden, wir dürften es uns nicht als Ehre anrechnen, ihn hervorgebracht zu haben. Es war natürlich wirklich ein großer Vorteil, einen solchen Großvater sein eigen zu nennen. Doch man durfte seinen Stolz nicht zeigen oder damit angeben. Aus demselben Grund, um nicht wichtigtuerisch zu erscheinen, hatten meine Onkel die seltsame Gewohnheit, im Gespräch untereinander nie von ihm als ihrem eigenen Vater zu reden. Sie sagten stets: »*Dein* Vater hat dies oder jenes gemeint«, worauf der andere Onkel oft antwortete: »Nun ja, er war ja auch *dein* Vater.« Dumme Leute witzelten sogar darüber, daß wir alle von Affen abstammten! Das brachte uns mächtig auf, wir fanden es geschmacklos.

Sofern ich überhaupt eine Vorstellung von meinem Großvater hatte, sah ich ihn als eine Zusammenfassung seiner fünf Söhne, meiner Onkel – mit derselben warmen Familienstimme, derselben Liebe zu Kindern und Hunden, demselben sanften humvorvollen Charme, der transparenten Aufrichtigkeit und dem völligen Mangel an Prätention. Nur sein Bart ließ ihn anders aussehen, denn keiner meiner Onkel hatte einen langen oder weißen Bart. Tante Etty erzählte auch, er sei größer als sie alle gewesen und, wenn es ihm gut ging, fröhlicher, spontaner und begeisterungsfähiger als sie. Anders verhielt es sich mit meiner Großmutter – sie war eine Wedgwood. Mein Vater erklärte mir einmal, sein Vater sei anders gewesen als seine Kinder, weil er nur ein halber Wedgwood war, indes sie eine doppelte Dosis Wedgwood-Blut in sich hatten wegen der zwei Darwin-Wedgwood-Ehen in zwei aufeinanderfolgenden Generationen. »Du kennst überhaupt keinen Darwin, der nicht größtenteils ein Wedgwood wäre«, meinte er betrübt, wie von einem aussterbenden Geschlecht. Er selbst kann kaum einen reinblütigen Darwin gekannt haben, denn sein Großvater Robert, der letzte unvermischte seines Stamms, starb, als er erst drei Jahre alt war. Wo man ging und stand, stieß man auf Geschichten aus der Kinderzeit meiner Onkel – unschuldige Historchen, deren größter Wert darin bestand, zu zeigen, wie sehr sich das Familienleben der Darwins von der konventionellen viktorianischen Erziehungsmethode mit Prügel und stumpfsinnigem Zwang zum Gehorsam unterschied. Ein glänzendes Beispiel war die Geschichte von Onkel Lenny, wie er auf den Sprungfedern des neuen Sofas herumhüpfte, was eigentlich verboten war. Sein Vater mahnte: »Oh, Lenny, Lenny!« Worauf Lenny antwortete: »Vielleicht gehst du besser mal aus dem Zimmer.«

In unserer Familie hat verständnisvolle Erziehung allerdings eine lange Tradition. Ein Tagebuch über den Umgang mit Kindern ist erhalten geblieben, geschrieben 1797–99 von meinem Urgroßvater Josiah Wedgwood II. (1769–1843), Sohn von Josiah I., dem Töpfer. Josiah II. war noch ziemlich jung, als er diese Aufzeichnungen über die Aufzucht seiner kleinen Kinder machte. Er war deutlich von Rousseau und Godwin beeinflußt und experimentierte mit einigen ihrer Theorien. Anders als seine Vorbilder besaß er aber eine Menge gesunden Menschenverstand und gab offen zu, manchmal auch Fehler begangen zu haben. Er war das genaue Gegenteil von einem Querkopf, was seine Notizen um so interessanter macht. Im Alter hielten ihn seine Kinder und Neffen und Freunde alle für einen Weisen und vertrauten ihm voll und ganz. Er war der Onkel, der meinem Großvater geraten hatte, auf der »Beagle« anzuheuern und seine große Forschungsreise zu machen.

Seine Ansichten waren überraschend modern und zeigten psychologische Einsichten, die jeden in Erstaunen versetzen würden, der diese Wissenschaft für den letzten Schrei hält.

Mit Nachdruck besteht er darauf, daß Kinder so frei wie möglich aufwachsen sollten. »Ich finde, man kann nicht genug betonen, daß jede Einmischung und Anweisung Schaden anrichtet, es sei denn, man wollte ein Kind damit vor größeren Gefahren bewahren«, eine Feststellung, die er in seiner sensiblen Art weiter ausführt, indem er hinzufügt, sie bedeute natürlich nicht, daß man den »Befehlen und Launen« der Kinder gehorchen solle. Für die neue Gouvernante seiner Kinder war dieser Teil der Doktrin freilich schwer verständlich. Ihr war nämlich verboten worden zu schimpfen, zu predigen oder gar die Kinder zu bestrafen. Nicht einmal Ekel vor Schmutz durfte sie ihnen beibringen! Außerdem sollte sie die Kinder nicht ständig überwachen und dabei ihre »eigene Unabhängigkeit« wahren. Mein Vorfahr mußte ihr mehrmals erklären, sie solle *ihnen* keineswegs Gehorsam leisten. Was das Lehren anging, so verfaßte er folgende Richtlinien:

> Was mit Freude getan wird, gelingt.
> Die Kunst der Erziehung besteht darin, sich der Neigungen zu bedienen.

Es kann in jener Zeit nicht viele wohlhabende Herren gegeben haben, die höchstpersönlich das Zubettbringen ihres dreijährigen Sohns überwachten. Da erzählt er eine traurige Geschichte vom kleinen Jos, der beim Waschen geweint hatte, und wie der Vater, entsprechend der korrekten Regel, das Kindermädchen anwies, nicht mit ihm zu schimpfen, sondern einfach wegzugehen und ihn tropfnaß stehenzulassen. Ich dagegen glaube, dem kleinen Jos wäre Schimpfen lieber gewesen.

Es sind auch ein paar Gespräche der Kinder aufgezeichnet. Wie seltsam, die eigenen Ahnen vor hundertfünfzig Jahren im Bett reden zu hören. Ihre Ausdrucksweise ist der heutiger Kinder so ähnlich – man erkennt genau, daß Josiah, als er hinter der Tür lauschte, exakt die Worte hinschrieb, die sie benutzten.

Über Religion hatte man ihnen wohl nichts beigebracht, bis ein kleiner Vetter zu Besuch kam, von dem sie »viel über Gott lernten«. »Sie wollten von Marianne wissen, warum Gott Adam und Eva nicht den Apfel von diesem Baum essen ließ«, und ihre Erzieherin antwortete: »Ich glaube, Gott wollte ihn für sich haben.« Der kleine Jos, Josiah Wedgwood III., war der älteste Bruder meiner Großmutter. Er heiratete Caroline Darwin, die Schwester meines Großvaters, und sie waren die Großeltern des Komponisten Ralph Vaughan Williams. Natürlich schliffen sich Josiahs Theorien mit der Zeit beträchtlich ab. Doch ein sehr freies humanes Erziehungssystem ist aus ihnen hervorgegangen, in dem Kinder von Anfang an wie menschliche Wesen behandelt wurden. So muß es auch in Down gewesen sein.

Manchmal will es mir scheinen, als sei das Leben in Down fast zu glücklich, das Verhältnis zwischen Eltern und Kindern zu perfekt gewesen. Die Onkel konnten sich nämlich im ganzen Leben nicht von ihrem frühen Elysium trennen und gehörten nie wirklich der gewöhnlichen schlechten Welt an.

In seiner Rede zum 100. Geburtstag meines Großvaters erzählte Onkel William eine Geschichte, die beispielhaft war für die Beziehung zwischen seinem Vater und den schon erwachsenen Söhnen. Sie zeigte auch den sehr selten zum Vorschein kommenden Zorn meines Großvaters, der nur durch Grausamkeit erregt werden konnte. 1865 schlug Eyre, der Gouverneur von Jamaica, brutal einen Aufstand der Neger nieder. Er wurde dafür vor Gericht gestellt, doch von einflußreicher Seite verteidigt. Onkel William schilderte folgendes: »Eines Tages in Down machte ich eine oberflächliche und abfällige Bemerkung über das Komitee, das die Affaire Eyre untersuchte. Mein Vater wandte sich mir wutentbrannt zu und rief, ich solle am besten gleich wieder nach Southampton (von wo ich gerade gekommen war) zurückfahren. Am nächsten Morgen um sieben Uhr kam er an mein Bett und erklärte, es täte ihm leid, so wütend geworden zu sein, er habe die ganze Nacht nicht schlafen können. Dann fügte er noch ein paar freundliche Worte hinzu und ging wieder hinaus.«

Von allen Plätzen in Down erinnerte der Sandweg am meisten an meinen Großvater. Er hatte diesen Pfad, der um ein kleines Wäldchen herumführte, selbst angelegt. Vom Haus aus lag er ein ganzes Stück entfernt. Man mußte bis ans hinterste Ende des Küchengartens gehen und dann durch ein Holztor in einer hohen Hecke – da war man von jeder menschlichen Gesellschaft abgeschnitten. Ein eingezäunter Weg führte zwischen weiten verlassenen Wiesen hindurch bis zum Wald. Der Sandpfad verlief am Waldrand – auf der »hellen Seite« – bis zu einem Sommerhaus am äußersten Ende. Dort ist es sehr einsam, bis zum heutigen Tag sieht man von hier aus kein einziges Gebäude, nur Wälder und Täler. Auf den Wänden des Sommerhauses konnte man verblaßte Kreidezeichnungen von Dragonern ausmachen, die mein Vater und Onkel Frank als Kinder hingekritzelt hatten. Das machte das Haus so romantisch. Einmal jedoch trafen wir drinnen einen betrunkenen Landstreicher, und das war abscheulich, aber glücklicherweise war mein Vater dabei.

Die »helle Seite« war schon düster und einsam genug, aber am Sommerhaus wendete der Pfad, führte im Bogen hinunter zur »dunklen Seite« und lief moosbewachsen weiter unter den Bäumen entlang. Da gab es zwei oder drei riesige alte Bäume, ganz schön, wenn ein Erwachsener dabei war, aber für einen allein sehr bedrückend. Die hohle Esche war schon geheimnisumwittert, die große Buche jedoch, die wir den Elefantenbaum nannten, einfach erschreckend. Etwas wie der Kopf eines garstigen Tiers wuchs an der Stelle aus dem Stamm, wo ein Ast abgesägt worden war. Dachte ich bei Tag an sie, dann kam sie mir nur grotesk und komisch vor, aber ganz allein in ihrer Nähe oder nachts im Bett wuchs das Gesicht, wuchs sich zu etwas wie einem greulichen Unwesen aus, unförmig, böse und aus grauer Vorzeit. Ein Gesicht, das über lange dunkle Gänge hinter mir her war und mich nie ganz einholte, ein Horrorwesen aus Vor-Disney-Zeiten. Es war eben gefährlich, sich allein auf den Sandweg zu begeben.

Eines Tages gab Charles damit an, völlig allein den ganzen Sandweg hinter sich gebracht zu haben. Als ältere Schwester blieb mir nichts anderes übrig, als es ihm nachzumachen. Ich nahm also Billy im Kinderwagen zur Gesellschaft mit und all meinen Mut zusammen. Doch als das Küchengartentor hinter mir zuschlug und ich von der zivilisierten Welt abgeschnitten war, rutschte mir das Herz bis in die Schuhe. Immerhin gelangte ich pfeifend und singend und mich laut mit Billy unterhaltend ohne Zwischenfall über die »helle Seite« bis zum Sommerhaus, wo ich keinen Landstreicher antraf. Auf dem Rückweg über die »dunkle Seite« erhob sich freilich ringsum im Wald das merkwürdigste Rascheln und Flüstern. Hocherhobenen Hauptes ging ich, so schnell ich konnte, doch das Seufzen und Schaudern folgte mir auf dem Fuß. Jemand schien etwas zu sagen, wieder und wieder, nur konnte ich es nicht richtig verstehen. Da war auch ein seltsam knarrendes Geräusch, und Schritte verfolgten mich. Ich ging immer schneller, bis ich lief und schließlich rannte. Der Kinderwagen schwankte wild hin und her, fiel aber wunderbarerweise nicht um. Am Ende erreichte ich die Gartentür, den heißen Atem meines Verfolgers fühlte ich im Nacken. Nach einem kurzen gefährlichen Kampf gelang es mir, die Tür zu öffnen, durchzuschlüpfen und sie hinter mir zuzuschlagen. Ich war noch am Leben! Ich habe niemals irgend jemandem von diesen Schrecken erzählt, die mir widerfahren waren. Auf dieses Abenteuer war ich nicht sonderlich stolz.

Trotz allem aber, wenn Erwachsene bei mir waren und ich mich sicher fühlte, liebte ich den Sandweg. Mitunter kroch ich auf allen Vieren durchs Unterholz im Wald und bewunderte jedes Blatt und jede Brombeerranke. Mitten im Wald befand sich eine versteckte Tongrube, dort schaufelten wir die rote Tonerde heraus, packten sie in unsere Taschentücher und versuchten zu Hause, daraus kleine Töpfchen zu formen, die wir auf dem Rost des Kamins im Kinderzimmer brannten, allerdings mit wenig Erfolg. Wenn jemand dabeistand, wagte ich es sogar, in das Innere der hohlen Esche hinabzuklettern. Hohle Bäume haben etwas außerordentlich Rührendes an sich.

Außer dem Sandweg gab es noch andere gruselige Orte in Down, zum Beispiel das Gifthaus. Früher war es ein Aussichtsturm gewesen, dann war es ganz verfallen, ein richtiges efeuüberwuchertes Hexenhaus, tief im Gestrüpp verborgen, und wir betrachteten es mit Furcht und Andacht. Aber wir wagten uns nie hinein. Warum wir dort Gift vermuteten, weiß ich nicht; ebensowenig weiß ich, warum es hieß, auf der Treppe zum zweiten Stock in Down sei ein abgrundtiefes Loch im Dunkel verborgen. Man konnte das Loch nicht direkt *sehen*, mußte es aber vorsichtig umgehen.

In Down nahm uns mein Vater täglich mit auf die romantischsten Spaziergänge und erzählte uns Geschichten von den Plätzen, die wir aufsuchten: den steilen Hügel hinauf zur Cudham Church oder nach Orchis Bank, wo wir Orchideen fanden, oder zu den Big Woods, wo sich Onkel William als Kind einmal verlaufen hatte. Die tiefen Täler, die kräftigrote Erde voll sonderbar geformter Feuersteine, die dunklen stillen Wälder, das Gefühl der Abgeschiedenheit – alles war völlig anders als das, was wir sonst kannten. Wir waren nur sechzehn Meilen von London Bridge entfernt, und doch war es hier so ruhig, daß wir, sobald nur ein Fuhrwerk draußen vorbeifuhr, alle zur Gartenmauer rannten und ihm nachschauten. Manchmal gingen wir mit Nana ins Dorf und sahen zu, wie der Hufschmied die Kutschpferde beschlug. Oder wir besuchten eine alte Frau, die Spitzen für Kissenbezüge machte – an jedem Faden hing ein kleines Klöppelholz. Hin und wieder gingen wir auch in den Laden.

Ich weiß noch, wie wir an Bernards vierzehntem Geburtstag im Laden für einen Penny Schokolade als Geschenk für ihn kauften. Deutlich sehe ich ihn vor mir, als wir in den Salon kamen mit unseren Präsenten. Er lag in lässiger erwachsener Haltung, die langen Eton-Beine von sich gestreckt, auf dem Sofa. Ich war fünf, also überreichte ich als erste die Schokolade. Frances war viereinhalb und schenkte ihm eine rote Puppenmütze aus Flanell, selbstgemacht. Er dankte ihr herzlich und setzte sie sich sofort auf den Kopf, was wir äußerst komisch fanden. Wir liebten und bewunderten ihn sehr, und es machte uns gar nichts aus, wenn er uns beim Schulespielen auf die Waden schlug, so herrlich war es, mit ihm zu spielen. Stolz erfüllten wir ihm jeden Wunsch: Er lag auf der Wiese unter dem Maulbeerbaum, und wir holten Äpfel und Stachelbeeren für ihn. Die Kentish Beauties, seine liebste Apfelsorte, schlugen wir mit Krocketthämmern von den Ästen. Sie waren blaßrosa und grün, saftig und säuerlich und fielen auf den grasüberwachsenen Grabhügel von Polly, der alten Hündin meines Großvaters, die unter dem Apfelbaum ihre letzte Ruhestätte gefunden hatte.

Auf dem Rasen standen zwei mächtige Eiben zwischen denen die Schaukel hing. Ich liebte ihre roten Zauberbeeren, die an einem Ende eine Öffnung hatten. Und am Rand des Rasens gab es einen Edelkastanienbaum, dessen Früchte in manchen Jahren reif genug zum Essen wurden. Unter diesem Baum lag der geheimnisvolle Regenwurmstein, den mein Großvater dort hingelegt hatte, zusammen mit einem Gerät, das aufzeichnete, wie schnell ihn die Regenwürmer bei ihren Grabarbeiten zudeckten. Die Sonnenuhr, über die sich Tante Bessys Freundin Miß S. betont belehrend äußerte, war vor der Veranda plaziert, wo auch die Salvien wuchsen, aus deren blauen Blüten wir den Honig saugten. Grandmamma stand oben am Fenster, lächelte und drohte mit dem Finger, wenn sie sah, daß wir sie abpflückten.

Als ich elf Jahre alt war, starb Grandmamma, und damit war alles zu Ende. Das Anwesen gehört jetzt der British Association, die versucht, seinen ursprünglichen Zustand zu bewahren. Obwohl Down heute Downe heißt, und London recht nah herangekrochen ist, scheint der Garten noch so undurchdringlich still, wie er früher war.

9

Geister und Schrecken

Der einzige Geist, den ich je zu Gesicht bekam, war in Down, und es handelte sich um ein Karnickel. Die besten Betten in Down waren alle mächtige Himmelbetten, rundum behängt mit Vorhängen aus steifem glänzendem Chintz. Eines Nachts – ich schlief in einem Kinderbett neben dem großen meiner Mutter – sah ich wahr und wahrhaftig, wie ein Karnickel oben aus dem Betthimmel kam, zum anderen Ende lief und dort verschwand. Keiner wollte mir das glauben, was nicht sehr nett von ihnen war, denn Betthimmel sind ja eigentlich schon immer bedrohlich gewesen.

In unserem Haus in Cambridge gab es keine Himmelbetten – meine Mutter hielt nichts davon –, und Bettvorhänge waren nur in Restexemplaren vorhanden. Dennoch waren die richtigen Erwachsenenbetten von Musselinschleiern umwallt, die von einem runden kleinen, mit einem Haken an der Decke befestigten Baldachin herabhingen. Dort oben wohnten die Tiger. Zwar habe ich selbst nie einen gesehen, doch das machte die Sache nur noch furchterregender. Aus diesem Grund schlief ich nie gern im Zimmer meiner Mutter. Die einfachen Kinderbetten hatten glücklicherweise überhaupt keine Vorhänge mehr, so daß das Kinderzimmer als sicher gelten konnte. Die Tiger hatten es wohl nicht besonders bequem auf den Baldachinen, nur knapp dreißig Zentimeter im Durchmesser, aber das war schließlich ihre eigene Angelegenheit. Was Tiger angeht, sollte man sich vor Sentimentalität hüten. Jedenfalls war mein Sinn für relative Größe damals noch nicht sehr ausgeprägt. Ich erinnere mich an einen heftigen Streit mit Charles, bei dem ich behauptete, Dobbin, unser Schaukelpferd, sei genauso groß wie ein echter Droschkengaul. Dobbin war ungefähr fünfzig Zentimeter hoch. Auch hatte ich immer Angst, in den Badewannenabfluß hineingesaugt zu werden, wenn das Wasser mit gräßlich gurgelnden Geräuschen ablief.

Einer der größten Vorteile des Internats war, daß ich dort mit anderen Mädchen in einem Zimmer schlief. Sicher hätten weder Tiger noch Geister noch Alpträume oder Einbrecher gewagt, in ein Zimmer einzudringen, das so vollgestopft mit Mädchen war. Wohingegen ich in meinem einsamen Schlafzimmer zu Hause oft starr vor Schrecken lag. Einmal – ich war wohl so um die vierzehn – lag ich die ganze Nacht in panischem Entsetzen wach und lauschte einem gedämpften Klopfen an der Wand. Erst am nächsten Tag kam mir der Gedanke, es könnte mein eigener Herzschlag gewesen sein. Ein anderes Mal – ich schäme mich fast, es zu erzählen – waren meine Eltern nicht zu Hause, und das Geflüster und die Schritte unter meinem Fenster beunruhigten mich so sehr, daß ich nicht anders konnte, als die Polizei zu rufen. Die kamen und behaupteten, es wären Katzen gewesen. Katzen! Natürlich waren es Katzen. Diese Teufel, sie wußten, daß ich sie nicht ausstehen konnte.

In meinem Zimmer suchten mich Nacht für Nacht Träume heim. Der schlimmste war der von der Heiligen Johanna. In einer stürmischen Nacht erschien sie in voller Rüstung, trampelte auf dem Korridor vor meinem Zimmer auf und ab und hielt manchmal an, um an meiner Tür zu rütteln, zu klopfen und zu schwören, sie würde hereinkommen und mich umbringen. Zum Glück hielt die Tür stand und ich wachte auf, bevor Johanna sie einschlagen konnte. Fortan haßte ich Johanna zutiefst für ihre klirrende Rüstung und ihre wilden Schritte. Träumt man einmal von einem Menschen, so haftet ihm oder ihr die gute oder düstere Stimmung des Traums für den Rest des Lebens an.

In jenen Tagen sah man so oft gestürzte oder mißhandelte Pferde – vielleicht begann ich deshalb, mich mit ihnen zu identifizieren. Ich empfinde es immer noch als große Erleichterung, diesem Anblick heute so selten zu begegnen, einfach weil es weniger Pferde gibt. Aber auch das ist irgendwie traurig, denn Pferde würden, genau wie Menschen, vermutlich lieber leben als nicht leben, auch wenn das Leben schwer ist. Jedenfalls träumte ich oft, ich sei ein Pferd und weiß deshalb genau, was es heißt, eins zu sein. Ich weiß sogar, wie es sich anfühlt, mit der Haut auf der Schulter zukken zu können, um eine Fliege zu vertreiben. Einmal träumte ich, ich sei eine junge gelbe Stute und versuchte, mich hinter einem Ginsterbusch vor einem bösartigen Bullen zu verstecken. Meine gelben Beine waren so lang, ich konnte sie kaum unter mir einknicken, und ich fürchtete, Flecken von meinem Fell würden durch die kahlen Stellen im Ginster leuchten, doch ich wachte auf, bevor der Bulle mich erwischte. Stiere oder Bullen waren immer gefährlich, vor allem der Bulle vom Holiday House, der im Wald hinter Lord Rockville herjagte. Eigentlich unnatürlich: ein Bulle im Wald. Bullen in Träumen machten mir jedenfalls mehr Angst als wirkliche.

Einmal träumte ich eine regelrechte Geistergeschichte: Mrs. Phillips, unsere Haushälterin, kam zu meinem Vater und berichtete: »Ich glaube, ich muß es Ihnen sagen, Sir – in der Waschküche ist ein Wolf.« »Unsinn«, meinte mein Vater, doch wir liefen alle zur Waschküche und spähten durch die Tür, deren obere Hälfte offen war. Es war schon spät und ziemlich dunkel, trotzdem konnten wir dort ein Wesen sehen, das hin und her lief, und wir hörten es knurren. Mein Vater erklärte: »Das ist wohl nur ein Hund, ein ziemlich böser allerdings. Wir lassen ihn am besten heute nacht hier und rufen morgen die Polizei.« Dann war da eine Lücke in meinem Traum, und ich dachte, ich wäre zu Bett gegangen und eingeschlafen, immer mit dem unklaren Gefühl, daß in meiner Nähe ein unruhiges Tier eingesperrt war. Darauf träumte ich, ich sei plötzlich mit einem unvorstellbaren Schrecken wachgeworden und habe bemerkt, daß etwas bei mir im Bett lag. Ich streckte meine Hand aus und berührte die weiche bloße Schulter einer Frau, und eine kühle sanfte leise Frauenstimme sagte: »Ich habe schon seit hundert Jahren nicht mehr in einem Bett gelegen.« Mein Herz hörte vor Angst auf zu schlagen – mit absoluter Sicherheit wußte ich, daß dies der Geist einer Werwolf-Frau war, der aus dem Körper des Wolfs in der Waschküche kam und nun von mir Besitz ergreifen wollte. Sie lag neben mir im Bett, klein, weichhäutig, zartknochig und blondhaarig. Sie sprach ganz ruhig zu mir und erzählte mir von ihrem Leben. Bei jedem Wort wurde mein Blut kälter vor Entsetzen. Vor hundert Jahren, berichtete sie, als sie noch eine Frau war, schlich sie sich nachts von der Seite ihres Gatten fort und streifte in Wolfsgestalt durch die Wälder, zerriß Lämmer und Hühner und genoß die wilden Waldgerüche. »Fühl meine Narben«, forderte sie mich auf und führte meine Hand über die trokkene Narbenhaut auf ihrem Rücken, wo die Wölfe sie im Spiel gebissen hatten. Ihr Mann versuchte, sie durch den »Zauber des Eisens« und die »heilige Macht des Salzes« ans Haus zu binden, aber nachdem es ihm immer wieder mißlungen war, tötete er sie »vor über hundert Jahren«. Seither hatte sie nie mehr in den Besitz einer menschlichen Seele kommen können, nie mehr den Trost von Essen und wärmendem Feuer genossen. »Aber jetzt«, sagte sie, »du...« und nahm meine linke Hand und zog sie zu sich hinüber, ganz langsam und vorsichtig, aber unwiderstehlich. Ich wußte, sobald meine Hand auf ihrem Herzen lag, würde ich ihr für ewig gehören, und ihre Wolfsseele würde in mich eindringen. Ich konnte mich weder bewegen noch sprechen, meine Hand wurde mehr und mehr zu ihr hingezogen. Da auf einmal fand ich die Kraft, mit der rechten Hand ein Kreuz zu schlagen – ich erwachte zitternd und schwitzend und sah voller Dankbarkeit die Morgendämmerung durch das Fenster schimmern.

Im Raum war die Anwesenheit der Frau noch so gegenwärtig – ich hätte, obwohl ich hellwach war, nicht noch eine Stunde oder zwei allein bleiben können. Und noch mehrere Tage lang war es mir nicht möglich, mich von dem Gefühl ihrer Gegenwart ganz zu befreien. Wie ich mich durch ein Kreuzzeichen hatte retten können, blieb mir ein ewiges Geheimnis. So etwas hatte ich kaum je gesehen, und in wachem Zustand wäre es mir nie eingefallen, mich zu bekreuzigen. Wahrscheinlich hatte ich es irgendwo gelesen oder gehört. Oft habe ich mir gewünscht, Lady Macbeth auf der Bühne wie meine Werwolf-Frau dargestellt zu sehen. Sie wäre gewiß eindringlicher als die für diese Rolle üblichen kräftigen geifernden Weibspersonen. Die sanfte leise Stimme hätte den grausamen Worten einen noch unnatürlicheren Ton gegeben, die schmale regungslose Gestalt hätte noch böser und unerbittlicher ausgesehen als jede Lady Macbeth, die mir je unter die Augen gekommen ist.

Meine Träume waren immer sehr melodramatisch, meistens allerdings auf angenehme Art. Ich war ein Junge, der, einen Dolch zwischen den Zähnen, Flüsse durchschwamm, oder ich ritt um mein Leben mit einer Botschaft, die ich überbringen sollte, oder ich schoß mir in einem Kugelwechsel den Weg frei.

Tatsächlich war mein nächtliches Leben von herrlich spannenden Abenteuern erfüllt, und das ist Gott sei Dank noch heute so. Am Tag freilich war ich nur halb so tapfer wie in der Nacht. Vor den wüsten Rabaukenbanden, die sich in Castle End herumtrieben, hatte ich gräßliche Angst. Um das Haus meiner Großmutter oder meiner Onkel in Huntingdon Road zu erreichen, mußten wir jenen Teil von

Castle End, der Mount Pleasant hieß, durchqueren, (ich verwechselte diesen Namen immer mit Mont Blanc, Blanc Mange, Mont Blange usw.).

Oben auf einer steilen grünen Böschung standen einige baufällige Hütten, in denen höchst *unangenehme* Leute wohnten. Es war ruhig dort, weiter unten an der Straße gab es nur Gärten mit hohen Einzäunungen, im Fall eines Angriffs konnte man also nirgends Zuflucht suchen. Wir liefen so schnell wie möglich durch, am besten, wenn die Jungen in der Schule waren, denn wenn sie konnten, warfen sie Steine nach uns. Einmal stießen sie mich vom Fahrrad und zerrten mich an den Haaren. Als sie uns eines Nachmittags Schneebälle nachschmissen, erschien plötzlich Bernard, stürzte sich wie ein echter Held auf die gemeinen Übeltäter und rief: »Verdammt, haut ab hier!«, und die Randalierer flohen voll Schrecken in ihre Schlupflöcher.

Selbst wenn wir mit Nana und dem Kinderwagen unterwegs waren, flogen uns manchmal Steine nach. Und wir sahen schlimme Szenen: einen Betrunkenen oder ein Kind, das geschlagen wurde. Der schrecklichste Anblick, an den ich mich erinnere, war ein kleiner Trupp übler Burschen an der Ecke von Shelly Row bei der Pumpe mit der Pferdetränke. Sie drehten gerade einem weißen Huhn den Hals um, und ein kleinerer Junge stand abseits und schluchzte erbärmlich. Vermutlich gehörte ihm das Huhn. Nana schob uns eilig weiter. Als wir älter wurden, drohte uns weniger Gefahr von den Jungen, und allmählich hörte sie ganz auf. Möglich, daß es immer noch solche Jugendbanden gibt, die den Kindern Furcht und Schrecken einjagen, von den Erwachsenen aber nicht wahrgenommen werden. Ich glaube aber – und hoffentlich stimmt es –, daß sie ihre Aktivitäten nicht mehr ganz so unverfroren öffentlich ausüben wie damals.

Die armen Leute machten mir immer große Angst. Da

gab es einen fürchterlichen Blinden mit einem Bart, der in einer schmalen Gitterlücke – offenbar eigens für Bettler freigelassen – gegenüber dem früheren Bull Hotel saß. Manchmal sitzen noch heute Bettler dort. Der unsrige hatte stets einen Hund bei sich, der jedoch nie lange derselbe war. Ob er womöglich seine Hunde umbringt? fragten wir uns. Erst jetzt ist mir klar, daß Blind Pew in der *Schatzinsel* mich nur deshalb so bange machte, weil ich ihn mir mit dem Gesicht unseres Blinden vorstellte. Ich versuchte, an dem Bettler vorbeizusehen, doch sein Platz war so nah an unserem Haus, daß mir das nur selten gelang.

Betrunkene und wirklich verkommene Landstreicher sah man in jenen Tagen viel öfter, besonders auf Castle Hill oder unten an der Newmarket Road. Ich war gerade auf die Slade School gekommen, und wir arbeiteten eines Nachmittags im großen Zeichensaal, als wir durch die hohen Fenster Hilfeschreie hörten, die uns das Blut in den Adern erstarren ließen. Auf dieser Seite des Gebäudes konnten wir nicht nach unten sehen. Das Geschrei hielt an, und schließlich lief ich mit einem anderen Mädchen, im Kittel, so wie wir waren, hinaus, um zu sehen, ob wir nicht helfen konnten. Um dorthin zu gelangen, wo die Schreie herkamen, mußten wir einen enorm langen Weg zurücklegen, quer über den weiträumigen Hof von University College und durch das Tor, dann an zwei Seiten des hohen Gitters entlang, bis wir zu einer schäbigen Gasse kamen, die wir nie zuvor bemerkt hatten. Völlig außer Atem fanden wir einen Durchgang zu einem Hof, der direkt unter den Fenstern der Slade School lag – eine übelriechende Sackgasse. Die Türen der verfallenen Hütten standen offen, und drinnen saßen Frauen und Kinder auf dem Boden und sortierten Haufen stinkender Lumpen. Mir kam es vor, als ob all die Frauen, auch die jungen, eingesunkene Augen und keine Zähne hätten. Das Geschrei hatte inzwischen aufgehört, wir fragten aber trotzdem eine einäugige Alte, was denn losgewesen sei. »Ach, die war besoffen«, sagte sie. »Ihr Mann hat ihr 'ne Tracht Prügel verpaßt. Geht lieber nach Hause, Schätzchen, der könnt ihr doch nicht helfen.« Ein paar der schmutzigen zerlumpten Frauen hatten sich um uns geschart, und wir hielten es wirklich für besser zu verschwinden. Stumm und bedrückt kehrten wir an unsere Arbeit zurück. Wahrscheinlich gab es damals viele solcher Hinterhöfe, versteckt zwischen ganz normalen Straßen. Aber so ein gottverlassenes Loch ist mir nie wieder unter die Augen gekommen.

Das Entsetzen, das mich überkam, wenn ich mit einem Mietwagen allein durch London fuhr – sogar am hellen Tag und als ich schon fast erwachsen war -, kann ich mit Worten kaum beschreiben. Die Freude an Theaterbesuchen wurde mir schon durch den Gedanken an die abendliche Heimfahrt verdorben. Gewiß, es war nicht üblich, ohne männliche Begleitung eine Droschke zu nehmen. Meist war auch wirklich ein Mann da, der mich nach Hause brachte. Dann war es köstlich, das Klirren des Pferdegeschirrs beim Trab zu hören und den Wind im Gesicht zu spüren. Aber man konnte nicht sicher damit rechnen, mitunter wurde man einfach in ein komisch riechendes altes Gefährt verfrachtet und schaukelte – wie mir schien, stundenlang – quer durch London zu einer »Lasterhöhle« (von der ich keine genaue Vorstellung hatte), bis man sich auf einmal vor der Haustür von Onkel William wiederfand.

Eines Abends in Cambridge sah ich etwas wirklich Furchtbares, von dem ich jedoch nie jemandem erzählt habe. Ich war ungefähr achtzehn und spielte die zweite Flöte in dem kleinen Universitätsorchester, das es damals gab. Ich spielte nicht besonders gut und fürchtete immer, nach 153 Pausentakten den Einsatz zu verpassen. Trotzdem waren Mr. Dent und Clive Carey, die Dirigenten, sehr freundlich zu mir, und ich wage zu behaupten, daß ich kein größeres Unheil anrichtete. An jenem Abend war die Freundin, die im allgemeinen mit mir ging, nicht aufgetaucht. Ich durfte normalerweise nach dem Abendessen nicht allein auf die Straße gehen, was ich für töricht hielt – und überhaupt, was sie nicht wußten, konnte sie ja auch nicht ärgern. So ging ich, zwar etwas nervös, allein los. Kurz vor zehn näherte ich mich unserem Haus. Alles war ruhig, weit und breit niemand zu sehen, als ich in die enge Silver Street einbog. Ungefähr auf der Höhe der kleinen Gastwirtschaft »Anker«, die am der Stadt zugewandten Ende der Brücke steht, kam mir plötzlich ein Häuflein ziemlich verlottert aussehender Studenten von der anderen Seite des Flusses im Laufschritt entgegen. Sie schleppten den ausgestreckten Körper einer Frau – sie schien tot zu sein.

Im Fluß ertrunken? war mein erster Gedanke, bevor mir allerhand andere Möglichkeiten durch den Kopf schossen. Ermordet? Oder aus irgendeinem unnennbaren Grund verschleppt? Etwas Schreckliches, Unbestimmbares und Unanständiges? Daß sie betrunken sein könnte, fiel mir nicht ein. Männer betranken sich, Frauen nicht. Jedenfalls legten die Kerle verzweifelte Eile an den Tag und wirkten mit ihren eingedrückten Kappen und zerknitterten Roben verängstigt und schuldbewußt. Sie beachteten mich gar nicht, stürzten über die Brücke und suchten gehetzt im »Anker« Zuflucht. Zwei oder drei weitere Männer rannten ihnen nach – einer davon trug den Hut der Frau in der Hand –, folgten ihnen in das Gasthaus und schlugen die Tür hinter sich zu. Dann war wieder alles ganz still und alltäglich, als ob es Tod und Melodrama nie gegeben hätte.

Langsam ging ich weiter und überlegte, was ich um Himmels willen tun sollte. Müßte man nicht herausfinden, was geschehen war? Die Geschichte machte einen sehr bösen Eindruck. Sollte ich Vater davon erzählen? Aber ich hätte es kaum ertragen können, mit ihm darüber zu sprechen. Vielleicht war daran nicht nur Böses, sondern auch Unanständiges. Das wäre ihm noch peinlicher gewesen als mir – unerträglich, zu wissen, daß der andere davon wußte. Es war damals unvorstellbar für mich, daß eine anständige Frau, aus welchen Gründen auch immer, in eine Gastwirtschaft ging, noch weniger ein junges Mädchen wie ich. Eine Wirtschaft war ein geheimnisumwobener, düsterer Ort, voll von »schlechten Frauen«, wo vielleicht ein anständiger Arbeiter gelegentlich ein Glas Bier trank (obwohl er das besser unterlassen sollte). Ein Gentleman jedoch würde nur dorthin gehen, falls er a) ein Wüstling war oder b) aus Angeberei so tun wollte, als wäre er ein Wüstling oder c) falls er sich auf einer Wanderung befand. Bis in die zwanziger Jahre habe ich nie einen Pub betreten, und selbst dann noch war ich verlegen und fühlte mich fehl am Platz. Aber natürlich hätte mein Vater hingehen können, um Nachforschungen anzustellen.

Unentschlossen ging ich nach Hause und in sein Arbeitszimmer, wo ich die übliche häusliche Szene vorfand. Mein Vater arbeitete, hatte dabei wie stets die Schuhe ausgezogen und seine Füße in den dunkelroten Socken auf das Kamingitter gestützt. Als ich hereinkam, blickte er auf und wartete in seiner lieben, geduldigen Art darauf, daß die Störung vorbeiginge und er sich wieder seinen langen geordneten Reihen von Zahlen und Zeichen zuwenden konnte. Meine Mutter saß bei ihm, umgeben von Stapeln Papier: Anzeigen, alte Rechnungen, Briefe, Zeitungen und anderes Treibgut, das eigentlich in den Papierkorb gehörte. Alles war still und friedlich, ich dagegen platzte herein und fühlte mich durch den Schrecken und die Aufregung wie eine Bombe, die bei ihrer Explosion das ganze Haus in die Luft jagen würde. Meine Mutter sagte: »Gwenny, Liebes, würdest du bitte mal schnell die Milchrechnung addieren? Ich werde nicht fertig damit.« Nichts war ihr aufgefallen. Diese alten Leute!

Sie waren blind, taub und gefühllos, sie merkten nie etwas. Die fürchterlichsten, die verheerendsten Dinge konnten gleich vor ihrer Nase geschehen, und sie würden sie nicht wahrnehmen. Es war ganz leicht, etwas vor ihnen zu verbergen, sei es nun Liebe oder eine arge Grippe oder ein Husten. Tatsächlich mußte man, wollte man ihnen etwas mitteilen, es ihnen förmlich entgegenschreien, doch selbst dann würden sie es wahrscheinlich nicht begreifen. Als ich Vater von meiner Verlobung erzählen wollte, mußte ich etwa eine Stunde lang auf der Wiese hinter ihm herlaufen – er war völlig in den Gedanken vertieft, auf dem Erntefestplatz mit Pfeil und Bogen zu schießen –, bevor ich mich dazu überwinden konnte, ihn zu unterbrechen. Bis zu dem Moment, als ich endlich den Mund auftat, hatte er überhaupt nicht bemerkt, daß ich mit ihm sprechen wollte. Und dann machte er mir auch noch Vorwürfe, daß ich nicht eher etwas gesagt hatte. So beschloß ich kaltblütig, mich um meine eigenen Angelegenheiten zu kümmern und nichts von dem verlauten zu lassen, was mir begegnet war. Ich wußte, es war feige und falsch, aber ich bereute meinen Entschluß keineswegs. Obwohl ich immer noch gern wüßte, was an diesem Abend wirklich passiert ist.

Ein großer Trost lag aber jedenfalls in der Feststellung: Es ist ganz einfach, seine Gefühle vor den älteren Leuten zu verbergen. Von den Dingen, die in diesem Kapitel stehen, hat keiner von ihnen je etwas geahnt. Ich hätte es einfach nicht ertragen, wenn sie mit ihren ungeschickten mitfühlenden Fingern mein Innerstes berührt hätten. Ja, es war tröstlich, wie leicht man seine Geheimnisse für sich behalten konnte.

10

Die fünf Onkel

Es war einmal ein Weihnachtsfest, da waren alle fünf Onkel anwesend. Zu den Onkeln zähle ich auch meinen Vater, da ein Vater eigentlich nur eine besondere Spielart von Onkel ist.

Onkel William, Onkel George, Onkel Frank, Onkel Leonard und Onkel Horace – eine massive Onkelmannschaft, und einer liebenswerter als der andere. Sie besaßen eine große Familienähnlichkeit, und als ich noch sehr klein war, unterschied ich sie mit meinen kurzsichtigen Augen daran, daß drei von ihnen kurze Bärte und zwei nur angedeutete Backenbärte hatten. Aus einer gewissen Entfernung fand ich es sogar schwierig, die drei bärtigen auseinanderzuhalten – und unter ihnen befand sich mein eigener Vater! Sie hatten alle das gleiche Auftreten, die gleiche Aura, die gleiche Familienstimme – eine warme, melodische, sehr eindringliche Stimme –, die gleichen schönen Hände und natürlich die gleichen immer kalten Füße.

In jenem Jahr führten wir fünf Nichten mit liebevoller Unverschämtheit eine kurze Szene auf, bei der jede von uns einen der Onkel darstellte. Die Handlung war simpel: Wir betraten nacheinander das Zimmer, jede mit einer charakteristischen Bemerkung. Dann zogen wir nacheinander unsere Schuhe aus, setzten uns hin und wärmten unsere Füße an einem imaginären Feuer. Margaret humpelte als Onkel William herein (er hatte ein Holzbein) und flötete leise seine Lieblingsmelodie: »Girls and Boys come out to play«, wobei sie *eine* Socke aus der Tasche zog, um sie am Feuer zu wärmen. Ich als mein Vater klagte leise über das Krähen der

Hähne, das mich so früh am Morgen weckte. Ich weiß nicht mehr, was Onkel Horace und Onkel Lenny taten, doch Ruth als Onkel Frank war der Höhepunkt der Darbietung. Bei ihrem Auftritt summte sie ein Motiv von Händel. Der wirkliche Onkel Frank kniete zunächst auf einem Stuhl und bewegte sich dann auf den Kamin zu, und Ruth imitierte jede Geste, die er machte, während er ihr zusah. Eine ganze Weile fiel es ihm überhaupt nicht auf, daß er nachgeahmt wurde, und er sagte immer wieder: »Wer soll das denn sein? Was macht sie denn da?« Bis wir schließlich alle so heftig lachten, daß die Szene abgebrochen werden mußte.

Onkel William

Diese fünf Onkel – sie waren die unbefangensten Menschen, die es je gegeben hat. Und Onkel William übertraf an Arglosigkeit noch alle anderen, ja, eigentlich war er sich kaum seiner selbst bewußt. Es gibt über ihn eine typische Geschichte vom Begräbnis meines Großvaters in Westminster Abbey. Als ältester Sohn und erster Leidtragender saß er ganz vorne und spürte plötzlich einen störenden Luftzug an seinem fast schon kahlen Kopf. Darauf legte er seine schwarzen Handschuhe oben auf den Schädel und verharrte so während der ganzen Zeremonie unter den Augen der Nation.

Sein Körper und seine Seele waren vollkommen gesund, er war der einzige der fünf Söhne, der keine Hypochondrie kannte. Im Grunde bestand er fast ganz und gar aus reinem Gold. Ich habe Hemmungen, über ihn so zu schreiben, wie ich es empfinde – es könnte sich anhören wie Königin Victoria über den Prinzgemahl. Man mußte nur seine frischen rosigen Wangen sehen, seine klaren blauen Augen unter den buschigen Brauen, sein weißes Haar und sein kräftiges Kinn – dann wußte man, was das für ein Mann war. Onkel Frank sagte einmal: »Von Williams Gesicht kann man ein Lammkotelett essen«, weil er so sauber und gesund aussah.

Sein Leben war ebenso geradlinig wie er selbst. Er wurde Teilhaber einer Bank in Southampton und heiratete Sara Sedgwick, die aus einer kultivierten Familie aus Neu-England stammte. Sie war die Schwägerin von Professor Charles Eliot Norton aus Cambridge, Massachusetts, Freundin von William und Henry James und vielen berühmten Engländern.

Das Paar war kinderlos, und wir kamen nicht oft mit ihnen zusammen; einmal jedoch war meine Mutter krank und wir verbrachten Weihnachten bei ihnen. Nana verfrachtete uns alle vier in das Haus in Basset, einem Vorort von Southampton. Es war eine geräumige und scheußliche viktorianische Villa mit Rasenflächen, breiter Auffahrt und einer düsteren Schuppentanne und Butzenscheibenfenstern, geradezu krankhaft sauber, quälend aufgeräumt, straff und perfekt organisiert. »Mrs. Darwin ist sehr eigen«, pflegten die Dienstmädchen zu sagen, und das war noch gewaltig untertrieben. Dort rief man nicht über die Hintertreppe hinauf, man läutete, und der Diener kam. Sie müssen uns wirklich für ungezogene kleine Rangen gehalten haben! Wohlhabend waren sie, und ihr Leben spielte sich mit Stil und Komfort ab. Doch daraus machte sich Tante Sara nicht viel. Ihre Religion war die *Pflicht*, und so zu leben, wie sie es tat, war ihre Pflicht gegenüber ihrer Stellung und ihrer Klasse. Leute ihres Standes zum Beispiel mußten einen eigenen Wagen und Pferde haben. Das ist nicht nur so hingesagt: Sie empfand dies als ernste Verpflichtung. Was Onkel William angeht, so war er mit gewissen Bequemlichkeiten durchaus einverstanden, aber jede Lebensweise, die für einen Gentleman paßte, wäre ihm recht gewesen. Er überließ es Tante Sara, die Dinge zu entscheiden. Sie kannte sich darin besser aus als er.

Trotz ihrer Strenge, ihren Konventionen und ihrer Genauigkeit in der Etikette mochte ich Tante Sara sehr. Sie war intelligent und feinfühlig und vor allem – sie konnte lachen. Mir gefiel ihr faltiges blasses und tragisches Gesicht, und irgendwie nahm ich auch den Zug von Heroismus wahr, der unter all dem verborgen lag. Es war das Stählerne an ihr, was mir imponierte. Für ihren Glauben wäre sie ohne Zweifel gestorben, und *ihr* Glaube war nicht ungewöhnlicher als jeder andere. Alle Arten von Glauben haben etwas Befremdendes – wichtig ist allein: würde man dafür sterben?

Am Weihnachtsabend erzählte sie uns die Geschichte von Voltaires Eintreten für den Protestanten Jean Calas mit solch leidenschaftlicher Bewunderung, daß wir ganz hingerissen waren. Meine Mutter hörte ich einmal sagen: »Sara kann so gut reden, alle Herren unterhalten sich gern mit ihr.«

An einem anderen Abend las sie uns Cowpers *Nachruf auf einen Hasen* vor, und bei der Strophe

> Auf einer Wiese teppichgleich
> sprang er vergnügt umher,
> schwang rasch und munter wie ein Reh
> den Steiß dort in die Höh'...

fragte die unverdrossene Margaret sofort: »Was ist ein Steiß?« Eilig wurde sie zum Schweigen gebracht, aber später wartete Tante Sara auf sie, nahm sie beiseite und erklärte mit gedämpfter Stimme: »Ich glaube, ich sollte dir sagen, daß der Steiß der Hinterteil eines Tiers ist, aber das ist ein Wort, das du niemals, niemals gebrauchen darfst.« Und selbst in ihrem Alter begriff Margaret, wie schwer es Tante Sara gefallen war, von so etwas zu sprechen. Es war jedoch ihre Pflicht, die sie selbstverständlich erfüllte.

In der Zeit unseres Aufenthalts in Basset fiel die Schwarze

Woche des Burenkriegs. Alle schienen sehr verstimmt und bedrückt, aber niemand klärte uns über die Ereignisse auf, was zu Hause sicher geschehen wäre. Allerdings nahm man uns mit zum Hafen, um zu sehen, wie Lord Roberts sich nach Südafrika einschiffte. Wir sahen das Schiff und ein paar Soldaten, aber nicht Lord Roberts: Die Heimfahrt mußte angetreten werden, damit die Pferde nicht zu müde wurden.

Wer nur an Autos gewöhnt ist, hat keine Vorstellung davon, wieviel Verantwortung einem die Pferde damals aufbürdeten. Eigentlich konnten sie so gut wie gar nichts leisten, sie wurden ja so schnell müde. Zumindest Kutschpferde waren so geartet, mit Droschkengäulen verhielt es sich natürlich anders. Beim kleinsten Hügel stieg Tante Sara aus und ging hinter ihrer eigenen Kutsche her. Und wenn sie genau zehn Meilen gefahren war, schickte sie sie nach Hause und nahm eine Droschke, um ihre Einkäufe zu erledigen. Das Droschkenpferd hatte vielleicht schon mehr als zehn Meilen hinter sich, doch das ging sie nichts an. Es war wie bei dem Pfadfinder, der als gute Tat des Tages die Maus aus der Falle befreite und sie der Katze zu fressen gab. Manchmal dachte ich, es wäre fast leichter gewesen, die Pferde in die Kutsche zu setzen und sie selbst zu ziehen.

Das gleiche galt für das Personal: Das Essen mußte pünktlich eingenommen werden, sonst gab es Mißstimmung. Ich konnte es der Köchin, von der Tante Sara meinte, sie würde schlechte Laune bekommen, nie verzeihen, daß das Abendessen an jenem Tag, als die vermummten Sänger kamen, nicht fünf Minuten aufgeschoben werden durfte. Das verleidete und verkürzte uns das einzige Mal, wo wir richtige lebendige Weihnachtssänger in den Vororten von Southampton hätten sehen und hören können. Aber Tante Sara insistierte: Das Essen würde verderben. Wir baten und bettelten verzweifelt, und schließlich erlaubte man uns als ganz besonderen Gefallen fünf Minuten Zuschauen, bevor wir ins Speisezimmer zurückmußten.

Die Haustür wurde aufgemacht, und die Männer kamen, einer hinter dem anderen, in die Diele. Ohne nach rechts und links zu schauen sagten sie ihre Verse in einer Art Sprechgesang nacheinander auf. Dann stellten sie sich zusammen auf eine Seite, und der, der gerade dran war, trat vor und ging rezitierend auf und ab, drei Schritte hin, drei Schritte her. Danach stellte er sich wieder zu den anderen, und der nächste kam an die Reihe. Der einzige Vers, an den ich mich noch erinnern kann, lautete:

> Hier kommt der kleine Huckepack,
> hat die ganze Familie im Sack.

Das war ein kleiner Mann mit einem Korb voller Puppen auf dem Rücken. Dazwischen fochten sie stilisierte Kämpfe aus: Jeder schlug mit seinem hölzernen Schwert ein-, zwei-, dreimal zu, dann fiel der, der verloren hatte, tot um, und der Teufel kam mit dem Medizinfläschchen und machte ihn wieder lebendig. Jetzt, da ich das niederschreibe, kommt mir der Gedanke: War vielleicht der Teufel schuld an allem? Und keineswegs die Köchin? Hielt Tante Sara die Vorführung für vulgär und unpassend für Kinder? Schon möglich. Als wir unseren Eltern davon erzählten, lachten sie nur und meinten: »Sara ist so eigen, sie könnte es nicht ertragen, eine Minute zu spät zum Essen zu kommen, selbst wenn die Welt unterginge.« Das einzige andere Ereignis war ein Besuch mit Onkel William bei Sir Neville Chamberlain, einem alten General, der beim Aufstand in Indien mehrere Finger verloren hatte. Auf dem Rückweg im Dunkeln verirrten wir uns bei einer Abkürzung durch den Wald, und Onkel William stapfte wütend im Unterholz zwischen Kaninchenlöchern herum. Er war nett, wenn er böse war, so energisch und erfrischend.

Leider hielt Tante Sara es auch für ihre Pflicht, zur Unterhaltung ihrer kleinen Nichten und Neffen eine Kindergesellschaft zu geben. Das war die Hölle, besonders für mich, denn ich schaute so elend drein, daß sich ein freundlicher Oberst bemüßigt fühlte, mich aufzuheitern, indem er dauernd mit mir tanzte. Und ich wünschte mir so sehr, er hätte mich in Ruhe gelassen. Auch waren wir schrecklich enttäuscht von unseren Weihnachtsgeschenken. Tante Sara schenkte nämlich mir einen Spiegel und Margaret ein blaues seidenes Taschentuchetui, langweilige, nutzlose Sachen, wo wir uns doch so dringlich Geschichtenbücher gewünscht hatten.

Kurz nach unserem Besuch brach sich Onkel William auf der Jagd ein Bein, das dann amputiert werden mußte. In unserer Erinnerung humpelt er deshalb immer am Stock herum und wärmt nur einen Fuß am Feuer, nicht zwei, wie die anderen Onkel. Aber nach einiger Zeit bekam er ein Holzbein, das ihm gut paßte, und wurde wieder aktiv. Dann starb Tante Sara, und Onkel William zog sich wenig später aus der Bank zurück und nahm ein Haus in London, direkt neben Egerton Place Nr. 12, wo Onkel Lenny und Mildred wohnten. Das waren hohe finstere Häuser, ganz im spätviktorianischen und edwardianischen Stil eingerichtet, alles sehr gut und solide, nur oft verblüffend häßlich. In der Tat war bei ihm alles so wertbeständig, daß die meisten Dinge, die wir nach seinem Tod aus dem Haus übernahmen, noch heute so gut wie neu sind. Tante Ida höchstpersönlich nahm eines von Onkel Williams seidenen Hemden und ließ daraus eine wunderschöne Abendbluse für Ruth machen.

Nachdem Onkel William nach London gezogen war, erlebte er eine zweite Jugend und wurde, was er immer schon hätte sein sollen: ein wirklich erstklassiger Onkel. Nach Tante Saras Tod nahm er einige halbvergessene Gewohnheiten und Neigungen wieder auf, vermutlich um sich vor der Einsamkeit zu schützen. Immer schon ein eifriger Leser, las er jetzt mehr denn je. Er las alles: alle Klassiker der Literatur in allen Sprachen, die er konnte oder noch nicht ganz vergessen hatte: Lateinisch, Griechisch, Deutsch, Französisch, Italienisch – jeden Tag von jedem etwas. Und wenn er zu spät zum Essen kam, war es immer, weil er »noch einen Abschnitt zu Ende lesen mußte«. Er war in diesen Dingen sehr gehemmt, und wenn man ihn dabei ertappte, wie er Homer unter einem Papierstapel versteckte, so bedurfte es einiger Überredungskunst, bis er sich äußerte. »Toller Bursche, der alte Homer«, sagte er dann, oder »Prächtiger Mensch, dieser Goethe«. Er ging auch ins Theater und zu Ausstellungen und kaufte manchmal Bilder, wobei er von den Händlern bestimmt kräftig zur Ader gelassen wurde. Seine besondere Leidenschaft galt der Architektur. Ich weiß noch, wie er nach seinem ersten Besuch von Selby Abbey, auf dem Weg nach Durham, am nächsten Tag den ganzen Weg zurückfuhr, weil er das Bauwerk unbedingt noch einmal besichtigen wollte. Konzerte besuchte er regelmäßig, und manchmal, wenn er sich ganz allein im Haus wähnte, schlich er in seinen kleinen, behaglich verwohnten Salon und suchte sich Motive aus Beethovens Symphonien auf dem Pianoforte zusammen. »Prachtvoller Bursche, der alte Beethoven«, murmelte er dabei.

Sie merken, daß ich im Zusammenhang mit jener Generation ganz selbstverständlich vom Pianoforte spreche, denn so haben sie es ja immer genannt. Sie sagten auch Maschine für Motor und Chemiker für Apotheker und Spaßhaftigkeit für Humor. Sie bezeichneten ein Kleid als Robe, einen Blumenstrauß als Bukett und Medizin als Arznei. Onkel William sagte stets Hunderet statt Hundert. »Ich würde hunderet Meilen gehen, um einen wirklich schönen alten Baum zu sehen«, – ich habe das noch genau im Ohr – und einmal hat er das sogar wirklich getan.

In seinen letzten Lebensjahren wußte er bisweilen nicht genau, was sich gehörte und was nicht, dafür schämte er sich dann. Manchmal lieh er mir tatsächlich Bücher, die für mein junges Gemüt einigermaßen schockierend waren. Wahrscheinlich hatte früher Tante Sara diese Art von Zensur für ihn ausgeübt. Einmal sagte er zu meiner Verwunderung: »Ich frage mich, wann wohl Leihehen eingeführt werden?« Mir war es noch nie in meinen jugendlichen Sinn gekommen, daß Ehen nicht von ewiger Dauer sein könnten. So fragte ich empört: »Hältst du das denn für möglich?« »Na ja, es sieht so aus, oder?« meinte er.

Bei anderer Gelegenheit, nämlich beim Anblick der damals so blaustrümpfig aufgemachten Studentinnen von Newnham, die an unserem Haus vorbeigingen, sagte er betrübt: »Warum tragen diese jungen Frauen immer solche mistfarbenen Mäntel?« Denn er hatte viel für hübsche gutangezogene Mädchen übrig. Wenn er mit mir spazierenging, wie gewöhnlich auf meinen Arm gestützt, und ein nettes Mädchen kam vorbei, so blieb er stehen, drehte sich um, starrte ihr nach und verkündete laut: »Sieht gut aus, die junge Dame!« Bestimmt hörten sie ihn, aber jedes Mädchen mußte an einem so von Herzen kommenden Kompliment seine Freude haben. Einmal, nachdem er begeistert einem von zwei Mädchen vorgetragenen Duett gelauscht hatte – sie hatten beide zufällig Raffzähne – bemerkte er: »Miß X. singt wie ein Vogel, aber die kleine Miß Thingummy singt wie ein Engel schöne kräftige Zähne haben die beiden«, – ohne eine Pause zwischen den Sätzen zu machen.

Am Egerton Place verwahrte er alle Bücher, die nicht ganz geeignet für eine *jeune fille* waren, in einem großen Schrank im Badezimmer auf. Dort hingen an den Wänden auch Fotografien von Akten großer Künstler wie Michelangelo und Praxiteles. Doch man verspürte keine große Lust, in diesem Bad des Abbild der Venus von Milo zu studieren oder sich mit *Tristram Shandy* oder *Madame Bovary* zu befassen – es war ein zu sonderbarer Raum. Zu der riesigen, mit Mahagoni verkleideten Badewanne stieg man zwei Stufen hinauf, und an ihrem Ende befand sich eine Art Grotte, die als Dusche eingerichtet war. Sie war ringsum mit so vielen verschiedenen Hebeln ausgestattet wie die Orgel in King's Chapel. Und ähnlich wie bei einem Amateur, der versucht, Orgel zu spielen, war es überaus schwierig, diese Hebel zu bedienen. Scharfe Strahlen kochenden oder eiskalten Wassers zischten aus den unerwartetsten Richtungen und trafen einen an den empfindlichsten Stellen. Nur Onkel William zeigte keine Furcht vor diesem Monstrum, aber er war auch ein ungewöhnlich tapferer Mann.

Und schließlich kaufte er sich ein Automobil, einen White Steam, dem er den Namen Betsey gab. In den Ferien machten wir damit die herrlichsten Ausflüge – er verbrachte ja fast immer die Ferien mit uns. Manchmal legten wir im Wagen enorme Entfernungen zurück – mehr als dreißig Meilen! Einmal schafften wir es, mit Übernachtungen in Hereford und Oxford, von einem Ort an der Grenze von Wales bis nach London in drei Tagen. Danach waren wir völlig erschöpft. Der Wagen blieb ständig stehen, und wir mußten Wasser nachfüllen, das wir mit einer Teetasse aus dem nächsten Graben schöpften. Zuweilen explodierte er, und eine orangefarbene Dusche aus dem Kühler ergoß sich über uns. Und bei jeder steileren Anhöhe war es genau wie bei Tante Saras Pferden: Er rührte sich nicht mehr, wir mußten aussteigen und schieben, wobei einer von uns einen schweren Stein zum Bremsen parat hatte, falls uns die Puste ausging.

Der Chauffeur Mr. Hoskins war ein ziemlich mürrischer

Mensch. Wie Straker in *Mann und Supermann* wußte er immer schon alles, bevor man es ihm gesagt hatte. Wir mochten ihn, aber ich fürchte, Onkel William wurde ziemlich schamlos von ihm ausgenutzt, wie übrigens von allen seinen Dienstboten. Sie müssen bei ihm eine recht gute Zeit gehabt haben, es sei denn, sie zankten sich zu oft untereinander um die Beute. Betsey mußte jedes Jahr neu lackiert werden, was dann jedesmal zwei Monate dauerte. Doch Mr. Hoskins beharrte darauf, und so geschah es. Vermutlich brauchte er mal eine Ausspannung. Der liebe Onkel William! Wie herzig sah er aus in der Nachtmütze mit der Quaste, wenn er, wieder einmal kränkelnd und ein bißchen verschämt, im Bett Besuch empfing. Wie unvergeßlich, wenn er hinüber zum Buffet humpelte, um eine Flasche zu holen, sie auf dem Rückweg an sich drückte und zärtlich flüsterte: »Guter alter Gin.« (Frage: Was hätte wohl Tante Sara dazu gesagt? Aber ich glaube, sie hätte gelacht.) Fast wie ein Engel sah er auf dem Pony aus, mit dem er, nachdem er sein Bein verloren hatte, manchmal ausritt. Wie schüchtern und verlegen kam er zu Weihnachten mit »ein paar Kleinigkeiten« an – (eine riesige Schachtel mit Köstlichkeiten von Fortnum & Mason's). Und pünktlich jeden Abend um halb elf schaute er auf die Uhr: »Mal sehen. Wo steht der Feind? Ich glaube, es wird Zeit fürs BETT.«

Onkel George

Nachdem wir an Weihnachten die Onkel nachgeahmt hatten, machten wir uns später doch Gedanken, ob mein Vater nicht etwas verletzt gewesen sei, weil ich allzu leichtfertig über seinen Ärger mit den krähenden Hähnen am Morgen gescherzt hatte. Denn er nahm seine Krankheiten ernst, nicht weniger als Tante Etty. Fühlte er sich nicht wohl, so legte er sich stets einen Schal um die Schultern: Das war bei allen Onkeln und Tanten das sichere Zeichen dafür, daß man sich »mies« fühlte (Tante Etty trug dauernd einen Schal). Aber Vater war auch sehr leicht abzulenken in solchen Zeiten. Ein wenig Zärtlichkeit und eine Frage nach etwas, das ihn interessierte, wirkten da wahre Wunder. Ich konnte nichts Wissenschaftliches mit ihm besprechen, wie Charles es tat. Aber ich konnte ihn nach einem heraldischen Begriff fragen oder danach, wer John of Gaunts dritte Frau gewesen war, und er reagierte sofort. Bald waren wir, trotz seines Unwohlseins, in ein angeregtes Gespräch verwickelt.

Alles, was mit Geschichte oder Heraldik zu tun hatte, war willkommen, da er von Natur aus ein Romantiker war. Heraldik war die nie aufgegebene Leidenschaft seiner Jugend. Geschichte und Sprachen nahmen lebenslang einen wichtigen Platz unter seinen Interessen ein, natürlich neben den Naturwissenschaften. Doch sogar die Naturwissenschaften hatten für ihn romantische Seiten. Was kann denn auch romantischer sein als die Gezeiten oder der Mond?

Er reiste gern und wollte in den Ländern, die er besuchte, aber auch wirklich alles sehen, was es zu sehen gab. Er wollte ihre Geschichte kennen, die Sprache lernen und mit jedem, den er traf, ins Gespräch kommen. Neben den normalen europäischen Sprachen versuchte er sich spielerisch in allerlei entlegenen Dialekten – Provenzalisch, Plattdeutsch, Romanisch, Isländisch. Ging es um ein Handwerk, so erkundigte er sich nach allen technischen Bezeichnungen und fand den Stamm der Wörter heraus. Ich bin sicher, daß er beim klassischen Tennis stets mit Vergnügen an die alten Namen – Grille, Dedans, Tambour – dachte, mit denen die einzelnen Teile des Platzes gekennzeichnet wurden, oder sich an den ersten Akt von *Heinrich V.* erinnerte. Als wir anfingen, uns mit Bogenschießen zu befassen, hatte er stets die richtigen Ausdrücke parat: die *Kerbe* für den Pfeil, die BAN-

DAGE am Handgelenk usw. Ob wir nun Tennis spielten oder auf dem Festplatz mit Schritten ausmaßen, wie weit er den Pfeil geschossen hatte, er fühlte sich, halb unbewußt, stets als Figur aus dem Mittelalter, oder, beim Bumerangwerfen, wie ein australischer Ureinwohner. An seiner Uhrkette hingen ein Feuerstein und ein Stahlstift. Wie aufregend hätte er es gefunden, bei Gelegenheit damit ein richtiges Feuer zu machen.

Alle Bücher, die er uns vorlas, hatten romantische Elemente: Shakespeares Königsdramen, Chaucer, die *Reliques* von Percy, die Romane von Walter Scott. Voll Bewunderung stand er vor einer römischen Straße oder einer prähistorischen Befestigung, und niemand konnte sich mehr als er an einem gut erhaltenen Burgverließ oder einer Zinnenreihe erfreuen. Der Norden war für ihn immer romantischer als der Süden, weshalb wir jeden Sommer einen Teil der Ferien in Yorkshire verbrachten, und beim Überqueren der Eisenbahnbrücke am Trent sagte er zufrieden: »*Jetzt* sind wir wirklich im Norden von England.« Unsere arme Mutter langweilte sich dort entsetzlich, doch uns stieg der erste Atemzug der eiskalten Luft, der erste Anblick der Trockenmauern auf den Wiesen zu Kopf wie Wein. Wie schön war es, mit Vater durch die dichten Nebel und den Regen zu wandern, über Berge und Wälle und durch Sümpfe, während er uns Geschichten von den Steinzeitbewohnern der Moore erzählte. In all diesen Dingen verstand ich mich sehr gut mit ihm. Der Gedanke, daß ich nie, niemals Chaucer, Königin Elizabeth, Rembrandt oder John Hampton oder wer sonst der Held des Tages war, mit eigenen Augen sehen konnte, machte mich ganz traurig. Ich hätte Jahre meines Lebens dafür gegeben, einen Tag in einem anderen Jahrhundert zu verbringen, um zu sehen, wie es damals war, und noch heute würde ich einiges dafür opfern. Einmal fand man mich schluchzend im Kinderzimmer, tief betrübt über das

Ende einer Geschichte, und zur Erklärung stammelte ich nur: »Robin Hood ist tot! Robin Hood ist tot!« Meine Mutter konnte nicht anders, sie mußte lachen, aber mein Vater hatte volles Verständnis für mich.

Er war lebhafter als die anderen Brüder, aktiver, rascher in seinen Bewegungen und Reaktionen. Er konnte Menschen schnell liebgewinnen und mochte die Dienstboten und die Kaufleute, sorgte sich wirklich um ihre Windpocken und ihre kranken Mütter und nahm Rücksicht auf jeden. Als unser Hund, der alte Sancho, erschossen werden mußte, war er es, der die verzweifelte Margaret tröstete. Und doch war er nicht immer taktvoll, bisweilen war er merkwürdig unbeholfen. Der Grund dafür lag in seiner einfachen Art, die nicht mit Egoismus gleichzusetzen war, denn er war vollkommen selbstlos. Aber er verstand sich nicht darauf, in den Gesichtern von Menschen zu lesen und nahm deshalb oft nur die Oberfläche wahr. Sagte man ihm, es ginge einem gut, so glaubte er es ohne weiteres. Und behauptete jemand, er freue sich, ihn zu sehen, so hätte er nie daran gezweifelt. Bei aller Wärme und Offenheit wechselte seine Stimmung rasch. War er gut gelaunt, so hätte man ihn manchmal fast für selbstgefällig halten können: Er war so stolz auf seine Sprachkenntnisse, so naiv erfreut über jede Auszeichnung, die ihm zuteil wurde. Wie glücklich war er, als er anläßlich des Südafrikabesuchs der British Association 1905 zu deren Präsident ernannt wurde. Wie begeistert war er, als er zum Ritter von Bath geschlagen wurde, schon wegen all der damit verbundenen romantischen Anklänge. Aber das war alles nur ein ganz durchsichtiges, fast kindliches Staunen über seinen eigenen Erfolg. Und das konnte man im Handumdrehen zum Erlöschen bringen, wenn man herzlos genug war, es darauf anzulegen. Er war weltmännischer als seine Brüder, sofern die Bezeichnung »Mann von Welt« überhaupt auf einen von ihnen zutraf.

Als junges Mädchen hatten meine Eltern für mich etwas seltsam Unschuldiges. Vielleicht waren sie wirklich so, obwohl mein Vater ganz sicher nicht so unkompliziert war, wie ich damals glaubte. Ich erinnere mich noch an meine ungläubige Verwunderung, als bei einer Abendgesellschaft Virginia Stephens einen leicht zweideutigen Witz machte und mein Vater ihn *verstand!* Schockiert wandte er sich ab, vor allem deshalb, weil der Witz von einer jungen Frau erzählt worden war. Zu jener Zeit bestand ja zwischen der Welt der Männer und der Welt der Frauen eine viel tiefere Kluft als heute.

Aber meine Überraschung und sein Verdruß haben etwas sehr Bezeichnendes, sowohl für die Zeit wie auch für unsere Familie.

Der Witz war eigentlich ganz harmlos gewesen – heutzutage würden ihn sogar ganz junge Leute ihren Eltern erzählen und damit rechnen, daß sie ihn verstehen. Auch für mich, die ich mich für fortschrittlich hielt, war es selbstverständlich, kein Aufhebens davon zu machen. Aber daß auch er ihn verstand, erregte meinen Unwillen. Ich weiß auch noch, wie angewidert er war, als ich ihm Stendhals *Rot und Schwarz* geliehen hatte. Wenn ich auch nicht ganz begreife, warum er das romantische Feuer nicht zu schätzen wußte, das sich hinter den ziemlich skrupellosen Methoden verbarg, mit denen sich Julien Sorel Zugang zur großen Welt verschaffte.

Mit Nerven, die stets gespannt wie Violinsaiten waren, ist es um so erstaunlicher, daß es keinen geduldigeren Menschen auf der Welt gab als meinen Vater. Manchmal war er traurig, ein bißchen bekümmert. Aber niemals traurig über uns, nur einfach traurig. Und nie, niemals böse. Schon Tante Cara hatte ganz am Anfang über ihn geschrieben: »Er besitzt ein völlig ausgeglichenes Wesen«, und das konnte bis zum Ende seines Lebens für ihn gelten.

Wenn er arbeitete, rannten wir ständig ins Arbeitszimmer, um »Froschpapier« zu holen – halbierte Schreibpapierseiten zum Zeichnen, die er für uns unter einem großen grünen Porzellanfrosch bereithielt –, und er wartete mit erhobenem Füllfederhalter, irritiert zwar, aber nachsichtig, bis wir die Tür zugemacht hatten und er sich weiter mit der »birnenförmigen Gestalt des Equilibriums« befassen konnte. Auch meine Mutter saß stets bei ihm im Arbeitszimmer, raschelte und knisterte mit ihren Papieren und sprach manchmal im Flüsterton mit einem Dienstmädchen, was ebenfalls nicht gerade beruhigend auf ihn gewirkt haben kann. Ich fürchte, er kam in seinem Zimmer gar nicht zur Ruhe. Doch obwohl er manchmal recht gequält dreinschaute, deutete er doch nie an, daß er lieber ungestört geblieben wäre. So liebebedürftig wie er war, ist es durchaus möglich, daß er unsere Unruhe stiftende menschliche Wärme dem kalten Alleinsein vorzog.

Onkel Frank

Onkel Frank war, mit Ausnahme von Onkel William, der charmanteste der Brüder. Er war der Musiker, der Schriftsteller, der Künstler in einer Familie, die man, selbst bei einigem Wohlwollen, als amusisch bezeichnen mußte. Jederzeit hätten sie offen zugegeben, von Musik überhaupt nichts, von Malerei nur wenig und, wenngleich sie alle gern lasen, nicht einmal etwas von Literatur zu verstehen. Aus ihrer Sicht waren die Künste unbedeutende Ornamente des Lebens, unwichtige Dinge. Doch das alles traf nur an der Oberfläche zu. Ihre wissenschaftlichen Arbeiten zeigten viele Merkmale des Kreativen: Sinn für Stil und Proportionen, leidenschaftliche Hingabe an ihren Gegenstand und vor allem vollkommene Integrität und Entschlossenheit, für die perfekte Ausführung einer Aufgabe jede erdenkliche Mühe auf sich zu nehmen. Manche von ihnen hatten Probleme mit dem Stil, aber sie wußten zumindest, daß er nicht ohne Bedeutung war.

In mancher Hinsicht jedoch waren sie gänzlich blind für Dinge, die außerhalb ihrer eigenen Welt existierten. So hatten sie keinerlei Gespür für Philosophie und Religion. Sie akzeptierten die christliche Ethik und wären gern ganz normale Christen gewesen, hätten sie nur an die Dogmen glauben können. Das richtige Wort für sie wäre christliche Mitläufer (was wir in Wirklichkeit wohl alle sind). Gegen Andersgläubige übten sie Toleranz, nur waren ihnen alle Religionen gleich unbegreiflich, ihre Rituale und Zeremonien kuriose Überbleibsel von Magie und heidnischen Bräuchen, kurz: Hokuspokus.

Auch von der differenzierten Sicht der Psychologie hatten sie nicht die leiseste Ahnung. Sie fanden es schwierig, sich widersprüchliche Motive vorzustellen oder einen Menschen, der etwas sagte und gleichzeitig etwas anderes meinte. Jemand, der manchmal ehrlich und manchmal unehrlich ist – das ging über ihre Vorstellungskraft hinaus, weil sie selbst so vollkommen schlicht und offen waren. Unter diesen Umständen war es schon äußerst aufgeschlossen von Onkel Frank und meinem Vater, sich an einigen der frühen übersinnlichen Experimente zu beteiligen, die von Mr. F. W. H. Myers und Professor Henry Sidgwick durchgeführt wurden. Onkel Frank und Mr. Myers hielten jeder einen Fußknöchel des Mediums Eusapia Palladino in jenem Moment fest, als sie die Bewegungen machte, die zu ihrer Entlarvung führten. Das war bedauerlich, denn fortan hielten die Onkel nicht mehr viel von den weiteren Experimenten der Gesellschaft für übersinnliche Forschung. Vermutlich hatten sie von Anfang an nicht viel Zutrauen zu diesen Manifestationen gehabt, dachten aber, man müßte den Versuchen eine faire Chance einräumen. Nach meinem Eindruck waren sie ziemlich erleichtert, als sich herausstellte, daß das Medium eine Schwindlerin war. Immerhin war Spiritismus nichts, was zu ihren Auffassungen und zu ihrer Denkweise paßte. Einmal berührte Mr. Myers Onkel Frank und sagte: »Frank, ich muß Sie mal anfassen: einen Menschen, der sich wirklich nichts aus Unsterblichkeit macht.« Worauf Onkel Frank erwiderte: »Lieber Myers, ich mag mich schon so nicht besonders, deshalb könnte ich den Gedanken an ein ewiges Leben gar nicht ertragen.«

Trotz ihrer Blindheit gegenüber vielem in Kunst und Literatur, das ihnen unbegreiflich blieb, fanden sie doch fast nie Gefallen an etwas Minderwertigem. Das mag eine negative Tugend sein, aber sie gehörte nun mal zu ihnen. Sogar ihr Geschmack war im großen und ganzen akzeptabel. Waren ihre Einsichten auch unvollkommen, so besaßen sie doch immer den Vorteil der Aufrichtigkeit, und ihre Art, stets genau das zu sagen, was sie dachten, hatte etwas Liebenswertes, selbst wenn sie von Dingen sprachen, von denen sie überhaupt nichts verstanden. So bemerkte Grandmamma einmal über Tennysons Drama *Queen Mary:* »Es ist längst nicht so ermüdend wie Shakespeare«, und Tante Bessy über *Heinrich IV.:* »Ohne Falstaff wäre das ein wirklich gutes Stück.« Beide Kommentare finde ich höchst erheiternd.

Onkel Frank jedenfalls hatte wirklich etwas von einem Künstler. Er liebte Musik, spielte Flöte, Oboe, Fagott, Blockflöte und Dudelsack. Zudem war sein Stilgefühl fein ausgebildet, Schreiben fiel ihm leicht – er war der Verfasser von zwei reizenden Essaybänden –, und seine sehr eigene humorvolle Ausdrucksweise bezauberte jedermann. Sowohl Bernard wie auch Frances übernahmen in ihren Schriften viel von seinen Gedanken und seinem Sprachduktus. Beim Dichterspiel schrieb er die herrlichsten Verse, beim Malerspiel fertigte er die schönsten Zeichnungen an. Seine Scherze sind wohl heute ein bißchen zu angestaubt, um sie wiederzugeben, doch ein paar seiner Redewendungen sind mir noch in Erinnerung. So sagte er über Notlügen: »Ich versuch's ja, aber als Lügner bin ich mehr willens als fähig.« Oder von einem langweiligen Buch: »Ich habe mehrmals versucht, diese Festung im Sturm zu nehmen, doch sie wollte sich nicht ergeben.« Und zu einem Gastgeber, der ihn darauf hinwies, daß er bei sofortigem Aufbruch eine Stunde am Bahnhof warten müsse: »Ich würde überall lieber warten als hier.«

Häufig überkamen Onkel Frank Anfälle von Depression. Das war seine Form der Familienhypochondrie, zweifellos verstärkt durch eine Erschütterung, von der er sich nie ganz erholt hatte: dem Tod seiner jungen Frau Amy Ruck bei der Geburt ihres ersten Kindes Bernard (der später Golfspieler und Schriftsteller wurde). Danach hatte er bei allem immer nur das Schlimmste vor Augen. Glaubt man jedoch einigen Geschichten aus seiner Kindheit, so gewinnt man den Eindruck, daß er schon früh zur Melancholie neigte. Naturgemäß hatte er besondere Angst vor Geburten und Krankheiten, doch seine Schwermut kam aus tieferen Bereichen. In diesen dunklen Stimmungen war er schwer aufzuheitern; es schien dann, als habe er keinen Funken Hoffnung mehr in sich. Manchmal zweifelten wir sogar daran, daß ihm Golfspielen guttat. Es stürzte ihn meist in tiefe Verzagtheit, und fast täglich sagte er, wenn er vom Golfplatz nach Hause kam: »Noch nie hat jemand so schlecht gespielt wie ich.«

Onkel Frank war unter seinen Brüdern der einzige echte Naturforscher. Mein Vater oder Onkel Horace bemerkten die Wellennachbildungen im Seesand oder die sonderbaren Formen der tiefen Löcher, die sich auf ausgefahrenen Wegen bildeten. Es fiel ihnen auf, wenn irgendwo noch ein ausgedienter Holzpflug in Gebrauch war. Doch keiner von ihnen, keiner außer Onkel Frank, sah »die Vögel und Tiere und Blumen«. Einzig Onkel William hatte ein wenig Ahnung von Geologie.

Onkel Frank dagegen war ein wirklicher Feldforscher: Botanik war sein Studienfach, aber er wußte auch eine Menge über Vögel. In Down war er der Assistent seines Vaters, der einmal, als sie gemeinsam an einem Aufsatz arbeiteten, sagte: »Frank ist zu gründlich, er kommt nie von der Stelle«, was im Wesentlichen auch zutraf. Er konnte sich unendlich lange mit einem Thema beschäftigen, doch sein Ehrgeiz war gering, und er machte sich nichts aus den vielen Auszeichnungen, die ihm zuteil wurden. Nach dem Tod seines Vaters kehrte er nach Cambridge zurück und forschte am Botanischen Institut über die Physiologie der Pflanzen. Dort war er auch Dozent, aber als dann der Lehrstuhl für Botanik frei wurde, lehnte er es ab, sich um die Professur, für die er sicher in Frage gekommen wäre, zu bewerben, mit der Begründung, ein jüngerer Mann brauche sie wohl mehr als er. Das war typisch sowohl für seinen Mangel an Ehrgeiz wie auch für seine Rücksicht auf andere. 1908 war er Präsident der British Association in Dublin. Den größten Ruhm aber erwarb er sich wohl doch mit der Herausgabe der Biographie und der Briefe seines Vaters.

1883, als Bernard sieben Jahre alt war, heiratete Onkel Frank noch einmal: Seine zweite Frau wurde Ellen Crofts, Dozentin für englische Literatur am Newnham College. Frances, ihr einziges Kind, ist sieben Monate nach mir geboren. Sie heiratete Professor F. M. Cornford, den Plato-Übersetzer, der später den Lehrstuhl für klassische Philosophie in Cambridge hatte.

Nach dem Tod meines Großvaters verbrachte Grandmamma die Winter in Cambridge in ihrem großen Haus »The Grove« an der Huntingdon Road. Es war umgeben von weiten parkähnlichen Wiesen, und dort bauten sich Onkel Frank und Onkel Horace jeder ein Haus: »Wychfield« und »The Orchard«. In diesem ländlichen Ambiente tummelten sich die Kinder und Grandmammas Kühe und Pferde und Frances' Esel alle zusammen unter den Bäumen. Nach dem Tod von Grandmamma wurde »The Grove« verkauft, und Tante Bessy zog in ein kleineres Haus in Cambridge. Wir Kinder waren tief gekränkt, weil wir uns jetzt mit unseren eigenen großen Gärten begnügen mußten, anstatt den ganzen Besitz zur Verfügung zu haben. Noch ungehaltener waren wir darüber, daß wir fortan ganz gewöhnliche Straßen überqueren mußten, um von einem Haus zum anderen zu gelangen. Wir stellten uns in einer Reihe am Zaun auf und verfluchten unisono die neuen Besitzer.

Merkwürdig, wie wenig ich noch von Tante Ellen weiß, obwohl ich schon achtzehn war, als sie starb. Machte sie sich vielleicht nicht viel aus Kindern, oder wußte sie nicht, wie man mit ihnen freundschaftlich umging? So gern, wie ich nach Wychfield kam, ich hatte dabei immer das Gefühl, daß ich dort keine eigenständige Person war, sondern mehr der Unterhaltung von Frances diente. Tante Ellen hatte offensichtlich Schwierigkeiten, den normalen schlichten Weltbürgern mit Wärme und Offenheit zu begegnen. Sie war eben sehr zurückhaltend, ihre Sympathien gingen tief, verteilten sich aber nur auf wenige.

Ich mochte sie trotzdem sehr und bewunderte ihren Mut, sich das starke schwarze Haar kurz schneiden zu lassen – in jenen Tagen ein höchst unkonventionelles Verhalten. Ihre Erscheinung war malerisch und anziehend. Am deutlichsten sehe ich sie vor mir in ihrem rosafarbenen viktorianischen Abendkleid, vorne mit großen roten Schleifen besteckt, mit ihren geraden Augenbrauen und ihrem länglichen, leicht gebräunten Gesicht. Und wie mir ihre Zigaretten imponierten! Ich kann mich nicht erinnern, je andere Frauen rauchen gesehen zu haben, nur sie und ihre Freundinnen Jane Harrison und Alice Dew Smith in den Korbstühlen auf der gemütlich unaufgeräumten Veranda in Wychfield. Dort spielten sie ihre Spielchen: Sie machten Gedichte über ihre Freunde oder verglichen sie mit Tieren, Pflanzen oder Süßspeisen. Zwischen den Golf- und Tennisschlägern auf der Veranda gab es noch viele hübsche andere Sachen: Perserteppiche und bunte Kissen, und sogar die Trinkschalen für die Hunde waren aus origineller italienischer Keramik. Die Hunde waren stets mit dabei: Whisk, der kluge schottische Terrier und der dumme alte irische Terrier Pat, der von Whisk stets übervorteilt wurde. Sie wurden genauso wichtig genommen wie Menschen. Einmal bekam Frances zu Weihnachten Geschenke von den Hunden, auf die Bernard kleine Schilder geklebt hatte:

Whisk, der kleine
gibt das Seine.

Kleiner Pat
findet dich nett.

Tante Ellen und ihre Freundinnen kamen mir wunderbar modern und literarisch vor. Sie lasen uns aus Stevenson und Henley vor, damals der Gipfel des Neumodischen. Ich glaube schon, daß sie viel von Literatur verstand, aber mir war dabei immer etwas unbehaglich. War es vielleicht ein bißchen zu erlesen und fein? Zum Beispiel machte sie sich nichts aus Dickens, was zwischen ihr und Bernard, der ein großer Dickens-Kenner war, eine unüberwindlliche Barriere gewesen sein muß.

Das Haus war angefüllt mit Kostbarkeiten, doch das war Onkel Franks Werk. Tante Ellens Geschmack ging mehr mit dem der Zeit. In ihren eigenen Räumen gab es Grünpflanzen und japanische Fächer, und das Kinderzimmer bestand nur aus Kahlheit und Kiefernholz. Im Salon hing ein großer Stich nach Fred Walkers Gemälde *Erntemond*, ein Klassiker, auf dem ein Bauer mit Sichel und mehrere Mägde vor der vollen Mondscheibe ihrer Arbeit nachgingen. Von diesem Bild konnte man auf das Datum ihrer Heirat schließen: es war nämlich 1883 ein beliebtes Hochzeitsgeschenk. Ich kannte noch zwei andere Häuser der angesehensten akademischen Familien in Cambridge, in deren Salons es der dominierende Wandschmuck war. Außerdem gab es einen kleinen Abguß der Venus von Milo, und überall im Haus hingen großformatige Fotografien berühmter Gemälde: die *Sixtinische Madonna* (sie war in fast jedem Salon zu finden; wir hatten sie, noch etwas größer, auch zu Hause); dann Watts *Hoffnung* und *Liebe und Tod,* und in Frances Zimmer eine entzückende Gruppe von Carpaccio-Putten, die sie aus Italien mitgebracht hatten. Damals hatte man selbst in diesen kultivierten Kreisen noch nie etwas von den Impressionisten gehört, man war allerdings gerade bis zu J. F. Millet vorgedrungen. Tante Etty besaß zwar eine Reproduktion von Millets *Angelusläuten,* aber sie hing in einem selten benutzten Gästezimmer.

Tante Ellen war kein glücklicher Mensch, ich weiß nur nicht, was ihr fehlte. Möglicherweise litt sie an zu vielen Darwins in ihrer Umgebung. Sie hätte Mitglied der Anti-Darwin-Liga werden sollen, eines Vereins, der gerade von Leuten gegründet worden war, die versehentlich Darwins geheiratet hatten. Oft rief sie flehentlich: »Sag Henrietta nicht, daß ich krank bin. Versprich es mir!« »Sag Ida nichts davon, ich hab's schon wieder falsch gemacht.« Aber das reicht eigentlich nicht als Erklärung. Lange nach ihrem Tod sagte Jane Harrison zu mir: »Ich konnte nicht traurig sein, als Ellen starb, weil sie doch so unglücklich war. Aber ich weiß nicht, warum. Sie liebte doch ihren Mann und ihr Kind und hatte alles, was sie sich auf der Welt nur wünschen konnte.« War es eine schwermütige Veranlagung? Konnte sie einfach das Leben nicht lieben? War es ein Reflex auf Onkel Franks zerstörte Lebenslust? Oder brauchte sie eine Arbeit, eine Karriere, eine Religion? Wahrscheinlich wußte sie es selber nicht.

Im Alter verliebte sich Onkel Frank noch einmal. Er heiratete Florence, die geheimnisumwobene schöne Witwe des Historikers F. W. Maitland. Aber das ist eine andere Geschichte, die hier nicht hingehört.

Onkel Lenny

FRAGE: Welcher von den Darwin-Brüdern
ißt noch schneller als die andern?
ANTWORT: Onkel Lenny schafft es immer,
auch wenn Mildreds Augen wandern.
(Aus *Weihnachtsrätsel* von Bernard)

Onkel Lenny war Major Darwin, Royal Engineers, dabei konnte man sich niemanden denken, der weniger militärisch wirkte als er. Sogar sein Schnurrbart machte einen freundlichen und zivilen Eindruck, und sein rundes Gesicht mit dem kleinen Backenbart war wohlwollend, duldsam und humorvoll. Wir haben uns oft gefragt, warum er wohl zur Armee gegangen ist, bis er mir einmal anvertraute, er habe es aus »Angst vor der Angst« getan, ein Grund, den ein Feigling wohl nicht ohne weiteres nennen würde. In seiner großen Bescheidenheit hatte er die Armee vielleicht auch deshalb passend gefunden, weil er sich für weniger intelligent hielt als seine Brüder. Er war ein Spätentwickler, dafür wuchs und reifte er sein ganzes Leben lang. Als ganz alter Mann interessierte er sich mehr für die Zukunft der Welt als für ihre Vergangenheit, eine seltene Eigenschaft bei alten Leuten.

Die Schulen Woolwich und Chatham besuchte er zusammen mit Lord Kitchener, und einmal bemerkte er, er habe von Prüfungen nie viel gehalten: »Klar, denn in einem Examen war ich der Beste und Kitchener fiel durch.« Und: »Damals sind wir nie auf den Gedanken gekommen, daß aus Kitchener mal was werden würde, daran sieht man...« Während seiner zwanzig Jahre bei den Royal Engineers hat Onkel Lenny allerhand wissenschaftliche Aufgaben übernommen: Er mußte Mondfinsternisse beobachten, Chemie- und Fotografieunterricht geben oder eine Karte von Afrika ausarbeiten. Selten tat er normalen Militärdienst, und nur einmal war er gezwungen, aktiv zu werden. Das war auf Malta, wo er eine Gruppe von Soldaten durch eine enge Gasse führte und ihnen plötzlich eine wildgewordene Kuh entgegenrannte. Nach Augenblicken schmerzlicher Unentschiedenheit konnte er nicht umhin, Befehl zu einem schmachvollen Rückzug zu geben.

In abgeschwächter Form hatte er auch die Familienhypochondrie geerbt: 1890 nahm er seinen Abschied vom Militär mit der wenig überzeugenden Begründung, seine Gesundheit sei nicht mehr die beste. Danach widmete er sich, mehr denn je, seinen unterschiedlichen Neigungen. Er saß drei Jahre im Parlament, woraus wir den traurigen Schluß zogen, daß »der arme Onkel Lenny niemals zu Bett ging«. Aber er war eine viel zu ausgeglichene Natur, um in der Politik Erfolg zu haben. Dann wurde er Präsident der Royal Geographic Society und der Eugenic Society, so daß er schließlich, mit über sechzig, fand, seine Arbeit sei doch nicht ohne Bedeutung gewesen.

An seine erste Frau, Tante Bee – Elizabeth Frazer – kann ich mich nur als einen besonders laut raschelnden Unterrock auf dem Gang vor dem Kinderzimmer in Down erinnern, zu der Zeit, als die Devise galt: Je lauter das Geraschel, um so grandioser der Auftritt. Oder ich sehe sie als modisch glockenförmige Silhouette vor einem Fenster. Nana meinte: »Tante Bee hat für Kinder nichts übrig.« Ich hingegen glaube, sie war ebenso fröhlich und gesellig wie elegant.

Dennoch muß es, wenn ich mich recht besinne, schwer gewesen sein, in Egerton Place Nr. 12 ein lebendiger Mensch zu bleiben. Ihr Haus, nah an der Brompton Road gelegen, war von Tante Bee offensichtlich nur mit Gegenständen eingerichtet worden, die sie von einer Weltreise mitgebracht hatte: geschnitzte orientalische Möbel, alles ganz in Schwarz bis auf ein paar Messingtabletts. Das Haus war wirklich düster und erdrückend. Als Onkel Lenny nach Tante Bees Tod Mildred heiratete, änderte sich auch nichts daran. Nur nahm sich Mildred, mit ihren frischen hellgrauen Kleidern und ihrem goldblonden Haar in Tante Bees Einrichtung besonders fehl am Platz aus. Als junges Mädchen, während Mildreds Regierungszeit in Egerton Place, war ich dort einmal zu einer Abendgesellschaft eingeladen, und ich muß bekennen, sie war die langweiligste, die ich je durchgestanden habe, doch bestimmt waren nur die Möbel daran schuld: In einer so finsteren Umgebung konnte es niemand zu Geistesblitzen bringen.

Ihre eigenen hellen Möbel nahm Mildred mit in das Haus, das sie in Ashdown Forest bauten, ihr wirkliches Heim: »Cripp's Corner« direkt am Waldrand, davor verwilderte Felder, die sich zwischen den Bäumen bis zu einem schmalen Bach im Tal hinunterzogen. Die herrliche Aussicht ging über den Wald bis zu den fünfundzwanzig Meilen entfernten South Downs. Beim Bau hatten sie dem Architekten kaum dreinreden können, er hielt den Auftrag mit Klauen und Zähnen fest und entwarf das Haus vorwiegend nach seinen eigenen Vorstellungen. Unter anderem bestand er darauf, pseudogotische Fenster mit schweren Bleirahmen und Butzenscheiben einzusetzen, die es unmöglich machten, einen der schönsten Panoramablicke in ganz England auch nur wahrzunehmen. (Eine Studie über die Geistesverfassung von Architekten muß zweifellos psychologische Kuriositäten zutage fördern.) Jedenfalls ließen sie sich gar nicht erst auf große Kämpfe mit ihm ein; ich sehe Mildred noch genau vor mir, wie sie mit freundlicher Duldsamkeit sagt: »Ja, die Fenster sind scheußlich, aber der junge Mann ist so glücklich damit, der arme Kerl.« Als Onkel Lenny Onkel Horace das neue Haus zeigte, meinte er: »Na, Horace, du hältst diese Fenster nicht nur für häßlich, sondern geradezu für unmoralisch.« Worauf Onkel Horace erwiderte: »Genau so ist es.« Was zeigt, daß sie, wenn sie nur einmal darüber nachdachten, die richtigen ästhetischen Prinzipien schon erkannten.

Wir stellen uns Onkel Lenny und Tante Mildred immer vor in »Cripp's Corner«: am Ende der Straße, am Ende ihres Lebens, in zufriedener und ereignisloser Abgeschiedenheit, drei Meilen vom nächsten Dorf entfernt. Meine Mutter sagte oft, Tante Bee sei in vieler Hinsicht besser für Onkel Lenny gewesen als die liebe Mildred, anregender und weniger zurückhaltend bei allen Unternehmungen. Es ist wahr, Mildred neigte dazu, jede Aktivität für übereilt zu halten: wahrscheinlich kam mehr Schlechtes als Gutes dabei heraus. Und Onkel Lenny war viel zu bedächtig, um obendrein noch einen Hemmschuh zu brauchen. Dennoch waren sie glücklich miteinander, man hätte sich keine bessere Ehe vorstellen können. Wie schön war es, in »Cripp's Corner« von Mildred begrüßt zu werden. Ihre Stimme drückte aufrichtiges Mitgefühl für die Gefahren und Anstrengungen aus, denen wir uns auf der zweistündigen Eisenbahnfahrt von London ausgesetzt hatten. »Du armes Lämmchen, wie *müde* mußt du sein nach dieser *schrecklichen* Reise.« Es war, als wären wir aus Timbuktu gekommen.

Mildred Massingberd hatten wir schon immer gekannt und geliebt, sie war ja unsere Cousine, bevor sie unsere Tante wurde. Es ist nicht leicht, Mildreds seltsamen Charakter zu beschreiben und dabei doch ihren Charme zu zeigen. Alles, was man über sie schreibt, hört sich grimmig und puritanisch an, dabei war sie einer der liebenswertesten Menschen, die ich je gekannt habe. Sie gehörte aber zu jenen sonderbaren Wesen, die Unannehmlichkeiten geradezu *genießen* und die mich immer an das Schaf in dem französischen Sprichwort erinnern: »Le mouton aime la misère.« Ohne zu murren hätte sie ihr Leben bei Tee und Butterbrot gefristet, dazu jeden Morgen ein kaltes Bad und nur einen Schemel zum Sitzen. »Es spielt gar keine Rolle, ob sie eine gute Köchin ist, solange sie nur ein guter Mensch ist«, sagte sie einmal, als sie eine Köchin einstellte. Der Zufall wollte es, daß sie tatsächlich an eine gute Köchin geraten war, nur ging es trotzdem bald mit der Küche traurig bergab, aus einem Mangel an Anerkennung, der fast an Grausamkeit gegen Köchinnen grenzte.

Als wir Kinder in »Cripp's Corner« zu Besuch waren, gab sie uns als Zwischenmahlzeit am Vormittag Ingwerplätzchen – sie verwöhnte Kinder nur zu gern –, und auch Onkel Lenny bekam eins ab. Am letzten Tag unseres Aufenthalts sagte sie: »Hier, Leonard, das ist dein letztes Plätzchen, jetzt gibt's keine mehr.« Wir Kinder waren richtig empört, nahmen unsere Mutter beiseite und fragten: »Warum darf der arme Onkel Lenny denn keine Plätzchen mehr haben?« Natürlich war das nur ein Scherz von ihr gewesen, aber sie machte sich tatsächlich so wenig aus sinnlichen Freuden, daß sie nicht begriff, wie sehr eine Folge von kleinen Genüssen das Leben verschönern kann.

Doch sie nahm sich stets der Schwächeren in ihrer Umgebung an, auf eine Weise, daß diese sich ihrer Bedürftigkeit nicht zu schämen brauchten. Sie vermittelte einem nicht das Schuldgefühl, ein Kannibale zu sein, wie es etwa die meisten Vegetarier tun. Ganz und gar nicht: »Sie mögen es so gern, die Armen«, schien sie zu sagen, wenn sie uns zärtlich und amüsiert mit Kaffee, Wärmflaschen und anderen harmlosen Tröstungen des Fleisches versorgte. Nur nicht mit alkoholischen Getränken, da zog sie die Grenze: Mildred war eine fanatische Anti-Alkoholikerin. Man glaube es oder nicht, sie hatte sogar eine Zeitschrift mit dem Titel »Journal der Nüchternheit« abonniert. Trotzdem erlaubte sie Onkel Lenny jeden Abend einen Fingerhut voll Whisky »als Medizin«, den er mit einem Schluck austrinken mußte, indes sie sich von dem schrecklichen Anblick abwandte. Danach mußte er eine Kohletablette schlucken, um den Geschmack aufzusaugen. Auf seine Art neckte er sie manchmal mit dem Alkohol, und siehe da, sie hatte das sogar gern!

Sie haßte alle Neuerungen, und lange Zeit ließ sie kein elektrisches Licht und kein Telefon in ihrem abgelegenen Haus zu. Das Auto, das sie schließlich anschafften, hat bei ihnen sicherlich ein kümmerliches Dasein gefristet, ohne Mutterliebe, die Autos ebenso brauchen wie alle Tiere.

Tiefstes Mißtrauen hegte sie gegen Kunst, vor allem gegen Musik. So schrieb sie an Margaret: »Ich weiß nicht, warum so viele Literaten und Künstler nicht die Kraft aufbringen, ein gutes und hilfreiches Leben zu führen. Es ist traurig, mit einer Künstlernatur geboren zu sein. Ich hoffe, Richard schlägt nicht in diese Richtung, obwohl Klarinette und Klavier mich bedenklich stimmen.«

Oft debattierten wir heftig über dieses Thema, und Onkel Lenny schockierte mich stets, wenn wir über Vererbung und Rassereinheit sprachen, mit der Behauptung, Geld sei das *einzig mögliche* Kriterium bei der Entscheidung, welcher Menschentyp zur Fortpflanzung tauglich sei, wenn er auch zugeben mußte, daß dieser Maßstab nicht vollkommen war. Aber: »Ein Mann, der Geld verdienen und damit umgehen kann, zeigt, daß er wesentliche Überlebensfähigkeiten besitzt.« Ich hielt dagegen, Geld habe für Künstler, Philosophen, Erfinder und Zigeuner kaum Bedeutung. Doch es wäre ein nicht wiedergutzumachender Verlust für die Menschheit, würden diese wertvollen Veranlagungen durch

Züchtung verlorengehen. Der Gedanke, jedermann lebte in ordentlichen kleinen Vorstadthäusern und kümmerte sich nur ums Geldverdienen, deprimierte mich tief – wozu? Doch Onkel Lenny sah das ganz anders. Mit Künstlern hatte er nichts im Sinn, und Zigeuner fand er wirklich schmutzig und diebisch. Bei einem dieser Gespräche ließ sich Mildred in ihrem Horror vor den Künsten zu der entschiedenen Behauptung hinreißen, ein kleiner Postbeamter, der seine Arbeit erfolgreich tue, sei mehr wert als der größte Künstler der Welt. Und Onkel Lenny saß da und hörte belustigt, aber in völliger Übereinstimmung mit ihr zu.

Ich muß jedoch hinzufügen, daß Onkel Lenny, als die Gemeinde von Ashdown Forest einen halbverrückten alten Höhlenmenschen einsperren wollte, der sein ganzes Leben als Ausgestoßener im Wald verbracht hatte, für ihn eintrat mit den Worten, sie hätten ihn schon vor fünfzig Jahren aufgreifen müssen; wenn sie ihn jetzt hinter Gitter brächten, würde er mit Sicherheit sterben, worauf sie den armen Kerl laufen ließen. Aber Onkel Lenny entschuldigte sich mehrmals wegen dieser Haltung, die gegen alle seine Prinzipien ging.

Auf ihre Weise war Mildred auch eine glühende Feministin und verdammte bei ihren Freundinnen oft die Ehe als ein übereiltes und unnötiges Unternehmen. Trotzdem vertrat sie die Meinung, Frauen sollten gut zu Männern sein und nicht zuviel von ihnen erwarten, »weil sie so hilflos sind, die Armen«. Als sie einmal krank war, bat ich sie dringlich, zum Arzt zu gehen. Sie antwortete: »Warum soll ich zum Arzt gehen? Ich weiß nicht, was mir fehlt, also kann ich ihm nicht sagen, was er tun soll, und das wäre das einzig Richtige bei Ärzten. Aber natürlich, wo er doch nur ein *Mann* ist.« Später gingen sie dann zu einer Ärztin, die ihr Vertrauen gewonnen hatte.

Ich erinnere mich noch an einen Gratulationsbrief, den

sie einem Mädchen zur Hochzeit schrieb. Er lautete ungefähr so: »Meine liebe X., ich muß Dir sagen, wie sehr ich Deinen Mut zum Heiraten bewundere. Mir selbst ist allerdings diese Begeisterung für die Ehe unverständlich, denn Frauen sind ja so viel glücklicher allein. Trotzdem – manchmal kann es ja auch gut gehen...« (Usw. usw. – in der Anlage ein großzügiger Scheck.) Wies man bei solchen Gelegenheiten darauf hin, daß sie und Onkel Lenny doch recht glücklich waren, so meinte sie, das sei etwas ganz anderes, ihnen sei das Schicksal eben hold gewesen. Manchmal prahlte sie: »Ich habe eben wirklich keinen Sinn für Humor« (was nicht stimmte) und machte sich lustig über ihre eigenen exzentrischen Eigenschaften. Und doch war es ihr immer ernst mit dem, was sie sagte.

Sie umgab sich mit einem großen Kreis von Leuten, bekannt als »Mildreds Bedürftige«, mit denen sie sich ständig zu schaffen machte. Meist waren es ältere Frauen,

> Die nicht im Licht des Tages stehen,
> nicht sind der Schönheit liebstes Kind,
> die taub und dumpf durchs Leben gehen,
> kurz, alle, die bedürftig sind...

wie Bernard sie in einem Gedicht zu Onkel Lennys 90. Geburtstag beschrieben hat. Ich sehe Mildred wie sie ganz aufrecht dasitzt – sie lehnte sich niemals an die Stuhllehne – und Flanellnachthemden für die Bedürftigsten der Bedürftigen näht – Kleidungsstücke übrigens, in denen heute nicht einmal der elendeste Arme würde sterben wollen. Doch sie selbst, das weiß ich genau, hätte sie dankbar und mit Freuden getragen.

Nach 1905 änderten sich Mildreds Kleider überhaupt nicht mehr, und durch alle verwegenen Modelaunen, die noch folgten, trug sie stets nur ihre langen schmalen Röcke, ihre hochgeschlossenen Blusen, großen Strohhüte und schmalen Stiefelchen. Aber ich glaube, in ihrer merkwürdig aristokratischen Art gab sie sich mit ihrer gänzlich unmodischen Aufmachung doch viel Mühe, in dem Bewußtsein, daß sie gut ausgesehen hatte und immer noch gut aussah. Nach einer Feier für Onkel Lenny schrieb Tante Etty einmal, »gekleidet wie eine Herzogin«, das treffe auf Mildred genau zu, und sie hatte recht. Alles, was Mildred sagte und tat, belustigte Onkel Lenny, selbst wenn sie ihm die Ingwerplätzchen verweigerte!

Er amüsierte sich aber auch über sich selbst und erzählte uns oft nette Geschichten, in denen er nicht gerade gut wegkam. Einmal, als Vorsitzender eines wichtigen Komitees, wurde er aus tiefer Versunkenheit von einer Stimme aufgeschreckt, die fragte: »Finden Sie das beruhigend, Major Darwin?« Da erst bemerkte er, daß er schon eine ganze Weile mit seiner Nase langsam und rhythmisch über das große Blatt rosa Löschpapier fuhr, das vor ihm lag. Ganz so selbstvergessen wie Onkel William war er wohl nicht, sonst hätte er diese Anekdote kaum erzählt.

Manchmal, wenn wir in seinem einsamen Garten in Cripp's Corner mit ihm spazierengingen, sah er sich sorgfältig nach allen Seiten um, und wenn niemand in Sicht war (im Umkreis von vier Meilen war dort nie jemand in Sicht), berichtete er uns mit gedämpfter Stimme von einem Verwandten, der schon über sechzig Jahre tot war und der hin und wieder *getrunken* hatte. Oder er erzählte uns eine von seinen drei berühmten unanständigen Geschichten. Ich mochte am liebsten die von der Dame, welche sich an einem Sonntagmorgen versehentlich im Klosett eingesperrt hatte. Ihr Bruder, ein Geistlicher, setzte sich mit einem Stuhl außen vor die Tür und las ihr den Morgengottesdienst vor. Die anderen beiden unanständigen Geschichten waren eher noch harmloser als diese – zuweilen war es wirklich schwer, sich Onkel Lenny in der Armee vorzustellen.

In allem, was ihn selbst betraf, war er außerordentlich bescheiden und selbstkritisch. Mehrmals sagte er zu mir: »Ich erinnere mich an noch alle törichten und schlimmen Dinge, die ich getan habe, an jedes Mal, wo ich unfreundlich und taktlos war oder mich lächerlich gemacht habe, an jeden einzelnen Anlaß. Ich wünschte, es wäre nicht so, noch heute macht mich das unglücklich. Ich wünschte, ich könnte an die guten Gelegenheiten denken, wenn es denn welche gegeben hat.«

Da gab es eine besonders schmerzliche Episode, von der ich die Einzelheiten nicht mehr weiß: Er war von jemandem um Rat gefragt worden und hatte ihn gegeben. Und seit nunmehr vierzig Jahren verfolgte ihn der Gedanke, es könnte der falsche Rat gewesen sein.

Mit rührender Zufriedenheit jedoch erinnerte er sich daran, wie einmal ein Mann, kein naher Freund, zu ihm kam und ihm mit großer Verzweiflung erzählte, seine Frau habe ihn verlassen, und was er jetzt machen solle? Onkel Lenny hatte seine Zweifel, fragte aber schließlich: »Wissen Sie, wo Ihre Frau sich aufhält?« »Ja, ich weiß, wo sie ist.« »Dann meine ich, Sie sollten zu ihr gehen und versuchen, sie zur Rückkehr zu bewegen.« Der Rat wurde befolgt, und das Paar lebte fortan glücklich und in Frieden zusammen. Jahre später bedankte sich der Mann bei Onkel Lenny für seine gute Beratung. Dabei kommt mir eben noch eine andere Strophe aus Bernards Gedicht in den Sinn. Onkel Lenny sei:

> Freundlich, bescheiden, klug und weise,
> so daß ein jeder ihm vertraut.
> Sein Rat war stets diskret und leise,
> doch niemals je auf Sand gebaut.

Von Onkel Horace weiß man – und das macht ihn schon überaus liebenswert –, daß er nur mit größter Mühe genügend Rechtschreibung lernte, um das Vorexamen für die Universität Cambridge ablegen zu können. Auch mein Großvater hatte übrigens Schwierigkeiten mit der Orthographie. Überall im *Beagle Journal*, dem Tagebuch seiner großen Forschungsreise, schrieb er breit *breid* und Jolle *Joelle* – eine sympathische Schwäche. Wir Kinder wußten, daß Onkel Horace und Mr. Dew Smith eine Art Firma gegründet hatten, genannt »Die Werkstatt«, wo sie Uhren und Apparate und anderes herstellten. Dort, so hofften wir, spielte fehlerhafte Rechtschreibung keine wesentliche Rolle. Heute heißt dieses Unternehmen »The Cambridge Scientific Instrument Company« und hat sich einen gewissen Ruf erworben. Damals war es jedoch sehr klein, eben »Die Werkstatt«, die mein Vater für ein recht zweifelhaftes kommerzielles Unterfangen hielt. Jahre später bekannte Onkel Lenny: »Von all meinen Brüdern war Horace derjenige, dem ich am wenigsten Erfolg im Leben zutraute«, doch allem zum Trotz wurde er ein sehr erfolgreicher Techniker für wissenschaftliche Geräte und Instrumente. In der Anfangszeit allerdings meinten alle: »Sicher kennt sich Horace fabelhaft mit Maschinen aus. Aber kann er so eine Firma wirklich in Gang bringen? Außerdem, seine schlechte Gesundheit...« Onkel Horace und mein Vater waren nämlich die beiden Brüder, die wirklich nicht gesund waren. Onkel Horace, als Junge zart und zurückgeblieben, war das jüngste überlebende Kind der Familie. Zweifellos hatte ihn meine Großmutter verwöhnt, und seine Brüder, die ihn sehr liebten, hatten wohl auch ihren Teil dazu beigetragen. Dennoch war er viel zu anhänglich und selbstlos, um richtig verdorben zu werden. Als Erwachsener konnte er zwar arbeiten und arbeitete sogar sehr hart, doch er hatte zeitlebens etwas von einem Invaliden an sich, und die alte selige Anhänglichkeit an seine Mutter legte er nie ganz ab. Bei Krankheiten beschäftigte er sich nicht, wie mein Vater und Tante Etty, mit den Symptomen seines Leidens, genoß aber die besondere Zuwendung, die er in solchen Zeiten erhielt. Hier ein paar Zeilen aus einem Brief von Grandmamma, geschrieben 1889 nach einem Besuch bei Horace, der sich gerade von einer Krankheit erholte: »Ich bin bei dem lieben alten Mann gewesen – er sieht so süß und hübsch aus mit seiner blassen reinen Haut, Haar und Bart so dunkel... seine armen Hände sind ganz durchsichtig.« Bei diesem Satz sehe ich sie leibhaftig vor mir. »Seine armen Hände...« (seine Hände waren völlig normal) – dieser Ausdruck ist irgendwie charakteristisch für ihre geradezu gefährliche Anteilnahme an Krankheiten. Nach Jahren des Kränkelns wurde er 1893 schließlich von Sir Frederick Treves erfolgreich wegen »Typhlitis« (so nannte man damals Blinddarmentzündung) operiert – eine der ersten Operationen dieser Art, die noch als äußerst riskant galt. Kurz danach, im Jahr des Krönungsjubiläums, wurde Horace Bürgermeister von Cambridge, ausgestattet mit einem pelzverbrämten Mantel und einer Goldkette. Demnach mußte sich mit seiner Gesundheit auch seine Rechtschreibung gebessert haben. Wir Kinder fanden es großartig, daß er Bürgermeister wurde. Gleichzeitig hatten wir das Gefühl, es sei besonders gütig und leutselig von ihm, sich so mit der Stadt auf gleich und gleich zu stellen. Zwischen Stadt und Universität gab es nämlich damals wenig Verbindung, und Onkel Horace gab sich viel Mühe, sie einander näherzubringen.

Wirklichen Ruhm brachte ihm aber ein kleines Experiment ein, mit dem er uns immer wieder erheiterte: Er nahm eine Dose Sirup, stieg im Speisezimmer auf einen Stuhl und demonstrierte, wie Sirup stets in einer vollkommen geraden

Linie vom Löffel in seiner erhobenen Hand auf eine Untertasse auf dem Fußboden floß. Die Ausnahmen, welche die Richtigkeit der Gravitationsgesetze bestätigten, wurden mit der Zeit und zum Schaden des Teppichs immer häufiger. Schließlich bestand Tante Ida darauf, daß er seine Vorstellung künftig auf der Veranda gab. Die Experimente zeigten von da an nur noch die Wirkung des Windes auf fließenden Sirup.

Mit den klassischen und literarischen Seiten seiner Bildung hatte Onkel Horace nicht viel anfangen können. Er verfügte aber über eine gewisse Unmittelbarkeit der Auffassung, sozusagen einen taktvollen Zugriff, der recht liebenswert war. Als er vierundzwanzig war, schrieb Tante Etty über ihn: »Mehr als je bin ich verliebt in Jemmy (Horace). Ich finde, er hat so ein charmantes Wesen, so eigenständig und unberührt von der Welt. Und sein Mangel an Kultur gibt ihm eine gewisse Originalität, die erfrischend ist.« Das waren auch meine Empfindungen, doch die Ausschließlichkeit, mit der er sich seinen geliebten Apparaten widmete, die so gar nicht mein Fall waren, stand stets zwischen uns. Obwohl ich mit Freude die Zuneigung auf seinem Gesicht sah und die zarten Bewegungen seiner schönen Hände, wenn er sie berührte.

Ich kannte Onkel Horace auch deshalb nicht so gut wie die anderen Onkel, weil er und seine Familie die Ferien oft in Tante Idas Haus in Abinger verbrachten und er nicht mit uns nach Down kam. (Wie Tante Ettys Janet in ihrem nördlichen Dialekt zu sagen pflegte: »Mr. Rorace und Mrs. Sidar sind in Tabinger Hall.«)

Vor allem aber lernte ich ihn deshalb nicht so recht kennen, weil er – warmherzig, zartbesaitet und sympathisch – auch dazu neigte, hinter Tante Idas unbestrittener Vornehmheit einfach zu verschwinden. Sie war die Tochter von Lord Farrer, der ein entfernter Verwandter unserer Familie war. In ihrer Jugend muß sie unendlich reizvoll gewesen sein, mit ihren schmalen Schultern und ihrer leuchtenden viktorianischen Vollkommenheit. Zuerst warb Onkel Lenny um sie, aber als sie dann Onkel Horace das Jawort gab, war ihre Familie durchaus nicht einverstanden, oder doch zumindest der Teil der Familie nicht, der mit uns verwandt war! Onkel Horace, argumentierten sie, sei nicht gesund, habe keinen richtigen Beruf oder die Möglichkeit, ausreichend zu verdienen, und sei nicht kultiviert genug. Überhaupt sei keiner dieser jungen Darwins auch nur im entfernten gut genug für Ida. Es gab schreckliche Aufregung, und jeder hielt sich an den Rat, den vor fünfzig Jahren einmal ein Familienpoet bei ähnlicher Gelegenheit gegeben hatte:

Briefe schreiben, Briefe schreiben.
Jeder soll dem anderen raten.
Vater, Mutter, Schwestern, Brüder
fordern auf zu großen Taten.

Aber natürlich hielten die jungen Leute gegen die zankenden Tanten zusammen. Interessant ist dabei, wie wenig Ansehen unsere hochgeachteten Onkel damals genossen.

So heirateten sie denn und bauten »The Orchard« und hatten drei Kinder: Erasmus, vier Jahre älter als ich, der in der Schlacht bei Ypern 1915 gefallen ist; Ruth, zwei Jahre vor mir geboren und heute Mrs. Rees Thomas, und Nora, in meinem Alter, verheiratet mit Alan Barlow.

Als ich klein war, kannte ich Tante Ida nicht sehr gut, aber später kam ich ihr näher und war ihr sehr zugetan. Ihre Feinheit und Sensibilität schätzte ich sehr hoch. Als Kind freilich hatte ich nur eine verschwommene Vorstellung von diesen Eigenschaften, denn wir Kinder hatten alle ein bißchen Angst vor ihr. In ihrer Gegenwart fühlten wir uns rüde und ungehobelt, und es schien unmöglich, ihren Ansprüchen zu genügen. Nie übte sie Kritik, sie war immer freundlich, vermittelte uns aber das Gefühl, daß mit unseren Beinen und unseren Hüten und unseren Manieren etwas nicht stimmte (was unbedingt zutraf, besonders auf unsere Manieren). Noch schlimmer, es wurde uns nicht klar, was nicht stimmte und was wir dagegen unternehmen könnten.

In »The Orchard« lag stets etwas in der Luft, über das besser nicht gesprochen wurde – warum und weshalb, das ahnten wir nicht. Alles schien von Geheimnissen umwoben. Ich glaube jedoch, daß es gar keine Geheimnisse gab. Tante Ida sagte: »Es tut mir leid, daß die Kinder am Dienstag nicht zum Tee kommen können«, und wir bildeten uns ein, es müsse einen wichtigen und verschwiegenen Grund dafür geben. Kurz darauf fanden wir zufällig heraus, daß sie nur zum Zahnarzt oder zu sonst einer alltäglichen Verabredung gemußt hatten. Fast schaudernd erinnere ich mich auch an Tante Idas Ankündigung, ein besonders geliebtes Kindermädchen müsse leider gehen. Was hatte sie getan? Was um Himmels willen hatte sie angestellt, daß Tante Ida mit *dieser* Stimme sagte: »Rose verläßt uns.« Ich glaube, sie ging, weil sie heiraten wollte.

Klatschlustig behaupteten Frances und ich, auch Ruth und Nora umgäben sich gern mit Geheimnissen. Sie sagten: »Ich besuche jemanden«, wo wir nur gesagt hätten: »Ich besuche Miß Greene«, oder sie raunten: »Ich habe heute etwas zu tun«, was bei uns einfach hieß: »Ich muß einen französischen Aufsatz schreiben.« Die seltsam mysteriöse Atmosphäre in »The Orchard« kam, so sehe ich es heute, vermutlich aus Tante Idas dringendem Wunsch, ihr Privatleben zu hüten, und auch durch ihre übersensiblen Reaktionen auf das Leben. Sie sah die Welt mit sehr offenen Augen, was manchmal mehr war, als sie ertragen konnte. Es gibt nun mal viel Brutales und Erschreckendes auf dieser Welt, doch die meisten von uns sind robust genug zu denken: »Nun ja, so ist es eben, man kann nichts dagegen tun, warum sich also Sorgen machen?« Dazu war Tante Ida aber nicht imstande. Niemals ließ sie zu, daß ihr Blick sich trübte und vernebelte wie bei den meisten Menschen. Nur waren bestimmte Dinge einfach zu schlimm für sie – sie konnte sie nicht ansehen oder darüber sprechen.

Hatte man jedoch einmal diesen Schutzwall durchbrochen, so wurde man als Freundin fürs Leben angenommen. Mit ihr zu reden, war stets ein Genuß und eine Anregung. Sie hatte so viel Verständnis, war so zartfühlend und sensibel. Doch ihre Künstlernatur trieb sie immer dazu, in allem Vollkommenheit anzustreben, und deshalb war sie nie zufrieden. Manieren und Moral, Aufstehen und Sichhinlegen, Noras Gartenhut garnieren oder ein Huhn braten – alles mußte auf seine Weise perfekt ausgeführt werden. Das macht das Leben oft schwer – ein wenig Nachlässigkeit kann durchaus bequem sein. Befriedigung gewann sie jedoch durch den Zauber ihres Hauses, durch all die wunderschönen Dinge, die sie dort zusammengetragen hatte, und die nur dorthin gehörten. Und durch ihren Garten, den geheimen Dichtergarten, wo den ganzen Tag die Amseln in den bemoosten Apfelbäumen sangen und jede Blume eine neue Entdeckung war. Dort schuf sie sich ein Abbild vom Paradies, wie es nur ihr allein gelingen konnte.

Eigentümlich, wie verschieden die Einrichtungen dieser fünf Häuser waren. Man mußte nur die Nase durch die Haustür stecken, und schon roch man den Unterschied. Onkel Williams Haus: korrekt, scheußlich, im besten spätviktorianischen Stil, lediglich seine Bücher und sein Schreibtisch spiegelten etwas von seiner Persönlichkeit; unser Haus: unordentlich, wenig vornehm (ich fürchte, bei der Auswahl eines Teils der Möbel hatte der böse Zwang zur Sparsamkeit seine Hand im Spiel), doch irgendwie freundlich und gemütlich; das Haus von Onkel Frank: charmant, solide, schlicht und heiter, alles seinem instinktiven Geschmack entsprechend. Onkel Lennys Haus war eine seltsame Mischung aus den weit auseinanderstrebenden Auffassungen seiner beiden Frauen, aber immer dort attraktiv, wo Mildreds Einfluß spürbar war. Das Haus von Onkel Horace – eher Tante Idas Haus – war fast zu vollgestellt mit erlesenen Einzelstücken, aber herrlich, nicht überladen und bis in den kleinsten Winkel anheimelnd, vollendet und exquisit.

Als ich noch einmal durchlas, was ich über die fünf Brüder geschrieben hatte, überkam mich das Gefühl, ich hätte sie zu gut, zu nett, zu treuherzig geschildert und es könnte so aussehen, als wäre ich nicht ganz bei der Wahrheit geblieben. Und doch ist alles wahr, denn genau diese freundlichen Eigenschaften waren ja auch ihre Fehler und Mängel. Ich war immer der Meinung, sie brauchten Schutz und Zuwendung, weil sie mir nie ganz erwachsen vorkamen. Diese Einstellung verdankte ich zweifellos zum Teil meiner jugendlichen Überheblichkeit, und meine Kinder haben vielleicht heute mir gegenüber ähnliche Empfindungen. Und doch, wenn ich meine Onkel neben einigen ihrer Freunde sehe, so zeigen sie einen ganz außergewöhnlichen, irgendwie unschuldigen Mangel an Phantasie. Sie waren völlig außerstande, sich in die Gedanken von Armen, Bösen oder Frommen einzufühlen.

Mein Großvater hat einmal gesagt: »Ich habe fünf Söhne, und ich habe mir nie Sorgen um einen von ihnen machen müssen, außer um ihre Gesundheit.« Nun ja, das stimmte wohl nicht ganz. Eigentlich muß man sich um junge Leute immer Sorgen machen, denn sie gehen ja neue Wege und nehmen Wagnisse auf sich. Doch mein Großvater war so duldsam gegenüber ihren verschiedenen Eigenheiten, so großzügig und weitherzig, daß keiner von ihnen das Bedürfnis hatte, sich von ihm zu lösen. So verbrachten sie ihr ganzes Leben in seinem Schatten, vor dem Hintergrund der denkbar glücklichsten Kindheit. Gewiß, ihre Welt, die uns heute so statisch und selbstzufrieden erscheint, war für sie damals schon ereignisreich genug. Und sicher haben sie nach besten Kräften ihre Arbeit darin getan, und es fehlte auch nicht an persönlichen Schwierigkeiten. Trotzdem, der Grund für alle meine Einwände liegt vermutlich darin, daß ihre Leben in relativ glatten Bahnen verlief, mehr aber noch in der Geradlinigkeit und Einfachheit ihrer Wesensart. Ich weiß jedenfalls, daß ich immer das Gefühl hatte, älter zu sein als sie. Nicht annähernd so gut, so tapfer, so freundlich oder klug. Nur eben älter.

11

Religion

Das erste religiöse Erlebnis in meiner Erinnerung spielte sich unter dem Kinderzimmertisch ab: Ich kniete dort und betete darum, daß die Tanzlehrerin sterben möge, bevor wir zur Tanzstunde mußten. Ungefähr die Hälfte der lästigen Vorbereitungen für die Tanzschule hatte ich hinter mir: Ich war bis auf die Unterwäsche frisch angezogen worden, zuvor gewaschen und geschrubbt, sogar den gemütlichen Dreck unter meinen Fingernägeln hatte man entfernt. Margaret saß am Tisch, und Nana drehte ihr Haar mit Hilfe ihrer Finger und einer feuchten Bürste zu langen Schillerlokken. Wir fanden die Locken abgrundhäßlich, doch Nana bewunderte sie, und da wir Nana so lieb hatten, taten wir eben alles, was sie wollte. Margaret ertrug es also, so tapfer sie konnte und gab nur ein leises Knurren von sich, wenn ein Tropfen kalten Wassers auf ihren nackten Hals fiel. Charles wusch seine Hände gründlich ohne Seife, auf seinem runden Gesicht den üblichen Ausdruck philosophischer Gelassenheit. Ich glaube, er wusch sie manchmal auch ohne Wasser – die glatte und dauerhafte Graufarbe seiner Finger ist mir nur allzugut in Erinnerung.

Wie gesagt, ich war etwa zur Hälfte angezogen, genauer, ich hatte meinen weißen Flanellunterrock an, da verschwand ich unter dem Tisch in einer Art religiöser Versenkung und nahm eine Haltung ein, die ich mir von Sir Joshua Reynolds Gemälde *Der Knabe Samuel beim Gebet* abgeguckt hatte und die mir für göttliche Transaktionen korrekt erschien. Wir kannten den Knaben Samuel sehr gut aus dem Bilderkartenspiel der National Gallery, das wir oft spielten.

Ich hegte nicht etwa besonderen Groll gegen diese spezielle Tanzlehrerin, die, glaube ich, Miß Ratcliffe hieß. Natürlich waren alle Tanzlehrerinnen affektierte Weibsbilder. Hamlets Worte, die ich erst lange danach las, paßten genau auf sie: »Ihr trippelt und ihr lispelt und gebt Gottes Kreaturen verhunzte Namen und stellt euch aus Leichtfertigkeit unwissend.« Das hätte mich freilich nicht weiter gestört, solange sie nur für sich allein trippelten und lispelten und mich in Frieden ließen. Doch so war es nun einmal, wir mußten hin, und mir fiel keine andere Waffe zur Selbstverteidigung ein als zu beten. Nicht, daß ich fest daran geglaubt hätte, aber es war doch einen Versuch wert.

Leider hatten meine Gebete keinen Erfolg. Alle, zumindest meine, Gebete blieben wirkungslos. Wenn ich mich recht besinne, hatte keine der Tanzlehrerinnen, unter denen ich leiden mußte, in der Zeit, die ich ihnen ausgeliefert war, auch nur einen gewöhnlichen Schnupfen. Sie waren immer präsent, diese Geißeln des Menschengeschlechts. Und nichts von dem ganzen erniedrigenden Ritual blieb uns erspart, vom Aufmarsch mit seiner eleganten Verbeugung vor Miß Ratcliffe bis zum bitteren Ende der Walzer und Quadrillen.

Ich habe oft darüber nachgedacht, wie ich wohl reagiert hätte, wäre die Tanzlehrerin tatsächlich in dem Augenblick, da ich den Saal betrat, tot umgefallen. Wahrscheinlich hätte ich mich doch schuldig gefühlt. Aber schließlich wäre es ja Gottes Werk gewesen, nicht meins. Doch wenn er auf meine Bitte hin so etwas bewirkt hätte, wäre mein Respekt vor ihm auf immer und ewig dahin gewesen.

Nach meiner Auffassung war Gottes einzige wirkliche Tugend Gerechtigkeit, so daß das Gebet an sich mir als ein unmoralisches Ansinnen erschien, vielleicht so, als versuche man, einen Richter zu bestechen. Gebete dachte ich mir ungefähr so: »Bitte, lieber Gott, wenn du machst, daß es zum

Mittagessen Schokoladenpudding gibt, will ich heute den ganzen Tag brav sein.« Man erklärt mir heutzutage, dies sei nicht die richtige Auffassung vom Beten, aber damals war es die meinige. Wäre es jedoch gerecht gewesen, wenn Gott der Köchin plötzlich eingegeben hätte, Schokoladenpudding zu kochen statt des Marmeladenpuddings, den ich verabscheute, den andere aber sehr gern mochten? Nein, es wäre extrem ungerecht gewesen. Tatsächlich ein schäbiger Handel, den ich da zu meinen Gunsten versucht hätte, in die Wege zu leiten. Und wäre Gott auf meine Bedingungen eingegangen – wie unfair von ihm! Kurz und gut, er hat es ja auch nie getan. Gott tat einfach nicht das, was ich von ihm erbat. Deswegen hielt ich ihn im großen und ganzen für unkorrumpierbar, und es war mir recht so. Blieb allerdings noch die Möglichkeit, Beten als Magie anzuwenden. Aber das war ein ganz schlechter Einfall, der Zauber wirkte nicht. Danach war Beten für mich gleichbedeutend mit aufgegebener Hoffnung – wenn ich trotzdem noch betete, dann nur in letzter wilder Verzweiflung und als erster Schritt zu der Einsicht, daß ich doch nicht bekam, was ich wollte. Gott hatte für mich ein glattes ovales Gesicht, keine Haare und keinen Bart und keine Ohren. Er stammte nicht, wie die meisten Götter, vom Weihnachtsmann ab, sondern vom Firmenschild der Sun-Versicherung. Noch heute empfinde ich beim Anblick dieses haar- und ohrenlosen eiförmigen Gesichts, das ich einmal gezeichnet habe, eine Art ehrfürchtiges Erschauern in der Magengegend. So saß er dort oben im nächtlichen Firmament, mit der einen Hand Gutes, mit der anderen Schlechtes verteilend, was sich bei mir immer mit dem Spruch verband: Die Rechte weiß nicht, was die Linke tut. Wahrscheinlich hielt sich die Menge des Guten und des Schlechten die Waage, und beides wurde einigermaßen gerecht verteilt. Zumindest bin ich gewillt, Gott in dieser Hinsicht nicht anzuzweifeln – obwohl es doch so aussah, als ob das Schlechte nur zu oft den Guten zufiele und umgekehrt. Seit meiner frühen Kindheit war ich davon überzeugt, daß es sich nicht lohnte, gut zu sein. Vielleicht war es etwas, das man um seiner selbst willen sein wollte, vielleicht auch nicht. Und der Bibelvers über die Bösen, die gedeihen wie der grünende Lorbeerbusch, war einer der wenigen Texte, die mir auf der Stelle einleuchteten. Gott war nicht gütig und freundlich, bestenfalls war er gleichgültig. Und die Welt ist schön, aber gänzlich ohne Mitleid.

Und doch, im allertiefsten Inneren muß ich mir trotzdem gewünscht haben, an Gottes Gerechtigkeit zu glauben. Denn während des Kriegs bemerkte ich plötzlich verwundert, wie ich mich halb unbewußt mit dem Gedanken tröstete, Hitler und seine Bande würden nach dem Tod kriegen, was sie verdienten, und die unschuldigen Menschen, die sie gequält hatten, würden im Jenseits mit Preisen überhäuft werden. Demnach glaubte ich also damals immer noch halb und halb an ein ganz primitives Schema von Himmel und Hölle. Wie schwer es ist, in sich selbst die Rückstände kindlichen Aberglaubens bewußt wahrzunehmen!

Beten war nicht die einzige Vorstellung der Erwachsenen, die mir in sich selbst falsch erschien. Sie verfügten auch über eine komplette Wertskala für Tugend und Schlechtigkeit, die ich System A nennen werde und die mit meinen ureigensten Wertbegriffen nur teilweise übereinstimmte, die ich als System B bezeichne. Ziemlich verwirrt versuchte ich ständig, die beiden Systeme in Gleichklang zu bringen. In der Ablehnung von Unehrlichkeit, Grausamkeit und Feigheit lagen sie auf gleicher Ebene, aber sonst hatten sie wenig gemeinsam. Und es gab auch Meinungsunterschiede in bezug auf die Definition von Unehrlichkeit und Feigheit. War ich zum Beispiel gezwungen, ein bißchen Zucker zu klauen, so war nach meiner Ansicht die Ehrlichkeit dadurch wiederhergestellt, daß ich den Kopf durch die Salontür steckte und rief: »Ich habe in der Anrichte drei Stück Zucker genommen« und dann weglief. Mein Gewissen war auf diese Weise vollkommen beruhigt und hielt mich nicht davon ab, das Ganze noch einmal zu tun. Hier handelte es sich offensichtlich um das Prinzip der Beichte. Es hätte mir sehr viel ausgemacht, mich unehrlich zu fühlen. Dagegen, wenn ich wegen Ungehorsams ausgeschimpft wurde, machte mir das gar nichts. Gehorsam, der in System A eine wichtige Rolle spielte, existierte in System B überhaupt nicht.

Alle Arten von Bravsein in beiden Systemen wurden allein schon dadurch kompliziert, daß sie etwas bezeichneten, was man eigentlich nicht wollte. Tat man etwas gern, so war es schon kein Bravsein mehr. Wenn man also nett zu einer Person war, die man gern hatte, zählte das nicht, weil man es ja wollte. Und nett zu sein zu einer Person, die man nicht mochte (wie die arme alte Betsy in Down) – das hatte auch keinen Sinn. Weil – so dachte ich damals – die Betreffende genau wußte, man konnte sie nicht leiden, und sich deshalb auch nichts daraus machte, wenn man nett zu ihr war. Nettsein war also überhaupt sinnlos. Nicht, daß andere Bemühungen um Bravsein erfolgreicher gewesen wären. Ich war jedenfalls, nachdem ich brav gewesen war, nie besonders froh. Ich muß schon unnormal gewesen sein, denn der berühmte Abglanz der Tugend wollte sich bei mir nie einstellen. Nach einer guten Tat wider Willen fühlte ich mich einfach niederträchtig, heuchlerisch und liebedienerisch. So machte mir gutes Benehmen nur ein schlechtes Gewissen, das mich oft mehr bedrückte als absichtlich schlechtes Benehmen, und fast so sehr wie zufällige Übeltaten.

Das Verwirrendste an all dem war ja, das man sich am schuldigsten fühlte, wenn man ungewollt etwas Schlechtes tat. Nach System A war das natürlich ganz falsch. Die Erwachsenen behaupteten, nur das, was mit Absicht geschehe, sei wirklich schlimm. Das war – und ist – jedoch nicht richtig. Es tut einem wirklich nicht leid, wenn man mit voller Absicht böse gewesen ist. War man zum Beispiel zu Miß X., einer Gouvernante, die man mit Recht verachtete, ungehorsam oder ungezogen gewesen, so war man hinterher richtig stolz darauf. Oder wenn man, ohne um Erlaubnis zu fragen, zum Paddeln gegangen war, dann hatte man wenigstens seinen Spaß gehabt, den einem keiner nehmen konnte.

Hatte man sich jedoch aus Ungeschicklichkeit schlecht benommen zu jemandem, den man liebte – Ah! dann wünschte man, man wäre tot. Die Episode von Tante Bessy und Margarets Imitation von Miß S. war ein solcher Fall. Wir wollten Tante Bessy nur aufheitern und amüsieren, und als sie dann gekränkt war, kam tiefe Reue über uns. Als Nana krank im Hospital lag und meine Mutter mich zu einem Besuch bei ihr mitnehmen wollte, weigerte ich mich, ahnungslos wie ich war. Ich konnte es nicht ertragen, sie krank und verändert und unter Fremden zu sehen. Was sollte ich dort in der Öffentlichkeit zu ihr sagen? Wir konnten uns nur aus der Ferne anschauen, was also sollte ich da? Hätte ich nur glauben können, daß sie sich über meinen Besuch freute, ich wäre bereitwillig mitgegangen, aber das kam mir gar nicht in den Sinn. Das sind solche Fehler, die man später bereut, eben weil man sie unabsichtlich begangen hat.

Mein eigener Code, System B, stellte diese merkwürdige Tatsache in Rechnung, doch System A der Erwachsenen war dafür zu unrealistisch. Aber wenn sie ehrlich genug wären, würden selbst alte Leute zugeben, daß sie nach einem Wutanfall oder einer mit Vorbedacht nicht eingehaltenen Verabredung überhaupt kein schlechtes Gewissen hatten. Geschähe das alles aber zufällig, so fühlten sie sich schuldig. Ist es nicht echte Zerknirschung, die man stechend in der Brust fühlt, wenn man entdeckt, daß man seine Rückfahrkarte weggeworfen oder seinen Hausschlüssel verloren hat, nur aus purer Achtlosigkeit?

Jedenfalls, ob Zufall oder Absicht, Gut oder Böse, System A oder System B – unaufhörlich schleppte ich an einer pfundschweren Gewissenslast, falls man schlechtes Gewissen in Pfunden messen kann. Schuldgefühl war für mich ein Dauerzustand wie Rheumatismus. Man konnte nur lernen, nicht darauf zu achten oder es zu ertragen, so gut es ging. Was Gewissen angeht, so gebe ich Huckleberry Finn das letzte Wort, und ich war genauso verfolgt davon wie der arme Huck:

»Spielt gar keine Rolle, ob man was falsch oder richtig macht, das Gewissen hat nun mal kein Einsehen, ist immer hinter einem her. Hätt' ich einen Hund, der's nicht besser wüßte als das Gewissen – ich tät' ihn erschlagen. Es nimmt mehr Platz ein als alles andere, und ist doch zu nichts gut.«

Das ist die ganze schreckliche Wahrheit.

Auch in einer anderen Sache waren die Erwachsenen weit von Ehrlichkeit entfernt. Dabei ging es um eine dritte Wertskala: System C oder DAMEN und HERREN. Wie sich ein Gentleman verhält, das wurde uns mit großer Sorgfalt und viel Nachdruck eingebläut: »Gentlemen lügen nicht! Damen bohren nicht in der Nase! Gentlemen fahren im Bus nie ohne Fahrschein! Damen sind stets freundlich zum Personal! Gentlemen zeigen niemals Furcht! Keine Dame würde einen solchen Hut tragen! Gentlemen sind immer großzügig mit Geld und verprügeln keine Schwächeren, auch lesen sie nie anderer Leute Briefe!« usw., usw. Eine Mischung aus Moral und Manieren, an die man sich, wie ich fand, im wirklichen und praktischen Leben viel besser halten konnte als an Gut und Böse in System A. Das alles war deutlich und leicht zu verstehen, eben nicht so heiligmäßig und von Frömmelei durchtränkt. So daß es, was auch immer geschah, keinerlei schlechtes Gewissen erzeugte. Es war ganz anders als die Systeme A und B. Hatte man gegen System C verstoßen, ob durch Zufall oder mit Absicht, so tat es einem in beiden Fällen gleich leid, und in keinem Fall lud man sich damit eine drückende Gewissenslast auf. Das ist Tatsache, wenngleich ich es nicht beweisen kann.

Sicherlich hatte System C auch seine törichten Seiten: wenn zum Beispiel ein Riesenaufstand gemacht wurde, nur weil man in Gegenwart von Mrs. B. das Zimmer verlassen hatte; oder wenn Schuljungen (nicht meine Brüder) so wichtig über unmanierliche Kerle redeten und darüber, was ein Gentleman auf keinen Fall tun durfte. In unserer Familie freilich kam der schlimmste Snobismus von System C nie richtig zum Ausdruck, deshalb hielt ich es, wegen seiner Betonung von Gelassenheit und Ehrgefühl und vor allem wegen seiner Distanz zu Geldangelegenheiten für richtig, sogar für gut. »Er ist arm, aber ein echter Gentleman.« »Natürlich kann man auf diese Weise viel Geld verdienen, aber so was tut man eben nicht.«

Was ich mit Unaufrichtigkeit der Erwachsenen meine: Sie wollten nicht zugeben, daß Code C genauso wichtig war wie Code A. An ersteren glaubten sie fest, viel leidenschaftlicher als an Code A (obwohl sie das nicht wußten). Sie sprachen nicht offen darüber und ließen auch nicht zu, daß andere davon sprachen. Das lag einerseits daran, daß man damals schon anfing, das Gentleman-Ideal für snobistisch und undemokratisch zu halten. Andererseits war System C ihnen aber so teuer, daß sie gar nicht darüber sprechen mochten. Sagte man, jemand sei »eigentlich kein Gentleman«, so wurde man zurechtgewiesen, weil es eine vulgäre Ausdrucksweise war, aber denken durfte man zweifellos so. Sie selbst hatten uns ja dieses Denken in aller Ausführlichkeit beigebracht. Ich dagegen will versuchen, mutiger und realistischer zu sein als sie. Und so behaupte ich, trotz der gegenwärtig vorherrschenden einhelligen Meinung und im vollen Bewußtsein, für einen Snob gehalten zu werden, geradeheraus: System C war als Ganzes gesehen ein brauchbarer Verhaltenscode, und ein echter Gentleman zu sein, war eine gute Sache.

Natürlich waren die Verhaltensregeln nicht perfekt. Eine Regel, nach der man recht gut leben kann, hat ihre Vor- und Nachteile, anders als System A, das sich rühmte, nach dem Unmöglichen zu streben. Doch in System C, falls man es richtig praktizierte, war viel von den christlichen Idealen aus System A enthalten. Aus C mit einem kleinen Zusatz von A setzten sich die fundamentalen Richtlinien zusammen, an die sich die besten Menschen hielten, die ich als Kind gekannt hatte. Mein eigener Code war übrigens B mit einer kleinen Beimischung von C.

Die schlimmsten meiner Untaten waren Wutanfälle. Manchmal geriet ich in wirklich furchterregende Zustände glühenden hilflosen Zorns, wenn man mich zwang, etwa zum Tanzunterricht zu gehen oder auch zu Partys oder in die Kirche. Oder wenn ich im Sommer Strümpfe tragen mußte oder (als junges Mädchen) ein Korsett oder irgendwelche Kleider, die zu schick, zu eng oder zu warm waren, egal, wie schäbig sie auch aussahen. Oder wenn ich Gemüse essen, nähen lernen oder zur Bibelstunde gehen mußte. Heute allerdings weiß ich, daß einiges davon ratsam, wenn nicht sogar notwendig war. Sicher hat man auch versucht, mir das verständlich zu machen, doch ohne jeden Erfolg: Ich hielt es für absolut unsinnig und unfair. Die Wutausbrüche erschöpften und ängstigten mich, und ich wußte, daß ich, gemessen am Erwachsenensystem A, unrecht hatte. Selbst nach meinem eigenen System B war es ja eine sinn- und hoffnungslose Verausgabung. Charles hielt mir vor, wie dumm ich sei. Natürlich waren die Erwachsenen im Unrecht, aber es lohnte sich doch nicht, sich derart über etwas aufzuregen, das man doch nicht ändern konnte. Ich für mein Teil hatte aber die ganze Zeit das Gefühl, nichts Schlimmeres getan zu haben als das böse Tier im Gedicht:

Dies Tier, es kann nur böse sein,
greift man es an, so schlägt es drein.

Doch zurück zu den Gebeten. Ich weiß noch, wie meine Mutter mir erzählte, die grausamen Türken brächten die armen Armenier um, und der Erzbischof von Canterbury oder Mr. Gladstone – oder vielleicht beide – sagten, wir müßten alle für sie beten, daran solle auch ich bei meinem Gebet denken. Ich dachte: »Das wird ihnen nicht viel nützen«, und: »Das können die da leicht sagen«, und hatte durchaus nicht die Absicht, so etwas Blödes zu tun. Das muß im Sommer 1894 gewesen sein, kurz bevor Billy geboren wurde.

Bald darauf – wir waren beide zwischen neun und zehn Jahre alt – nahm Frances mich mit zu einem geheimen Versteck unter der Holzbrücke auf der kleinen Insel und erzählte mir im Vertrauen, es sei heute keineswegs mehr gang und gäbe, ans Christentum zu glauben. Es sei einfach nicht mehr Mode. Sofort überkam mich das Gefühl, so etwas schon immer geahnt zu haben, ich hatte es nur nicht ausdrücken können. Ich bewunderte Frances überschwenglich. Sie schien so ganz in einer modernen aufgeklärten Welt zu leben, wo Kunst und Literatur ernst genommen wurden. Ihre Mutter hatte kurzes Haar und rauchte sogar *Zigaretten*. Was Frances sagte, mußte einfach stimmen. Ihre Mitteilung war für mich eine große Erleichterung und ein rechter Trost. Von diesem Abend an gab ich meine täglichen Gebete auf. Ich erinnere mich, wie ich Charles neben seinem Bett knien sah und dachte: »Der arme Junge, er ist erst sieben. Ich will ihn jetzt noch nicht damit behelligen.« Aber da ich mich dafür kenne, daß ich nie meinen Mund halten konnte, bin ich sicher, ihm am nächsten Tag alles berichtet zu haben. Und ich glaube, es behelligte ihn nicht im geringsten, vermutlich hatte er das alles schon lange gewußt.

Sicherlich meinte Frances es ganz ernst, als sie mir unter

der Brücke ihre Predigt hielt, doch schon bald danach wurde sie von Zweifeln heimgesucht: Sie war nicht getauft worden, und ein paar Geschichten in ihren Büchern machten sie jetzt unsicher. *Wir* waren alle getauft, und Frances hatte uns zuweilen ihre Überlegenheit fühlen lassen – wir waren eben provinziell und hinter der Zeit zurück. Doch nun begann sie allmählich unter der quälenden Furcht zu leiden, ihre Eltern könnten sich im Hinblick auf die christliche Religion geirrt haben. In ihren Augen waren ihre Eltern mit unfehlbarer Weisheit ausgestattet und die bloße Idee, sie könnten im Irrtum sein, war schrecklich für sie. Ich konnte *Der Reigen* oder *Die große weite Welt* lesen und das Religiöse darin als seltsame Bräuche nehmen, wie sie solche Leute halt hatten, genauso, als hätte ich eine Geschichte über Mohammedaner oder Chinesen gelesen. Aber Frances nahm das alles todernst und war ganz außer sich, als Ellen Montgomery in *Die große weite Welt* den Befehl erhielt, Jesus mehr zu lieben als ihre eigene Mutter. Für solchen Unsinn hatte ich nur ein Achselzucken übrig. Frances hatte immer gern so getan, als sei sie empfänglich für Aberglauben, auch wenn sie's nicht war. Zu glauben, was man nicht glauben kann, ist für manche Leute eine willkommene Geistesübung. Für andere nicht. Nicht für mich. Das ist jedoch eine Frage religiöser Veranlagung, von der Frances schließlich eingeholt wurde. Ich selbst hielt meine Eltern nie für einen Born der Weisheit, übrigens auch nicht die anderen Erwachsenen – ich muß einfach von Natur zynischer veranlagt gewesen sein als Frances. Überdies habe ich offensichtlich überhaupt nicht die richtige Einstellung zu Eltern. Während des letzten Kriegs erzählte mir ein junger französischer Flieger, er sei bei einem Fluchtversuch aus dem besetzten Frankreich nach Spanien von der französischen Polizei aufgegriffen worden und habe in höchster Eile all seine Papiere vernichten müssen. »Und stellen Sie sich vor, Madame«, sagte er, »ich mußte das Foto meiner Mutter aufessen!« Wobei sich seine Stimme zu den tiefsten Tiefen schauerlichen Entsetzens senkte.

Ich hoffe, ich brachte die dem schrecklichen Bekenntnis angemessene Entrüstung auf – hätte er geahnt, was ich in Wirklichkeit empfand, er hätte mich für gänzlich gefühllos gehalten.

Leider bestand meine Mutter darauf, uns den Bibelunterricht selbst zu geben – sie langweilte uns furchtbar, und es gab stets Ärger damit, weil sie keinerlei pädagogische Gaben hatte. Heute glaube ich, sie war sich dessen bewußt, aber damals, fürchte ich, war ich anderer Meinung. Tatsächlich waren ihre Ansichten über Religion bei weitem simpler, als ich es als Kind bei irgendeinem Erwachsenen für möglich gehalten hätte. Sie war eine warmherzige, dem Vergnügen auf unschuldige Weise zugetane Person, die bis zum Lebensende die Dinge dieser Welt frisch und wie ein junger Mensch genoß, was an sich sehr attraktiv, für uns hochnäsige Kinder jedoch bisweilen Anstoß erregend war. Sie liebte Verlobungen und Hochzeiten, Babys, Essen, Sport, schöne Kleider und Auktionen. Darüber hinaus begeisterte sie sich für Partys und Picknicks und alle anderen gesellschaftlichen Veranstaltungen. Aber sie hegte auch den ernsthaften Wunsch, gut zu sein und recht zu tun, und so nahm sie uns mit in die Kirche und gab uns Religionsunterricht, geradeso, wie es in ihrer eigenen Kindheit gewesen war. Denn ihr hafteten immer noch Spuren ihres frühamerikanischen Puritanismus an, auf kuriose Weise vermischt mit dem Glaubenssatz, daß alles, was mein Vater dachte, richtig war. Ohnehin haben ihr die Forderungen der Logik nie Probleme bereitet. Sie war keine Frau von Welt wie Tante Cara, doch sie hatte auch kein Gespür für Religion, so daß Religion, wie sie sie uns lehrte, für uns keinen Sinn ergab. Vielleicht wäre das in jedem Fall so gewesen, doch es hätte uns zweifellos mehr Respekt eingeflößt, von jemand unterwiesen zu werden, dem das Spirituelle mehr bedeutete. So wie es war, war es jedenfalls aussichtslos. Es gab da ein gewisses graues Sonntagsschulbuch, das für uns schlicht unerträglich war. Nach verschiedenen Verschwörungen und Gegenverschwörungen fanden wir ein sicheres Versteck dafür zwischen den Balken des Dachbodens. Dabei fiel es in ein Loch in der Wand, und wir dachten, nun sei es endgültig aus dem Weg. Doch nach einiger Zeit kam Verdacht auf, und es gab schlimmen Tumult: Wir wurden vor das höchste Tribunal zitiert und schließlich zum Geständnis gezwungen. Darauf nahm mein Vater eine Feuerzange und führte uns in einer düsteren Prozession nach oben, wo umständlich mit der Zange im Loch gefischt wurde. Leider kam das Buch wirklich zum Vorschein, und wir mußten auf der Stelle eine Lektion daraus über uns ergehen lassen, was wir sanftmütig auf uns nahmen, weil wir von der Einmischung meines Vaters tief beeindruckt waren. Nach diesem Vorfall verschwand das Buch auf diskrete Weise von selbst, und wir bekamen es nie mehr zu Gesicht. Vermutlich hatte mein Vater sein Verschwinden empfohlen. Besser wäre es gewesen, er hätte sich öfter in unsere Angelegenheiten eingemischt – was er so gut wie nie tat –, denn wenn er die Dinge in die Hand nahm, lief alles glatt, und wir wurden ruhig und vernünftig.

Auch mit dem Kirchgang gab es ständig Schwierigkeiten, er war ja so ausufernd langweilig. Zwar nicht ganz so übel wie die Tanzstunde, doch in derselben Kategorie, forderte er allerdings nur passives Ertragen, keine aktive Teilnahme. Nichtsdestoweniger ärgerten wir uns sehr, daß wir die ganze Zeit stillsitzen und nicht einmal nachdenken sollten. Besonders, wo es zu Hause tausend Dinge gab, die unbedingt erledigt werden mußten. Für mich allerdings war Langeweile eine regelrechte Folter, nicht bloß etwas, das man ertrug – während des ganzen Gottesdiensts wütete und kochte ich vor Ungeduld in Erwartung des Moments, wo ich nach Hause rennen, den lächerlichen Hut und die Handschuhe hinwerfen und mich wieder mit dem beschäftigen konnte, was ich gerade tat, als ich von den Banditen (meiner Mutter) gekapert wurde. Einmal starrte mich die ganze Gemeinde empört an, als ich bei einem »Und nun...« des Pastors begeistert aufsprang und unglücklich wieder auf meinen Platz zurücksank, als er mit seinem Salbadern fortfuhr. Ich glaube, meine arme Mutter meinte, wenn sie uns nur dazu brächte, zur Kirche zu gehen, werde schon ein Hauch von religiösem Verständnis unbewußt in uns eindringen. Aber wie war das möglich bei jemand, der sich, wie ich, meist nur im Zustand weißglühender Empörung in die Kirche begab.

In den College-Kapellen wird in der Regel statt der Predigt eine Litanei gelesen. Das war für mich das tiefste Absinken in Staub und Asche, Langeweile und Misere. Ich hörte überhaupt nie zu während des Gottesdienstes, außer bei den Psalmen. Die liebte ich, weil sie wie Poesie klangen. Aus demselben Grund mochte ich auch die Hymnen. Die Litanei überstand ich mit Nachdenken darüber, was für gräßliche Wörter GEWÄHREN und ERFLEHEN waren, wobei ich mich fragte, ob sie vielleicht etwas ganz Unanständiges bedeuteten. Oder ich hoffte, die Tauben würden wieder einmal durch ein Loch im Dach in die Kirche schlüpfen.

Zur Kapelle von King's College gingen wir am häufigsten, und das war eine zusätzliche Zumutung: Ich konnte die Musik dort nicht ausstehen! Das ist sicher schwer zu begreifen, doch mir war einfach die aufdringlich-süßliche Art zuwider, in der die Orgeltöne bis unters Dach hinaufquollen, uns überschwemmten und uns grundlos in weinerliche Stimmung versetzten. Damals wie heute zog ich trockene Musik der gefühlvollen vor. Von dem Organisten Dr. Mann kann man zu recht behaupten: Er war mit Herz und Seele dabei. Jedenfalls konnte ich die Musik in King's Chapel nie von jenen undeutlichen Gefühlsappellen trennen, die mir unsympathischer als alles andere sind.

Dabei gefielen mir andere Kirchen keineswegs besser. Ich hatte schon immer eine Abneigung gegen jegliche Form von Ritualen, die durchaus mit der Oliver Cromwells zu vergleichen ist. Man sagte uns, Gott sei ein Geist. Das schien mir eine gute, einleuchtende Idee, ich mochte sie. Und dann verdarben sie alles mit ihrem Hokuspokus, das mit Gott als Geist überhaupt nichts zu tun haben konnte. Das stieß mich über die Maßen ab, ich war damals eben sehr hochgesinnt und rein, um nicht zu sagen arrogant. Ich hatte weit mehr gegen die Kirche als gegen die Religion. Möglich, daß aus mir ein echter Quäker hätte werden können.

So ging ich denn wütend zur Kirche und wurde immer noch wütender. Selbst den harmlosen Kirchenglocken galt mein Argwohn, und ich war der ernsthaften Überzeugung, neun Zehntel der Gemeinde seien Heuchler und der Rest sentimentale Dummköpfe. Meine einzige Entschuldigung dafür ist, daß ich wirklich keinen religiösen Menschen kannte, den ich zu lieben und zu bewundern vermochte. Die manchmal sehr frommen Gouvernanten machten alles nur noch schlimmer.

Wir gingen nicht jeden Sonntag zur Kirche, also bestand immer die Möglichkeit, zu entkommen, und schließlich entdeckten wir eine brauchbare Zuflucht. Direkt nach dem Sonntagsfrühstück, bevor irgendeine Ankündigung gemacht worden war, verdrückten wir uns diskret nach unten in den Garten, wo hinten der alte Kornspeicher stand, der damals noch nicht restauriert war. Dieses hohe alte leere Lagerhaus hatte seine Fundamente im Fluß, der Keller, angefüllt mit altem Holz und Gerümpel, lag nur knapp über der Wasseroberfläche. Darüber erhoben sich vier Stockwerke, jedes ein großer leerer niedriger und dunkler Raum, wo einst das Getreide gelagert wurde. In der Mitte jedes Stockwerks war eine rechteckige Öffnung mit einer Leiter, die weiter nach oben führte. Stieg man also vom Keller aufwärts und zog alle Leitern hinter sich hoch, so war man durch fünf zugangslose Stockwerke von der Welt abgeschnitten und konnte aufrichtig behaupten, man habe nicht gehört, daß jemand unten vom Garten aus nach uns gerufen hatte. Wir nahmen Zuckerstücke und Brotbrocken mit und saßen auf dem Boden im obersten Stockwerk unter dem Dach, bis die Kirchengefahr vorüber war. Das Dach fiel mehr und mehr zusammen, und Efeu wuchs durch die mit Latten verschlossenen Fensterhöhlen, wo die Tauben wohnten und zärtlich gurrten. Das war ein geheimer, glücklicher Ort, weitab von der Welt und angefüllt mit Träumereien – mir tat er sehr gut, besser als jede Kirche. Oft erscheint er mir noch im Traum, und ich bin dann stets gerade kurz davor, die ausgefallensten und wunderbarsten Entdeckungen zu machen. Obwohl ich also Kirchen aller Art ziemlich unverdaulich fand, machte die christliche Religion mich doch neugierig. Mit ungefähr zwölf Jahren machte ich mich daran, die ganze Bibel von Anfang bis Ende durchzulesen. Von der Genesis bis zur Apostelgeschichte kam ich auch gut voran, doch dann scheiterte ich an meinem Unverständnis für den Hl. Paulus. Noch später, mit vierzehn oder fünfzehn, erlebte ich eine Art privater religiöser Wiedererweckung, las die Evangelien noch einmal gründlich und nahm dabei so viel auf, wie mir zugänglich war. Das alles geschah im stillen Kämmerlein und unter verschämter Geheimnistuerei. Offen über religiöse Dinge zu sprechen, wäre furchtbar peinlich gewesen. Wie wir erröteten und uns wanden, als eine bestimmte Gouvernante von uns verlangte, das Glaubensbekenntnis aufzusagen. Und stets wandte ich demütig meine Augen von dem aufdringlichen Kalender mit Bibelsprüchen ab, der an der Schlafzimmertür meiner Mutter hing.

Auch die christlichen Gebote nahm ich mir zu Herzen und versuchte, sie ganz wörtlich zu befolgen. »Tue anderen, was du willst, daß sie dir tun.« Das schien nur richtig und gerecht. Also schenkte ich zu Weihnachten dem Küchenmädchen einen Band mit Miltons Gedichten, die ich mir selbst so sehr wünschte. Sie dankte mir zwar höflich, doch irgendwie hatte ich das Gefühl, mein Geschenk sei nicht ganz angekommen (armes Küchenmädchen!). Und ich weiß noch, wie ich, erfüllt von Hilfsbereitschaft, zu einer jungen, eben fünfunddreißig gewordenen Witwe sagte: »Seien Sie nicht traurig, Sie sind ja auch bald tot«, weil ich dachte, ich würde mir, wenn ich meinen Gatten verloren hätte, den Tod wünschen. Der verblüffte Ausdruck in einem ihrer blauen Augen, das mich über den Rand eines Taschentuchs ansah, ist mir noch lebhaft in Erinnerung. Ich stellte mir immer vor, anderer Leute Gefühle wären genau dieselben wie meine, und ich brauchte lange Zeit, bis ich überrascht feststellte, daß dem nicht so war. Die Menschen erschienen mir gänzlich undurchschaubar – oft saß ich da und beobachtete ihre unbewegten Gesichter und fragte mich, woran sie wohl dachten.

So wurde ich sechzehn und ging von zu Hause fort ins Internat. Schon am ersten Sonntag dort kamen die großen Mädchen, alt und mit viel Macht ausgestattet, umringten mich und fingen an, mir Fragen zu stellen: »Glaubst du *wirklich* nicht an Adam und Eva, Gwen?« »Was meinst du denn, wie du entstanden bist?« »Glaubst du, wir sind alle irgendwie Affen?« »Glaubst du nicht an die Sintflut?« und so weiter und so fort. Es war wirklich angsteinflößend. Es war, als stände man mitten in einer Bullenherde, alle starrten einen an und kamen mit ihren schimmernden Hörnern immer näher. Bloß waren sie gar keine Bullen, sondern sehr bedeutende Elitemädchen; alle hatten sie das Haar modisch über der Stirn gebauscht – was sie noch mehr wie Bullen aussehen ließ –, trugen schicke Blusen mit enggeschnallten Gürteln und Broschen auf der Krawatte. Ich dagegen war dick und unbeholfen, schlecht angezogen und trug eine Brille, und mein Haar war überhaupt nicht aufgebauscht, und, das war das Schlimmste, ich war die NEUE. Dennoch, man stirbt nur einmal, und ich würde ihnen nicht zeigen, wieviel Angst ich hatte. So stemmte ich meine Absätze fest auf den Boden, ballte die Fäuste und antwortete tapfer »Nein« auf alle ihre Fragen. Und sie fanden das herrlich gruselig und schockierend.

Als wir dann am nächsten Sonntag alle im Gänsemarsch zur Kirche gingen, beschloß ich, Zeugnis für meinen Glauben abzulegen: Als alle zum Anfangsgebet niederknieten, saß ich stramm aufrecht und kniete mich nicht hin. Und als sich alle beim Credo nach Osten wandten, sah ich geradeaus. Sie verneigten sich, ich nicht, und als sie das Vaterunser murmelten, murmelte ich nicht mit. Ich fühlte mich wie ein echter Märtyrer, aber zu meiner Überraschung wurde ich von niemand darauf angesprochen. Wahrscheinlich hatten die Lehrerinnen den Mädchen einen Wink gegeben, sie sollten den Mund halten, was sehr klug von ihnen war. Mir ging daraufhin etwas die Luft aus, doch ich konnte mich nicht von der einmal eingenommenen Position zurückziehen und hielt während der ganzen Schulzeit meinen stummen Protest aufrecht, obwohl es nach einer Weile recht eintönig wurde, ein Nonkonformist zu sein. Als sie mich fragten, ob ich konfirmiert werden wolle, sagte ich höflich, aber bestimmt: »Nein, danke.«

Dann aber kam die Katastrophe: Man schickte mich in den Bibelunterricht, der von einem Hilfsgeistlichen gehalten wurde. In den Stunden ging es immer um Äonen, was mich außerordentlich neugierig machte. Doch ich sollte nie dahinterkommen, was es mit ihnen auf sich hatte, denn schon in der zweiten Stunde sah der Hilfsgeistliche mich in meinem Heft zeichnen und ging stracks zur Direktorin und beklagte sich, ich sei nicht ehrerbietig genug, worauf sie beschloß, den Unterricht für mich zu streichen. Das empfand ich als höchst ungerecht – ich zeichnete stets in meinen Heften, was aber nicht auf Unaufmerksamkeit schließen ließ. Und ich wollte wirklich alles über diese Äonen wissen, was mir nun verweigert wurde.

Die Vorstellung meiner Mitschülerinnen von Religion und die der Lehrerinnen von Andacht waren mir ein komplettes Rätsel. Zum Beispiel sangen wir am Abend vor einem Hockeyspiel in der Betstunde stets »Vorwärts, christliche Soldaten«, und zwar fortissimo, was uns zu kriegerischem Mut am nächsten Tag aufstacheln sollte. Dabei wurde größter Wert auf das »con brio« gelegt. Das ging mir gewaltig gegen den Strich und ließ mich auch an der Ernsthaftigkeit anderer Anweisungen zweifeln. Ich war ja damals eine sehr ernsthafte Person, Religion war für mich eine hohe und geistige Angelegenheit, und ich mochte es nicht, wenn sie lächerlich gemacht wurde, auch wenn ich selbst nicht gläubig war.

Dieses Singen erschien mir ebenso blödsinnig wie das Glas Portwein, das uns vor dem Spiel gereicht wurde. In meinem Kopf gehören »Vorwärts, christliche Soldaten« und Portwein nach wie vor untrennbar zusammen. Um halb zwei gab es für uns das übliche, sehr reichhaltige Essen, und da das Spiel für Viertel nach zwei angesetzt war, mußten wir uns alle schon vorher umziehen, sogar die Schienbeinschoner mußten angelegt werden, bevor wir uns daranmachten, riesige Teller Erbsensuppe, dicke Scheiben Roastbeef mit Gemüse und große Portionen Brotpudding mit Marmelade zu verzehren. Dann wurde jedem aus der Mannschaft feierlich ein Glas mit süßem, klebrigem Portwein ausgeschenkt, und danach rannten wir direkt vom Tisch hinaus aufs Hockeyfeld. Ich fand den Portwein ausgesucht widerwärtig und schwer zu schlucken – eigentlich beschwerten sich alle, es werde ihnen schlecht davon. Doch ihn zu bekommen, war eine Ehre, deshalb tranken wir ihn dankbar aus. Gewannen wir das Spiel – was meistens der Fall war –, so muß es die geistige Erhebung von »Vorwärts, christliche Soldaten« gewesen sein, die uns in die Lage versetzte, sogar mit der akuten Übelkeit im Magen fertig zu werden.

Und noch einmal trat ich, ganz ahnungslos, ins Fettnäpfchen. An einem regnerischen Sonntag gingen wir nicht zur Kirche, statt dessen las die Direktorin mit uns den Gottesdienst, und ich war für die erste Lesung eingeteilt. Ich sollte sie mir vorher anschauen und fand, daß es zwei Lesungen für den Tag gab, unter denen ich wählen konnte. Ich entschied mich für die erste, ohne die andere auch nur durchzulesen, obwohl es zufällig ein sehr bekannter Text war. Der meine hingegen handelte von einer Dirne, die über eine Straße ging, und alle Männer warfen ihr lüsterne Blicke zu – so habe ich es jedenfalls in Erinnerung, kann aber die Stelle nicht identifizieren, ohne die ganze Bibel durchzuforschen. Ohne genau zu wissen, was eine Dirne war, spürte ich, während ich las, daß etwas Unangenehmes in der Luft lag. Später ließ mich die Direktorin rufen und fragte mich, warum um Himmels willen ich gerade aus diesem Kapitel gelesen hätte? Ich antwortete: »Weil es die Lesung des Tages war«, was stimmte, und da die Bibel es bezeugte, konnte sie nichts weiter unternehmen. Aber ich bin sicher, bei meinem schlechten Ruf verdächtigte sie mich des Versuchs, heimlich an den Grundfesten der Kirche von England zu rütteln.

Nach einiger Zeit wurde ich dann von einer intelligenten Bibellehrerin unterrichtet, bei der ich mit Interesse alles über David lernte, und ich las auch Brownings *Saul* mit ihr. In diesem Semester gewann ich in der Prüfung den Bibelpreis. Das ärgerte meine Mitschülerinnen natürlich sehr, und ich glaube, sogar den Lehrerinnen bereitete es Mißvergnügen. Wenn allerdings Religion aus der Wertschätzung für Browning und der Kenntnis der Lebensgewohnheiten von Wüstenspringmäusen (für die ich meine guten Noten bekam) bestand – da gab es für mich weiter keine Schwierigkeiten. Vielleicht hätte ich sogar die Äonen geschafft, wenn man mir nur eine Chance gegeben hätte.

Trotzdem, ich meine, es ist doch noch etwas mehr daran.

12

Sport und Spiele

Meine Mutter war eine der unerschrockensten Frauen, die es gab. Keine Krankheit, kein Schmerz entlockten ihr je einen Klagelaut, und sie schien stets des festen Glaubens gewesen zu sein, keinem ihrer Kinder könne etwas zustoßen. Sie hatte sich die höchst beruhigende Theorie zurechtgelegt, daß wir Kinder unter keinen Umständen in dem Fluß ertrinken könnten, der unseren Garten umgab und teilte. Tatsächlich hielt sie das Wasser im Cam kaum für naß. Und da keiner von uns ertrunken ist, hat sich ihre Theorie eben bestätigt. Dennoch ist mir heute noch nicht klar, weshalb wir nicht ertrunken sind. Wir fielen oft genug ins Wasser, und der Fluß ist fast überall so tief, daß ein Kind darin untergehen kann, an manchen Stellen ist er sogar sehr tief. Später versetzte meine Mutter dann uns in Angst und Schrecken, wenn sie mit drei oder vier ganz kleinen Enkeln (unseren Kindern) allein mit dem Boot fuhr und selbst ruderte. Sie war damals schon eine alte Dame und hätte unmöglich auch nur eines der Kinder retten können, falls es ins Wasser gefallen wäre. Doch wenn wir nicht persönlich anwesend waren, um unsere Brut zu verteidigen, schleppte sie ihre entzückten Opfer unter den Augen der hilflosen und schließlich verantwortlichen Kindermädchen weg. Nichts als eine übermächtige Gewalt hätte sie je daran hindern können, zu tun, was ihr in den Sinn kam. Und sogar wir mußten wie Tigerinnen darum kämpfen, unsere Nachkommen auf trockenem Land zu halten. Aber, wie dem auch sei, auch von ihnen ist keines ertrunken. Manchmal wünschten wir fast, es wäre so gekommen: es wäre das einzige gewesen, das ihr die Augen hätte *öffnen* können. Wir konnten alle schon früh schwimmen und lernten instinktiv, mit Booten umzugehen, mit Ruderbooten und Kanus, jedoch nicht mit Stechkähnen, denn die gab es damals auf dem Cam noch nicht. Piraten spielen konnten wir am besten auf einem rechteckigen flachen Kahn, den die Gärtner zum Unkrautschneiden am Flußufer benutzten. Er hätte öfter geteert werden müssen, und bisweilen ging er direkt unter unseren Füßen unter. Wenn ich beim Nachhausekommen nasse Fußabdrücke auf der Küchentreppe sah, folgte ich ihnen nach oben und stellte fest: Charles hatte wieder einmal an Land schwimmen müssen. Doch meiner Mutter kam nicht einmal der Gedanke, wir könnten uns erkälten, wenn wir ins Wasser fielen. Eine unübertreffliche Eigenschaft bei einer Mutter!

Dann war da auch das Ruderboot »The Griffin«, das sehr schwer ins Wasser zu lassen war. »The Griffin« erfüllte das romantische Herz meiner Mutter mit Stolz und Freude. Ununterbrochen erfand sie irgendwelche Besorgungen, für die sie jemand hinunter zum Trinity College oder zu Jolleys altem Möbelgeschäft an der Town Bridge rudern mußte. Als wir dann ewas älter waren, sparten wir lange unser ganzes Geld und kauften uns mit Hilfe einiger Spenden ein eigenes Kanu, »The Escallop«.

Aus dem Fluß fischten wir die interessantesten Dinge, einmal sieben Zylinder an einem Tag. Ein anderes Mal scheute das Karrenpferd eines Bäckers an der Newnham-Furt und setzte mit einem Sprung ins tiefe Wasser unter der Mühle. Der Mann konnte sich retten, aber das Pferd ersoff, und das ganze Brot trieb im Fluß zu uns hinunter – wochenlang konnten wir die Hühner damit füttern. Als Billy fast noch ein Baby war, fing er einen dicken Aal, der auf der Insel an Land gekommen war. Er kam damit angetrottelt und rief, das sei »ein Mama-Wurm für die Hühnchen«, und Secky, unser alter Gärtner, meinte, er sei »so'n reg'lärer kleiner Admiral Nelson«, weil er ihn gepackt hatte. Ein anderes Mal, als wir auf der großen Insel »Böse französische Gouvernanten« spielten, war ich in der Titelrolle so überzeugend, daß meine entsetzte Schülerin Frances vor mir davonlief und in den Graben sprang, der die Insel von der Festwiese trennte. Schlamm und Wasser gingen ihr fast bis zu den Schultern, doch es gelang ihr, herauszuklettern – auf der falschen Seite, und wir mußten sie überreden, wieder zurückzuwaten. Es spricht für unsere Kindermädchen, daß sie, trotz des ganzes Drecks, mehr ängstlich als böse waren.

Das Merkwürdige ist: Wenn man ins Wasser fällt, ist man nie erstaunt darüber, daß es passiert. Man hat das Gefühl, schon lange vorher gewußt zu haben: in eben diesem Moment wird man über Bord gehen. Ich weiß noch, wie ich ruhig und aufmerksam den grünen Wasserblasen nachsah, die langsam an mir vorbeitrieben, nachdem ich kopfüber in die Tiefe gestürzt war. Ralph übrigens sprang mir heroisch in die 1,20 m tiefen Fluten nach.

Als ich ungefähr sieben oder acht Jahre alt war, enthüllten sich vor unseren anbetenden Augen unversehens zwei Gottheiten. Das waren unsere Vettern, Ralph und Felix Wedgwood, die als Erstsemester ans Trinity College kamen, zuerst Ralph und kurz darauf Felix. Göttliche Wesen, huldreich herablassend, pflegten sie manchmal ganze Nachmittage mit uns zu spielen. Dann wurden die Piraten kühner denn je. War Ralph der Kapitän des Piratenschiffs, dann führte Felix die Mannschaft an Land an, die sich auf Umwegen anschlich und ein Brett als Brücke über die Gräben mit sich trug, um an unerwarteten Stellen aufzutauchen und mit unglaublicher Tapferkeit das Schiff zu entern. Hin und wieder machten wir auch Feuer und liefen mit Fackeln über die Inseln, die wir aus den Stohhüllen von Weinflaschen hergestellt hatten. Oder wir schlugen Schlachten mit winzigen Feuerbooten aus Pappschachteln und Kerzenstümpfen und

Streichhölzern. Nicht zu vergessen das Herumklettern auf Bäumen und Dächern und das Geschichtenerzählen. Was immer wir auch unternahmen, es war aufregender, als man mit Worten beschreiben kann. In der Tat war es manchmal so aufregend, daß wir abends nicht einschlafen konnten und Felix gebeten werden mußte, sich bei seinen Gruselgeschichten etwas zu mäßigen (was er wohl doch nicht tat). Da war eine Geschichte über zwei südamerikanische Indios, Gaucho und Poncho, die im Dschungel zu verhungern drohten. Aber Gaucho rettete sie, indem er einen ganzen Sack voll schwarzer Ameisen fing. Dann preßte Poncho den Mund an die Öffnung des Sacks, drückte von unten, und die ganzen Ameisen liefen durch seine Gurgel und erwiesen sich als sehr nahrhaft. In einer anderen Geschichte wurde jemand in einen Brunnen hinuntergelassen, wobei geisterhafte haarige knochige Hände von allen Seiten kamen und nach ihm griffen. Das war fast zuviel für mich, denn diese Geschichte wurde oben im Dachboden erzählt, hinter dem begehbaren Teil, wo es stockfinster war. Um dorthin zu gelangen, mußte man sich von Dachbalken zu Dachbalken schwingen und gut aufpassen, daß man nicht auf den Estrich dazwischen trat. Einmal brach der Gips unter Ralph ein: Zu unserem größten Vergnügen saß er rittlings auf einem Balken, und seine Beine baumelten durch die Decke in das Zimmer darunter, wo Nana gerade Billy badete.

Wir erforschten auch die weitläufigen Keller unter dem Kornspeicher, die viel Platz boten für eine unglaubliche Anzahl von Bierfässern. Dort zeigte uns Ralph, wie man seinen Namen mit Kerzenruß an die Decke schreibt; und Felix erschreckte uns, indem er aus den dunkelsten Ecken auf uns zusprang. Die besten Inschriften waren die mit Blut aus einem angestochenen Finger, doch für normale Botschaften wie »Ich bin hier seit 45 Jahren eingekerkert« oder »Ich sterbe langsam vor Hunger« war Blut zu kostbar, sie wurden mit Ruß geschrieben. Herrlich verwildert tauchten wir aus den Kellern auf, die Haare voll mit Kerzenwachs.

Ralph und Felix brachten eine neue und besonders gräßliche Form von Versteckspiel in Mode. Unser übliches Spiel hieß »Scallawag« (Schwarzer Mann) und wurde an Winterabenden im ganzen Haus gespielt, das sich mit zwei Treppen und zahlreichen Gängen und Winkeln vorzüglich dafür eignete. Alle Korridorlampen wurden gelöscht – unsere Eltern nahmen das mit großartiger Langmut hin –, und der Schwarze Mann stürzte sich aus den dunklen Ecken auf die Suchenden, die gellend nach dem Anschlag schrien und jagte sie vor sich her. Charles und ich, das muß ich gestehen, fanden einen Weg, das Spiel noch spannender zu machen. Wir ernannten Margaret zum Scallawag und reizten und stachelten sie auf, bis sie rasend vor Wut wurde, was übrigens nicht schwer zu bewerkstelligen war. Sie war bekannt für ihre Kneifereien, und wir hatten richtige Angst, von ihr gefaßt zu werden. Kam es zum Kampf, dann wählte Margaret eine bestimmte, sehr empfindliche Stelle am Oberarm ihres Opfers zum Kneifen aus, ich schlug mit den Fäusten, Charles trat. So ging es zu bei unseren Feindseligkeiten, die gleichwohl nicht besonders ernst genommen wurden.

Ralphs neue Erfindung war Versteckspielen draußen im Dunkeln. Dazu teilten wir uns in zwei Gruppen, und auf dem Rasen wurde eine Lampe als Anschlag aufgestellt. Auf Zehenspitzen durch die raschelnde Finsternis des Gartens zu schleichen, wo hinter jedem Busch ein möglicher Feind lauerte – das war fast zuviel für meine Nerven, wenn ich es auch nicht zugab. Aber bei aller Angst gefiel es mir draußen in der geheimnisvollen Nacht, ich spürte die Kraft und Persönlichkeit in jedem einzelnen Baum und jeder Pflanze, die sich im Dunkeln verströmten. Nach dem ersten Versteckspiel ging ich, wenn ich konnte, fast jeden Abend noch einmal für ein paar Minuten hinaus – trotz meiner Furcht.

Der Höhepunkt all dieser irdischen Freuden näherte sich mit einem in unsichtbarer Tinte geschriebenen Brief von Ralph, der uns zum Tee in sein Zimmer im Trinity College einlud. Nach dem Tee mußte Charles sich einer schrecklichen Prüfung unterziehen: Felix warf seine Mütze hinunter auf den Rasen im Great Court und forderte ihn auf, sie zurückzuholen. Auf das geheiligte College-Gras zu treten, ist aber ungefähr das schlimmste Verbrechen, dessen sich ein Kind in Cambridge schuldig machen kann. Charles tat es und kam dennoch mit dem Leben davon.

Auch Überschwemmungen waren eine hervorragende Quelle des Vergnügens für uns. War eine im Anzug, so beobachteten wir das Steigen des Wassers auf der Treppe des Bootshauses von Stunde zu Stunde und waren untröstlich, wenn es wieder fiel. Schon früh, lange bevor das Wasser die oberste Stufe des Kellers unter dem Haus erreicht hatte, mußten die Hühner von der großen Insel gerettet und im Kornspeicher untergebracht werden. Es machte solchen Spaß, sie einzufangen, in Säcke zu stecken und mit ihnen durch das steigende Wasser zu waten, daß wir mit Gewalt davon abgehalten werden mußten, sie viel zu früh, bereits bei den allerersten Anzeichen einer Flut, zu verfrachten.

Auch kletterten wir über das ganze Dach (es war nicht so gefährlich, wie es sich anhört), und Charles und ich klauten eine Zigarette aus dem Arbeitszimmer, teilten sie uns und hockten kühn rauchend auf dem Dachfirst, wobei wir darauf warteten, daß uns jeden Moment übel wurde.

Um die Wahrheit zu sagen: Insgeheim hatte ich große Angst bei diesen Klettereien und wünschte mir sehnlichst, meine Mutter hätte es nur einmal selbst mit der Angst bekommen und sie verboten. Aber sie zuckte nicht mit der Wimper, nicht einmal als sie sah, wie wir bei einem Versteckspiel auf die hohe alte Mauer stiegen, die unseren Garten von der Straße trennte, uns gegenseitig darauf entlangjagten und am Ende in den Garten hinuntersprangen. Diese Mauer ist fast drei Meter hoch – ich meine jetzt noch grün im Gesicht zu werden bei dem Gedanken, so etwas tun zu müssen, nur damit man für seine »Ehre« vor den anderen einstand. Denn *sie* hatten überhaupt keine Angst, aber vielleicht konnten sie sich nur noch besser verstellen als ich. Nora und Frances waren ganz groß im Auf-die-Bäume-Klettern und brüsteten sich damit, Vogeleier im Mund herunterzutragen, wie es die Leute in den Büchern taten. Mit aller Macht hielt ich den Anschein aufrecht, gern zu klettern, aber es ist schwer, überzeugend zu sein, wenn man sich dabei übel und schwindlig fühlt. Und die anderen wußten genau, daß ich das nur vortäuschte. Mir war sogar bange zumute, als wir einmal alle in einer Reihe oben auf der hohen Mauer saßen, um den Prinz von Wales zu sehen. Er hatte eine Parade abgenommen und ritt in einer Gruppe von Offizieren sehr gemächlich und beleibt vorüber. Und einmal – das war besonders schrecklich – konnte ich mich nicht dazu überwinden, von einem Trapez zu springen. Ruth, Nora und Frances lachten mich aus und gingen weg; mich ließen sie tränenüberströmt zurück, und ich mußte mir selbst überlegen, wie ich hinunterkam.

In der Blutbuche bauten wir eine Plattform aus Brettern als Baumhaus, das nur über eine schaukelnde Strickleiter zu erreichen war, die den besonderen Vorteil hatte, daß sie von Billy und Margaret nicht erstiegen werden konnte (wie gemein Kinder doch sein können). Für zehn Schilling kauften wir auch eine Wagenladung Ziegelsteine bei einem Bauunternehmer und fingen an, uns auf der großen Insel ein Steinhaus zu bauen, wobei wir Schlamm als Mörtel benutzten. In einer Grube vermischten wir Erde und Wasser zu herrlichem Dreck, den wir auf die Mauer schmierten und die Ziegelsteine hineindrückten – eine höchst befriedigende Beschäftigung. Als die Ziegelmauern schon ziemlich hoch waren, erlebte ich einen von Charles' sehr seltenen Wutanfällen. Ich nahm eine große Schaufel voll vom besten Matsch und klatschte sie mit solcher Wut auf die Mauer, daß das meiste davon auf der anderen Seite herunterfiel, wo, wie ich leider nicht bemerkt hatte, Charles kniete. Die ganze Ladung ging auf seinen Kopf, und ich dachte wirklich, er würde mich umbringen. Ein anderes Mal brachte ich ihn so in Zorn, daß er seine Schuhe erbost in den Fluß schleuderte: Er war schon zu alt, um ein Mädchen zu verprügeln. Dann mußte er sich ausziehen, ins Wasser steigen und sie wieder herausholen, was ihn vermutlich abkühlte. Das Ziegelhaus wurde nie fertig gebaut, weil Charles gerade zu der Zeit, als die Mauern standen und wir mit dem Dach hätten anfangen können, ins Internat geschickt wurde, und ich hatte keine Lust, allein weiterzumachen. Margaret interessierte sich nicht für Bauarbeiten und war ohnehin noch zu klein. Es hatte keinen Sinn, noch etwas daran zu tun, denn es bestand ja keine Aussicht darauf, daß er je wieder wirklich zurückkam. Mir war ganz elend zumute. Ich weiß noch, wie ich im Bett weinte, gerade laut genug, daß Nana es hören, zu mir kommen und mich trösten konnte, aber nicht so laut, daß ein anderer es hörte. Doch bald danach wurde Nana krank, und dann ging auch sie weg und kam nie mehr zurück. Das war das Ende meiner Kindheit, die in eine weitaus weniger glückliche Jugendzeit überging.

In Maßen übten wir uns auch in den klassischen Sportarten, waren aber nicht sonderlich begabt dafür, und ich war noch schlechter als die anderen, besonders beim Tennis. Eigentlich langweilten wir uns dabei und fanden es viel lustiger, eigene Spiele zu erfinden, zum Beispiel Tennikrockett, bei dem die Krockettbälle bewegt wurden, indem man Tennisbälle nach ihnen warf. Nur im Internat gelang es mir, in die Hockeymannschaft zu kommen, jedoch nicht durch sportliche Leistung, sondern durch ängstliches Draufgängertum, und weil ich ziemlich schnell laufen konnte. Bei einem Spiel brach ich sogar einem fremden Mädchen ein Nasenbein, oder vielmehr, sie rutschte während eines heftigen Regenschauers im Schlamm aus und fiel mit der Nase voraus sanft auf meinen Schläger. Ich hätte mich nicht noch schuldiger fühlen können, hätte ich sie absichtlich ins Gesicht geschlagen – so ist das nun mal mit dem schlechten Gewissen (vgl. im Kapitel »Religion«, Seite 206). Dann gewann ich beim Schulsportfest das Hundert-Meter-Rennen und erhielt als Preis den langersehnten Band mit Miltons Gedichten. Ich wollte mich nicht nur wichtigtun, als ich ihn mir erbat; ich wünschte ihn mir wirklich.

Radfahren wurde zur Mode, als wir gerade alt genug waren, um Spaß daran zu haben. Zuerst galten sogar die »Sicherheitsräder« für Damen als zu gefährlich und unschicklich, sie mußten mit Dreirädern vorliebnehmen. Ich glaube, meine Mutter hatte das erste Dreirad in Cambridge, ich bekam ein kleines, und wir machten gemeinsam Ausflüge: mein Vater auf dem Zweirad voraus, der arme Charles unglücklich auf der Stange hinter meiner Mutter stehend und sich verzweifelt festklammernd. Ich fand das Treten bei den harten Reifen sehr mühsam, ein ruhmreicher, doch kein vergnüglicher Zeitvertreib. Dann verkündete mein Vater eines Tages beim Lunch, er habe neuartige, mit Luft gefüllte Reifen gesehen, die vielversprechend wirkten. Schon kurz darauf hatte jeder ein Zweirad, auch die Damen. Radfahren wurde *die* große Mode in der Gesellschaft: In den Zeitschriften wurden Lords und Ladies mit großen Strohhüten beim Radeln im Park abgebildet. Uns steckte man in weite Pumphosen, die unter dem Rock und über den rüschenbesetzten Unterhosen getragen wurden. Wir fanden das fürchterlich unanständig, doch auch recht auffallend. Und als eine Dame, die ich sowieso nicht leiden konnte, mich, als wir unter uns waren, bat, den Rock hochzuheben, damit sie das seltsame Kleidungsstück darunter sehen konnte, verdächtigte ich sie schmutziger Hintergedanken. Ich selbst habe nur einmal eine Frau (selbstverständlich keine *Dame*) im Schlüpfer gesehen.

Meine Mutter muß recht oft vom Rad gefallen sein – ich erinnere mich, mehrmals böse Abschürfungen und Prellungen an ihren Beinen gesehen zu haben. Aber sie klagte nie und behielt ihr Mißgeschick für sich. Nur die großartige Mrs. Phillips, unsere Köchin, wußte immer davon, da sie praktisch von allem wußte, was bei uns vorging. Sie pflegte uns in den Dienstbotenraum zu ziehen und uns im Vertrauen mitzuteilen: »Die gnädige Frau ist gestern schlimm gefallen, sie hat sich beide Knie aufgeschlagen, und das Vorderrad an ihrem Fahrrad ist ganz verbogen. Aber sagt ihr nicht, daß ich's euch erzählt habe.« So wagten wir nie, den Mund aufzutun, selbst wenn wir die gnädige Frau hinken sahen. Ähnliche kleine Zwischenfälle passierten, als sie mit nahezu siebzig Jahren darauf bestand, Autofahren zu lernen. Die Kunst des Wendens hat sie jedoch nie gemeistert, und auch sonst blieb sie eine unkonventionelle Fahrerin, die Mitfahrern Furcht einflößte. Dann erzählte uns Mrs. Phillips unter dem Siegel der Verschwiegenheit: »Die gnädige Frau ist gestern von hinten in einen Milchwagen gefahren; er war aber nicht sehr beschädigt« oder »Ein Polizist hat die gnädige Frau angehalten, weil sie auf der falschen Straßenseite fuhr. Sie hat gesagt, sie wisse nicht, was der weiße Streifen auf der Straße bedeutet, da erklärte er's ihr und ließ sie weiterfahren.« Mrs. Phillips muß über einen hervorragenden Geheimdienst verfügt haben, denn was sie erzählte, stimmte immer. Sie blieb aber, trotz ihrer Allwissenheit, stets diskret.

Wie mein Vater diese Fahrräder bewunderte! Solche herrlichen Geräte! Sie wurden so sorgfältig gewartet, als ob sie lebendig wären. Jeder Staubfleck, jedes bißchen Feuchtigkeit wurde gleich nach der Rückkehr von einer Ausfahrt abgewischt. Nachts wurden sie ins Haus gebracht und mittels einiger raffinierter Flaschenzüge unter der Decke des Küchenkorridors aufgehängt – sie hätten ja bei der Nachtluft im überdachten Hof Rost ansetzen können! Sein Herz würde bluten, müßte er mitansehen, wie wir heute unsere unauffälligen notwendigen Drahtesel behandeln.

Zusammen mit Freunden schirrten wir manchmal vier Fahrräder mit Seilen an einen kleinen vierrädrigen Wagen, in dem Margaret als Fahrgast Platz nehmen mußte. Von den Pflichten und Aufgaben der Jüngsten fiel das meiste an Margaret, denn Billy war wirklich noch zu klein. Jedenfalls hatte sie zu der Zeit noch kein eigenes Fahrrad, mußte also dankbar sein, überhaupt als Passagier zugelassen zu werden. Der Wagen war viel zu leicht – in leerem Zustand fiel er sofort um, und selbst mit ihrem Gewicht darin hüpften bei größerer Geschwindigkeit die Hinterräder beängstigend auf und ab. Bisweilen stritten sich auch die vier Postillione, lenkten alle in verschiedenen Richtungen und der Wagen polterte kenternd in den Graben. Oder die Seile verhedderten sich, und wir stürzten alle mitsamt Wagen übereinander. Margaret kam dabei mit dem Schrecken davon und wurde nie schlimm verletzt – für das Privileg, mit den Älteren spielen zu dürfen, mußte man schließlich zahlen.

Einmal jedoch ging die Selbstherrlichkeit der Oberen zu weit, und die Unteren wurden zu hellem Aufruhr getrieben. Wir spielten mit den drei Butler-Jungen in einem Wäldchen Soldaten; Margaret und die anderen Kleinen mußten viel zu lange Wachposten stehen, während die Generäle (Jim, Charles und ich) sich im Zelt berieten. Da wurde Margaret plötzlich aufsässig, meuterte und erklärte, sie würde jetzt weglaufen und überhaupt nie mehr Soldat spielen. Wir setzten ihr auseinander, in dem Fall wäre sie ein Deserteur. Als wir sie dann aber festnehmen wollten, geriet sie in wahnsinnigen Zorn und biß im Handgemenge Charles so fest in den Rücken, daß die Zähne durch Jacke, Hemd und Unterzeug drangen und blutige Male hinterließen (Beißen ist stets die Waffe der Unterlegenen). Hoch empört über ihre Bösartigkeit, erklärten wir scheinheilig, wir wollten nie, *niemals* wieder etwas mit ihr zu tun haben. Da rannte sie schreiend weg, und die Butlers schauten ihr verblüfft nach. Das Schlimmste an der Sache war nämlich, daß sich dieser Familienskandal im Angesicht von Jim und Gordon und Nevile abspielte. Nachträglich schämten wir uns, sie so behandelt zu haben, obwohl wir damals behaupteten, es sei alles ihre Schuld, sie habe nun mal gegen jede militärische Disziplin verstoßen. Ich ging ihr nach und fand sie, völlig hysterisch, unter einem Baum. Mit fester Hand führte ich sie ins Haus und gab sie bei Nana ab, die sie beruhigte und Charles' Rücken badete und versprach, den Eltern nichts von all dem zu sagen. Weder die Butlers noch wir erwähnten den bösen Vorfall jahrelang auch nur mit einem Wort.

Im Kartenspielen waren wir nicht besonders gut, bis auf »Fighting Demon«, wo das totale Chaos ausbrach. Für viele seiner Anhänger war dieses Spiel zweifellos der tiefere Grund mancher Nervenzusammenbrüche im späteren Leben, eine Tatsache, die von den Psychologen wohl nicht genug in Betracht gezogen wird. Dann gab es noch das ruhigere »Muggins«, gleichermaßen geeignet für ganz Junge wie für Tattergreise (obwohl Onkel Richard nicht einmal Muggins spielen konnte!), und »National Gallery« (oder Nat. Gal.), das, wie »Glückliche Familien«, mit Karten gespielt wurde, auf denen sich undeutliche Abbildungen der Gemälde in der National Gallery befanden. Auf diese Weise wurden wir mit Werken wie *Odysseus verhöhnt Polyphem* bekannt, bei dem wir weder Odysseus noch den Verhöhnten ausmachen konnten, oder *Der verwegene Kämpfer*, der ganz klein und schwarz in der Mitte des Bilds erschien, oder *Onkel Toby und die Witwe Wadman* (Onkel Tob. und Wit. Wad.) oder Landseers *Würde und Unverschämtheit* oder auch mit so geheimnisvollen Bildern wie *Sigismonda trauert über dem Herzen von Guiscardo*, auf dem Sig, wie wir sie nannten, eine Art Suppenterrine umfangen hielt, und gar kein Herz zu sehen war. Unser wichtigstes geistiges Training bestand jedoch im Buchstabenspiel: Wörter machen und Wörter stehlen. Wir brachten es darin fast zur Professionalität. In den Ferien hätten wir wohl oft ganze Nächte hindurch gespielt, wären die Teilnehmer nicht völlig erschöpft ins Bett geschickt worden, indes die Buchstaben zum Weiterspielen am nächsten Tag auf dem Tisch liegen blieben. Manche Experten, deren Selbstachtung es verlangte, jeden Tag das Kreuzworträtsel in der *Times* zu lösen, müssen dankbar für die gründliche Bildung gewesen sein, die sie sich beim Buchstabenspiel erworben hatten. Nach und nach entwickelten wir eine regelrechte Wortspieltechnik, und die Regeln wurden so erweitert, daß sie alle Sonderfälle abdeckten. Jedes Wort im Lexikon war zugelassen, nur keine Eigennamen, und man konnte ein Wort stehlen, indem man einen Buchstaben hinzufügte, der die Bedeutung änderte. Viele Wörter, die nur im Lexikon standen, waren dabei von großem Wert – zum Beispiel ZAX (ein Werkzeug für die Schieferbearbeitung) oder PYX oder WAX – Wörter, die praktisch nicht zu stehlen waren. Anerkannte Tatsache war auch, daß man FOX nur mit CRUCIFIXION stehlen konnte – dazu brauchte man aber acht neue Buchstaben, die selten gleichzeitig vorhanden waren. Dann gab es noch ganze Folgen von Stehlmöglichkeiten wie MIX, MINX, MIXEN, EXAMINE. Und da jede Verbform erlaubt war, wenn sich nur die Bedeutung dadurch änderte, war am Ende eines harten Kampfes die Tafel mit so ausgefallenen Worten übersät wie: REASESSEDST oder DECONTAMINATETH. Die raffinierteste Form des Spiels war die mit den

Endungen ETHS und EDSTS. Manchmal kann dieses Spiel sehr peinlich werden. Angenommen etwa, eine Partei hatte das unschuldige Wort TRUMPET und ein S wurde davorgesetzt – da sah man die älteren Leute erröten vor Anstrengung, nicht STRUMPET (Hure) zu sagen. Himmel, wie Tante Bessys Finger flatterten und fummelten, als Margaret (das konnte nur Margaret sein!) triumphierend rief: »Strumpet – was soll das denn heißen?« Doch Tante Bessy erwiderte mit gewohnter Würde: »Dieses Wort wird bei uns im allgemeinen nicht gebraucht.« (Ich nehme an, sie wußte selbst nicht so genau, was es hieß.) Möglicherweise war das Wort wegen Tante Bessy sowieso verboten, ich führe es nur als gutes Beispiel dafür an, wie ein Wort sich entwickelt, wenn man ihm frei und ungehindert seinen Lauf läßt. Angefangen hatte es wahrscheinlich mit RUM und ging dann weiter mit RUMP, TRUMP, TRUMPET, STRUMPET, STRUMPEDETST! Ich stocke hier schon, aber wirkliche Virtuosen wie Charles hätten es gewiß noch weiter gebracht.

Ursprünglich stammte dieses Spiel aus Down, und Legenden hatten sich darumgerankt, wie die von einer ungenannten Person, die ihr Herz daran gehängt hatte, HIPPOPOTAMUS zusammenzubringen und die infolgedessen überhaupt nie zu einem Wort kam. (Ich kann es nicht beweisen, glaube aber, das muß Onkel Richard gewesen sein.) Dann gab es noch die Geschichte von meinem Großvater (C. D.), der das Wort MOTHER auf der Tafel erblickte, es lange sinnend anschaute und schließlich sagte: »MOETHER – das Wort gibt es gar nicht.« Mit dieser Anekdote könnten, meine ich, die Psychologen viel Spaß haben – Verzeihung, natürlich nicht Spaß, sondern wichtige Informationen, Hinweise auf die frühen Ansätze von *Ursprung der Arten* einerseits, auf seine schlechte Gesundheit andererseits. Mit Hilfe dieser Geschichte könnten beide Entwicklungen als Folgen des frühen Tods seiner Mutter gedeutet werden. Ich hatte auch ein eigenes Spiel, daß ich allein für mich nach dem Zubettgehen spielte. Es hieß »Der armen Pamela Gutes tun«. Pamela war ein Kind, mit dem ich, obwohl ich es verachtete, hin und wieder spielte. Bei diesem Spiel stieg man aus dem Bett und lag so lange auf dem Fußboden, bis man die Eiseskälte nicht mehr ertrug. In dieser Spielphase war man die arme Pamela, die von ihren grausamen Eltern im Nachthemd draußen im Schnee liegengelassen worden war. Sie hatte Hunger, und die Wölfe heulten ringsumher in den Wäldern. Dann kam man selbst hinzu, ging hinaus in die Kälte und erlöste die arme Pamela – die Wölfe kamen schon gefährlich nah – und legte sie in sein eigenes Bett, wärmte, fütterte und tröstete sie zärtlich. Dabei fühlte man sich enorm gütig und wohltätig. Man konnte das ganze beliebig wiederholen, bis man nicht länger wachzubleiben vermochte. Als ich Margaret das Spiel vormachte, zeigte sich, daß sie unabhängig von mir etwas Ähnliches erfunden hatte, als sie einmal erkältet mit einer Wärmeflasche im Bett lag. Es war nur nicht Pamela, die sie nackt auf dem Linoleum liegend darstellte, sondern eine Mutter mit einem kleinen Kind (einer Puppe). Eine prachtvolle Heilmethode für Husten und Schnupfen!

Begegnete ich jedoch Pamela im wirklichen Leben wieder, dann war ich genauso eklig zu ihr wie sonst. Glücklicherweise kam das nicht oft vor, sie wohnte nämlich nicht in Cambridge. Sie war der Typ, zu dem man immer garstig war, weil es ihr, auch wenn man sich die größte Mühe gab, nett zu ihr zu sein, stets gelang, einem das unangenehme Gefühl zu vermitteln, man habe kein rechtes Verständnis für sie. Das gehörte einfach zu ihren Eigenheiten. Einmal ging ich allein zu ihr zum Tee, ein kleines Fest war für uns arrangiert worden. Neben vielen anderen guten Sachen gab es auch ein paar Himbeeren, bei denen sich herausstellte, daß sie voller Maden waren, doch Pamela aß sie alle auf, ihre und meine dazu. Ohne es ausdrücklich zu sagen, wollte sie damit andeuten, sie habe so selten mal etwas Gutes zum Tee, daß sie sich selbst über die madigen Himbeeren freute. Während ich, ein Kind des Glücks, sicher jeden Tag die köstlichsten Früchte speiste (was weit von der Wahrheit entfernt war). Heute weiß ich, es gab nicht den leisesten Grund zu der Annahme, ihre Eltern behandelten sie schlecht. Sie ließ mich das nur glauben, in einer geduldigen, toleranten, klaglosen Weise, und das alles, ohne daß ein Wort über das Thema gesprochen worden wäre.

Mit dieser Eigenschaft erinnerte mich Pamela immer an unseren Hund Sancho (korrekt ausgesprochen: Santcho. Pedantische Gäste nannten ihn auch Sanko und wurden wegen ihrer Unkenntnis des Spanischen von uns mißachtet). Er war ein brauner Spaniel, dem Hund im *Struwwelpeter* ähnlich, mit demselben vorwurfsvollen Gesichtsausdruck. Er war der geborene Märtyrer – das ist natürlich ohne die entsprechenden Mißhandlungen nicht gerade einfach. Immerhin gelang es ihm gut, dank der wunderbaren Gabe, andere ins Unrecht zu setzen. Da saß er und starrte uns an, braun und fett und stinkend. Sabbernd und zuweilen schwer seufzend. Wie lang auch der Spaziergang war, zu dem man ihn mitgenommen hatte – er ließ uns fühlen, daß er hätte länger sein können. Und egal, wie viele Plätzchen man ihm gab – es hätten mehr sein müssen. Von Frances hörte ich, in ihrer Familie ginge das Gerücht, Sancho würde dauernd an die Kette gelegt. Das stimmte natürlich nicht, zeigt aber, daß er es durch reine Charakterstärke fertigbrachte, selbst über große Entfernung eine solche Idee auf sie zu übertragen. Sonst war er ein guter, aber langweiliger Hund und geradezu abstoßend treu. Wir hatten weit interessantere Hunde, doch Sancho bleibt, allein wegen meines schlechten Gewissens, in meiner Erinnerung der Haupthund meiner Kindheit.

Das Pamela-Spiel war eigentlich nur eine Form jener

Schauspielereien, mit denen wir uns ständig beschäftigten. Mit Puppen habe ich nie gespielt, nur wenn sie für unsere Theateraufführungen nützlich waren – als Matrosen auf einem Wrack oder als Menschenopfer. Wir verfügten über eine ganze Mythologie von Göttern, deren Haupt der große Pompadella Bim war, und sie alle forderten regelmäßige Menschenopfer. Oft genug mußten sie sich freilich mit leeren Patronenhülsen zufriedengeben, die wir sammelten, um damit Soldaten zu spielen. Es waren keine guten Götter – nordisch mit einer unangenehmen griechischen Beimischung. Und mit mehr als einem Hauch von Jehowah.

Von den ersten Anfängen mit langweiligen Reimspielen und Scharaden erklommen wir nach und nach den Gipfel des festlichen Weihnachtsspiels. Das war das Ereignis des Jahres und wurde von uns allen zusammen geschrieben. War ein Stück aufgeführt, begannen wir sofort, schon am zweiten Weihnachtstag, das nächste zu planen. Die Darbietung fand in unserem Haus am Abend des ersten Weihnachtstags statt; darauf folgte das Weihnachtsessen, bei dem die ganze in Cambridge wohnende Familie zu Gast war und sonst niemand. Aufgebaut waren die Stücke auf der soliden Grundlage von Gilbert und Sullivan, und sie waren gespickt mit aktuellen Anspielungen. Es kam immer ein Chor darin vor, bei dem wir alle mitwirkten, wenn wir nicht gerade in einer anderen Rolle auf der Bühne gebraucht wurden – wir waren immer knapp an Darstellern. Bernard schrieb den Prolog und trug ihn auch vor, doch zum Mitspielen war er schon zu groß. Erasmus schauspielerte nicht gern und weigerte sich, eine Rolle zu übernehmen. Charles war auch nicht gerade begeistert, ließ sich von der öffentlichen Meinung aber meist doch umstimmen und dazu überreden, den Prinz darzustellen und die wunderschönen russischen Stiefel – ein Geschenk von Felix – zu tragen, welche das Prachtstück des Kostümfundus waren und zu den Insignien des Prinzen gehörten. Nora galt (zu ihrem Ärger) als die Hübscheste von uns, mußte also die Prinzessin geben, was sie öde fand. Ruth und Margaret waren gefeierte Schauspielerinnen und übernahmen Charakterrollen. Und wir anderen waren Hexen, Professoren, Gespenster oder was sonst eben verlangt wurde. Oft entwarf ich die Kostüme – ich legte der Einfachheit halber den Betreffenden zum Zuschneiden auf ein großes Stück Stoff und schnitt um seine Formen herum. Doch wir verfügten auch über einen reichhaltigen Vorrat von weggeworfenen Kuriositäten, auf den wir zurückgreifen konnten. Kulissen gab es nicht, und als Vorhang diente ein Bettuch. Die Handlung der Stücke war unglaublich kompliziert; keiner konnte ihr ganz folgen. Das machte aber nichts, denn der Erfolg des Stücks beruhte ganz auf seinem Witz und den gekonnten Versen. Der Dialog allerdings war in Prosa und mußte sehr geistreich sein. Die Verse wurden vorwiegend von Ruth und Frances geschrieben. Hier der Eröffnungschor von *Der verzauberte Schneestiefel*, geschrieben, als Nora, Frances und ich ungefähr dreizehn oder vierzehn Jahre alt waren. Gesprochen wurde der »Chor der Köchinnen« im Haus der Prinzessin Lavinia Plantagenet:

THOMAS: Wir, das müßt ihr wissen, stehen
  an der Spitze der Nation.
  Keiner soll uns kleiner sehen,
ALLE: denn ein Buch verkündet's schon:
THOMAS: Niemand ist so reich und fett
  wie der Stamm Plantagenet.
  Ja, weit haben wir's gebracht,
ALLE: nur durch unserer Küche Macht.
THOMAS: Und wir kochen, waschen, jäten
  das Gemüse auf den Beeten.
  Unser Dienst ist kein Vergnügen,

ALLE: doch wir wollen auch nicht lügen.
THOMAS: Alle, Bischof wie Baron,
haben ihren Spaß davon.
Wir bedienen sogar gern
ALLE: einen nicht so feinen Herrn.

Ich kann mir gut vorstellen, daß der Charakter der Prinzessin Lavinia dem meiner Mutter nachgebildet war, die fand, Gemüsejäten sei eine durchaus passende Beschäftigung für die Köchin. Überdies besaß sie, wie die Prinzessin, die Gabe, dies der Köchin auf verbindlichste Weise zu vermitteln.

Hier noch das Ende eines Vortrags der »Hexe der Flüche«, den sie vor dem »Chor der Gespenster« am Zauberinstitut gehalten hat. Er enthält Hinweise auf die langweiligen Sonntagnachmittagsbesuche schüchterner Studenten, die sich zwar gar nicht wohl fühlten, aber auch nicht den Weg zur Tür fanden.

DIE HEXE: Und so bring ich mit meinen Flüchen die Herren zum Lachen,
sind auch ihre Gesichter und Kragen noch steif vor Stolz.
Bald schon werd' ich die steinharten Herzen erweichen,
seien sie noch so jung und dumm und überheblich.
GESPENSTER: Erstsemester, so verlegen,
wissen sich nicht auszudrücken.
Ach, es wäre schon ein Segen,
wollten die Gespräche glücken.
Die Moral von der Geschicht:
bleibe nie zu lange nicht.

Einmal mußte eine Aufführung abgesagt werden, weil wir alle die Grippe hatten und die Tanten ein schreckliches Darwinsches Aufhebens davon machten, was uns sehr ärgerte und erzürnte. Als das Stück dann endlich doch über die Bühne ging, lauteten ein paar Zeilen in Bernards Prolog:

> Die Grippe, wie sie durch die Lande tobte,
> ließ dieses Haus zum Glück fast unversehrt.
> Manch stolze Mutter ihre Kinder lobte,
> daß sie die böse Krankheit abgewehrt.
> Von allen Darwins sind es sieben,
> die von dem Schrecken unberührt geblieben.

Bernard schrieb manchmal auch ganze Stücke für uns, zum Beispiel *Der Apterix* oder *Der Bischof von Süd-West-Äquatorial-Mesopotamien.* Letzteres war ein Sommerstück, das im Garten gegeben wurde. Aber leider war es eine exklusive Wychfield-Produktion, an der zwar Ruth und Nora, die nebenan wohnten, teilnahmen, ich jedoch nur als geblendete und eifersüchtige Zuschauerin. Wir genossen den Vorteil, den Fluß in unserem Garten zu haben, der Nachteil dabei war, daß wir über eine Meile von den anderen entfernt wohnten.

Ruth stellte den Bischof dar, oder vielmehr einen Kobold, der in den Bischof gefahren war. Mit dem Dreirad fuhr sie durch den Garten auf die Bühne, angezogen wie ein Bischof und mit aufgestecktem Haar, doch ein hinten aus ihrem Gewand hängender Schwanz aus blauen Wollfäden verriet ihre teuflische Herkunft. Darüber hatte es Meinungsverschiedenheiten gegeben, und Tante Ida erlaubte Ruth diese Rolle nur unter Protest. Ob sie aber etwas gegen männliche Kleidung oder das Bischofsornat oder den Schwanz hatte – wir erfuhren es nie. Im Publikum, das diesem Anblick ausgesetzt war, gab es ohnehin nur nahe Verwandte. Auch der Text war von Anstößigem gereinigt worden. Ursprünglich hatte der Bischof nämlich, als Wahrzeichen seiner Verwandlung, einen Papierkorb und eine *Badehose* bei sich, doch während der Proben wurde, auf Anordnung der Zensur, die Badehose durch eine Orange ersetzt.

Als wir älter wurden, waren unsere Theaterspiele weniger sorgfältig einstudiert, doch zu Weihnachten improvisierten wir immer noch etwas. In dem Jahr, als Frances sich mit Francis Cornford verlobte, schrieb ich selbst ein Stück *The Importance of Being Frank*. Darin hießen alle Personen Frances oder Francis, was ein großes Durcheinander verursachte, bis der Held sich dazu durchrang, sich Frank zu nennen. Eine Lösung, die übrigens die Cornfords im wirklichen Leben nie in Erwägung zogen. Ich glaube, das war unsere letzte richtige Theateraufführung. Danach heirateten wir oder wandten uns anderen Zerstreuungen zu.

13

Kleidung

Während meiner ganzen Jugend war Kleidung der häufigste Anlaß für Kräche, Ungezogenheiten, Unglück und Verdruß aller Art. Praktisch alles, was wir trugen, nicht nur unsere besten Kleider, verursachte Schwierigkeiten.

Auf ihre Weise machte sich meine Mutter viel Mühe mit der Kleidung, nicht nur mit ihrer eigenen, auch mit unserer. Stunde um Stunde saß sie bei einer bescheidenen Hausschneiderin und überwachte, wie diese alte Kleider in Stücke schnitt und sie in neue Kombinationen verwandelte. Knauserigkeit, der Dämon mit dem steinernen Herzen und ihr persönlicher böser Engel, legte immer wieder Protest ein und duldete nicht, daß sie etwas in einem guten Geschäft anfertigen ließ. Oft waren die Ergebnisse dieser Heimarbeit ziemlich unansehnlich, doch bei meiner Mutter war das nicht so wichtig, weil es ihr fast immer gelang, hübsch auszusehen, öfter noch trotz als wegen ihrer Kleidung. Allerdings wußte sie auch recht gut, was ihr stand, sie trug zum Beispiel nie die gräßlichen steifen Kreissägen, die damals in Mode waren, und sie war sich klar darüber, daß weiche fließende Sachen besser zu ihr paßten als strenge Schneiderkostüme. Am allerschönsten sah sie in einem »Nachmittagskleid« aus oder in einem Sommerkleid mit Federboa, einem Hut mit Straßenfedern und einem Sonnenschirm.

Meine Aufgabe bei dieser Kleiderherstellung war das Auftrennen der alten Sachen, dem ich mich nur mit größtem Widerwillen widmete. Manchmal, wenn es zu lange dauerte – großer Gott, was gab es da für Szenen! Doch selbst das war nicht ganz so schlimm wie das Anprobieren meiner neuen

Kleider. Mir kam es vor, als ließe man mich ganze Tage (vermutlich waren es so um die zwanzig Minuten) auf einem Tisch stehen, indes meine Mutter und die Schneiderin, den Mund voller Stecknadeln, an mir herumzerrten, mit eiskalter Schere an meinen bloßen Hals kamen und ununterbrochen sagten: »Um Himmels willen, steh doch einen Moment gerade!« oder »Nun bitte halt doch eine Minute still«, bis es zu einer regelrechten Explosion kam.

Einmal, als ich es keine Sekunde länger aushalten konnte, wurde ich ganz und gar rasend, biß mich mit den Zähnen in dem rosa Kleid, das sie mir anprobierten, fest und riß es in Fetzen. Ich muß wohl dafür bestraft worden sein, aber ich kann mich an nichts anderes erinnern als an meine triumphierende Freude über mein Verbrechen. Ein anderes Mal machte ich einen Hut zuschanden. Meine Mutter hatte uns aus Paris Hüte mitgebracht, die uns – der Kopf bestand aus gelbem Stoh und der Rand aus weißem Spitzenpapier – wie Gänseblümchen aussehen lassen sollten. Nach einer heftigen Auseinandersetzung am Sonntagmorgen wurden Margaret und ich dazu verdonnert, damit zur King's Chapel zu gehen, und eines übelgelaunteren Paars Gänseblümchen ist man wohl nie ansichtig geworden. Als wir aber glücklich drinnen waren und sicher in unserem Kirchenstuhl – Walter, der Küster, wies uns immer Ehrenplätze zu, obwohl wir wirklich nichts mit King's College zu tun hatten – hier also, in Sicherheit, sage ich, wo die Reaktionen der Erwachsenen gehemmt und ihre menschlichen Regungen eingefroren waren ... da nahm ich meinen Hut ab und *stellte* mich darauf und quetschte ihn so platt, wie dereinst St. Georg den Drachen niederzwang. Der konnte von niemand mehr getragen werden – Hallelujah in der Höhe!

Trotz der großen Bemühungen meiner Mutter fand ich alle meine Kleider schrecklich. Aus meiner ganzen Jugend weiß ich keinen einzigen Mantel, Hut oder Rock, den ich gemocht hätte, außer einer Schürze mit rosa Borten. Es heißt ja, daß wir stets die Moden des Tages bewundern und die von vorgestern vulgär finden, bis ihnen ein Hauch von Vergangenheit wieder altmodische Romantik verleiht. Das kann aber nicht stimmen, denn ich fand die Kleider, die meine Mutter in den achtziger Jahren getragen hatte, entzückend, während mir die Mode von 1890 bis 1914 damals wie heute absurd, häßlich und unbequem vorkommt.

Gut erinnere ich mich an einen Sonntag im Jahre 1902 während meiner Zeit im Internat: Ich ging am Ende der Schlange, die sich den Hügel hinab zur Kirche bewegte, vor mir sah ich alle meine Mitschülerinnen in ihrem Sonntagsstaat. Dabei dachte ich (einigermaßen überheblich): »Wie furchtbar die alle aussehen, und was für Mühen sie auf sich genommen haben, um noch furchtbarer auszusehen. Ich weiß zwar, daß ich genauso scheußlich aussehe, aber zumindest hat es mich nicht den geringsten Aufwand gekostet.« Ich fand, sie hatten sich mit ihren Verschönerungen »nichts Gutes getan«, wie Onkel Lenny einmal von einer aufgedonnerten Dame in seinem Bekanntenkreis gesagt hatte. Jedesmal denke ich daran zurück, wenn ich nur eine Spur von etwas wittere, das mich an den öden, feuchten vorstädtischen Sonntagmorgenmief von Wimbledon Common erinnert: Dann sehe ich sie vor mir, ihre plumpen bebänderten Hüte, oben auf dem Haar schwankend, das zu kräuseln und hochzubürsten so viel Zeit in Anspruch genommen hatte, und ihre enggeschnürten Glockenfiguren, die schwätzend und kichernd abwärts zur Kirche wackelten.

Der Mode zum Trotz hat es in den neunziger Jahren doch hier und da ein paar elegante Frauen gegeben – nehme ich jedenfalls an. Aber selbst wenn sie in Cambridge gelebt hätten (was ich bezweifle), wären sie uns sicher nicht aufgefallen. In Cambridge war man nicht gut angezogen. Die Darwins hatten für Eleganz nichts übrig. Und wir Cousinen standen turmhoch über Kleiderfragen oder taten wenigstens so. Vieren von uns war es ernst damit, da wir ja unsere Kleider von oben zudiktiert bekamen, ohne Einspruch erheben zu können. Nur Frances hegte wohl den geheimen Wunsch, hübsch angezogen zu sein. Dennoch mußte sie vorgeben, sich nichts daraus zu machen, da Interesse an Kleidern eine ungefestigte Moral bezeugte. Sagte beim Geschichtenerzählen der Erzähler: »Sie war eine auffallend elegante Frau«, dann wußten wir alle: *Sie* war die schurkische Person im Stück.

In einer weniger scharf umrissenen Weise war dies die Einstellung aller geborenen Darwins zu Kleidern, die auch von den angeheirateten Darwins meist übernommen wurde. Sich gut anzuziehen war eine Pflicht, kein Vergnügen: die Pflicht gegenüber dem Stand, in den dich zu berufen Gott gefallen hatte. Kleider, die lediglich unter Berücksichtigung des Alters und der Stellung der Trägerin entworfen werden, sind natürlich immer eine ziemlich traurige Angelegenheit. Trotzdem glückte es den Tanten, in ihren »besten Kleidern« ungemein würdevoll aufzutreten. Tante Ida sah ohnehin stets wie eine Herzogin aus – eine aus ältestem, vornehmstem Adel. Und Tante Etty hatte bei Gelegenheit die großartigsten Auftritte, ihre Kleider waren selbst in ihrem unattraktiven Alter noch schön, ihre zierlichen Spitzenhäubchen reizend. Wie immer machte sie ihren Standpunkt energisch klar. Sie pflegte zu sagen: »Ich werde meine Perlenkette tragen, dann wissen alle, daß ich mein Bestes getan habe.« Auch weiße Handschuhe waren ein Zeichen dafür, daß man sein Bestes tat.

Andererseits bereiteten meiner Mutter Kleider wirkliche Freude. In einem Brief berichtet sie, wie sie mit meinem Vater zu einer Besuchsrunde aufbrach: »George mit seinem Zylinder, den er sonst nur in London oder Paris trägt, und ich in meinem roten Tuch. Wir fühlten uns beide großartig in unseren besten Sachen – Kleider geben einem Selbstsicherheit, daran besteht kein Zweifel.« Hier, in einer Nußschale, hat man den Unterschied zwischen ihr und mir. Sie hätte sich ja niemals vorstellen können, daß dieses Gefühl mir gänzlich unbekannt war. Noch begriff sie, trotz der besten Absichten, daß ich, um erträglich auszusehen, einer ganz besonderen Behandlung bedurft hätte, daß, was ihr gut stand, für mich keineswegs das Richtige war.

Einmal, mit achtzehn, wurde ich zur Hochzeit einer Cousine als fette blauseidene Brautjungfer kostümiert. Ein wahres Wunder, daß ich, erfüllt von Gift und Galle, in der Kirche auf das Brautpaar keinen Fluch herabgerufen habe. Die Ehe wurde übrigens, trotz des unheilschwangeren Anfangs, ein Erfolg. Jedenfalls kann ich hier, Hand aufs Herz, ohne Umstände behaupten, mich immer, wenn ich überhaupt darüber nachdachte, für einen dicken, schlecht gekleideten Trauerkloß gehalten zu haben. Und im Internat, wo alle auf mich herabsahen, gab ich ihnen im stillen recht, das heißt, nur einerseits, andererseits fand ich alles, was sie von Erscheinung und Auftreten hielten, schlicht falsch.

Gerade in dieser Zeit war meine Kleidung besonders unvorteilhaft. Ich hatte einen neuen grünen Tweedmantel mit dazu passendem Rock, recht und schlecht von der armen kleinen Hausschneiderin genäht. Der Rock war mit leuchtendem butterblumengelbem Baumwollstoff gefüttert, der bei jeder Bewegung am Saum hervorschaute. Und so war es gekommen: Bei unserer letzten Weihnachtsfeier war ein riesiger gelber Kürbis hereingetragen worden, der sich plötzlich öffnete und in seinem Innern Billy mit allen Weihnachtsgeschenken enthüllte. Meine Mutter hatte dann, sparsam wie immer, diesen Kürbisstoff als Futter für meinen Rock genommen.

Eine Zeitlang ertrug ich die Kritik der Mädchen im Internat – und Mädchen nehmen, wenn es um solche Dinge geht, kein Blatt vor den Mund –, aber schließlich schaute ich den Tatsachen ins Auge. Da ich ja sowieso nicht gut aussah oder schön angezogen sein konnte, beschloß ich, mir einfach keine Gedanken mehr über meine Erscheinung zu machen. Ich würde immer genug Kleider haben, um dem Anstand Rechnung zu tragen, aber ich würde mich so unsichtbar wie möglich machen und den Rest meines Lebens als eine Art körperloses Geistwesen verbringen. Natürlich wußte ich, daß dies nicht die beste aller Lösungen war, doch es schien mir die einzig praktikable. Wie dem auch sei – dieser Entschluß brachte mir die Freiheit. Ich dachte wirklich kaum noch über meine Kleider und mein Aussehen nach, und so vergaß ich – bis auf manchmal am Anfang einer Party – meine Schüchternheit und Gehemmtheit.

Bei meinen Zeichnungen bin ich immer auf folgende Schwierigkeit gestoßen: Wenn ich die Menschen so zeichne, wie sie wirklich aussahen, wirken sie unmöglich. Nicht wunderlich, altmodisch, unbehaglich oder häßlich, nein: nur einfach unmöglich. Zeichne ich junge Männer mit steifen Hüten und hohen Kragen und schwarzen Anzügen in einem Paddelboot auf dem Fluß, so wird mir keiner glauben, daß sie a) Gentlemen waren oder b) falls sie es waren, daß sie so aussehen konnten. Ich besitze noch ein paar Schnappschüsse von Picknicks in der Maiwoche, darauf sind die Mädchen angetan mit engen hochgeschlossenen langen Seidenkleidern, von denen man glauben könnte, sie seien gerade recht für einen Nachmittagsempfang im Buckingham Palace. Auf ihren Hüten häufen sich phantastische Kompositionen aus Früchten, Blumen und Federn. Wir selbst trugen ja sogar zum Tennis und Radfahren die unglaublichsten Kleidungsstücke.

Der Gedanke an Unbequemlichkeit, Einengung und Schmerzen, wie wir sie in unserer Kleidung erdulden mußten, macht mich heute fast noch wütender als damals, denn da nahm man solchen Ärger als unvermeidlich hin. Mit Ausnahme jener Frauen, die schon von der Natur mit schmalster Taille und einer Glockenform ausgestattet waren, schien keine Dame sich je in ihren Kleidern wohl zu fühlen oder auch nur in ihren eigenen, passenden zu stecken, weil alles stets zu eng war und die Oberteile von der Anspannung Falten warfen. Überdies drückten sich die Korsetts oberhalb der Taille mit einem scharfen Rand durch, und die Damen wölbten sich, trotz Fischbein, unterhalb der Taille. Die Armen, sie waren ja auch nur Menschen und mußten sich schließlich irgendwohin ausdehnen. Wie mir das Herz aufging, als eine beleibte Französin, die wir einmal im Zug trafen, erklärte, sie ginge in den Ferien aufs Land, »um es mir ohne Korsett bequem zu machen.«

War ich bei Tante Etty zu Besuch, so fühlte ich schon bald nach der Ankunft ihre Finger in meinem Rockbund: Sie wollte sich vergewissern, daß er nicht zu eng war, denn sie verdächtigte jedes junge Mädchen eines Hangs zu modischen Übertreibungen. Dann erzählte sie uns eine schrecklich moralische Geschichte von einer Dame, die sich so eng geschnürt hatte, daß sie ihre Leber *in zwei* Hälften schnitt und infolgedessen starb. (Bei mir bestand sicher keine Gefahr, auf solche Weise ums Leben zu kommen.)

Wir wußten zwar, daß es fast aussichtslos war – wir waren von allen Seiten eingekreist und überstimmt –, aber gegen Korsetts lehnten wir uns doch auf. Margaret berichtet, sie sei, als man ihr mit ungefähr dreizehn zum ersten Mal eins anzog, schreiend vor Wut im Kinderzimmer im Kreis gerannt. So etwas machte ich nicht. Ich ging einfach weg und zog es aus, ließ, als man meinen ungeschnürten Zustand entdeckte, mißmutig den unweigerlich darauffolgenden Krach über mich ergehen, wurde mit Gewalt neu korsettiert und ging so bald wie möglich wieder weg, um mich wiederum zu entblößen. Eine meiner Gouvernanten brach in Tränen aus über meine unerschütterliche Bosheit, was Korsetts anging. Ich hatte eine schlechte Figur, dementsprechend waren diese Dinger für mich wahre Marterinstrumente. Sie drückten mir den Atem ab und bohrten auf beiden Seiten tiefe Löcher in meine Weichteile. Ich bin sicher, kein härenes Hemd hätte mir mehr Qualen bereiten können. Nach der Korsettfolter kam die Hutfolter: die unförmigen, überdekorierten Hüte, die mit langen mörderischen Nadeln am Aufbau des hochgebauschten Haars befestigt wurden. Bei Windstößen auf dem Deck eines offenen Busses zerrten ihre mächtigen Segel schmerzhaft an ihren Verankerungen und rissen einem ganze Haarbüschel aus.

Ob männlich oder weiblich, im Freien mußte man stets eine Kopfbedeckung tragen. Das war selbst für Kinder, die im Garten spielten, unerläßlich. Je nachdem, wie das Wetter war, sagte man uns, wir würden uns barhäuptig entweder erkälten oder einen Sonnenstich holen. Der wirkliche Grund jedoch war: Es gehörte sich so; die Kopfbedeckung war ein wesentlicher Teil des Anzugs.

Röcke waren eher ermüdend als schmerzhaft, manchmal machten sie außerordentlich müde. Als ich achtzehn war, reichten meine Röcke bis zum Boden, und die Sonntagskleider hatten hinten kleine Schleppen. Es war umständlich, in den schweren »Wanderröcken«, die sich ständig zwischen den Knien verfingen, richtig zu schreiten. Um den Saum dieser Röcke hatte ich mit eigener Hand eine »Bürstenborte« genäht, die den schlimmsten Schmutz auffing, denn es ließ sich nicht vermeiden, daß der Rocksaum die Straße fegte, auch wenn man ihn noch so sorgfältig hinten hochraffte. Und damals waren die Straßen noch weit schmutziger als die heutigen asphaltierten. Danach mußte der verkrustete Dreck abgebürstet werden, was über eine Stunde in Anspruch nahm. Es gab wohl keine sinnlosere Arbeit als die des dauernden Rockbürstens, die uns von einer idiotischen Konvention aufgezwungen wurde – und es war die einzige Tätigkeit, die in mir den Wunsch weckte, ein eigenes Mädchen zu haben. Ansonsten sah ich auf Leute herab, die nicht für sich selbst sorgen konnten.

Einmal fragte ich Tante Etty, wie es war, als man noch Krinolinen trug. »Herrlich«, sagte sie, »seit es sie nicht mehr gibt, habe ich mich nie mehr so recht wohl gefühlt. Sie hielten die Unterröcke von den Beinen weg, man konnte ganz leicht darin gehen.«

Eine unserer Gouvernanten, die sich für sehr modern und wagemutig hielt, bestellte sich einmal einen neuen Rock, dessen Saum sechs Zentimeter über dem Boden war. Als er dann aber kam, genierte sie sich, ihn zu tragen und löste am Ende das Problem, indem sie immer Gamaschen dazu anzog. Fußknöchel durften nämlich niemals sichtbar sein, und bekam man sie zu sehen, dann war die Dame, zu der sie gehörten, keine wirkliche Dame. Beine hatten überhaupt keinen Wert, sie waren höchstens unschicklich.

Aus diesem Grund machten sich elegante, aber höchst respektable Damen nichts daraus, die schäbigsten Schuhe und Strümpfe zu tragen, obgleich es auch der korrektesten Dame nicht immer gelang, ihre Schuhe ganz zu verbergen. Wohlerzogene junge Männer hatten von ihren Müttern gelernt, stets vor einer Dame über einen Zaun zu klettern, dann mit dem Rücken zu ihr stehenzubleiben, die Aussicht zu betrachten und eine unbeteiligte Hand seitwärts auszustrecken, um ihr aus ihrer peinlichen Lage zu helfen. Das alles war wohl so vorgeschrieben, weil der Wandel von der Haarbesessenheit der mittleren viktorianischen Periode zur Beinbesessenheit des 20. Jahrhunderts noch nicht stattgefunden hatte. Haare waren auch in den neunziger Jahren noch von beträchtlichem Wert, wenn auch nicht mehr ganz so bedeutend wie vorher. Die Damen ließen kaum noch üppige Mengen wohlgebürsteten Haars auf ihre Schultern fließen wie zu der Zeit, als sie noch von Rossetti gemalt und von Mrs. Cameron fotografiert wurden. Von Tante Etty existiert noch ein Foto aus den sechziger Jahren, auf dem sie, die sicherlich am wenigsten eitle Person der Welt, in Gesellschaftskleidung mit offenem schulterlangem Haar zu sehen ist.

Das schöne goldbraune Haar meiner Mutter reichte fast bis zum Boden, es war das längste, das ich je gesehen habe, obwohl es, glaube ich, Browning nicht »dreimal um ihren schlanken Hals« hätte schlingen können, wie bei Porphyria, als er sie erdrosselte. Und meine Mutter war nicht ganz so stolz darauf, wie sie es zwanzig Jahre früher gewesen wäre. Sie ließ es sogar manchmal etwas ausdünnen, weil, wie sie sagte, die Flechten ihr zu schwer wurden. In den neunziger Jahren flocht man das Haar zu Zöpfen oder legte es in Lokken, was oft sehr hübsch aussah. Danach wurde es über Polster und Rahmen zu scheußlichen ausladenen Klumpen und Schwellungen frisiert. Es war immer noch sehr wichtig, aber nicht mehr die schönste Zierde der Frau, die es einmal gewesen war.

Bei Männern, diesen bemähnten und bärtigen Löwen, die in den sechzigern unter stolzem Gebrüll ihre verfilzten Bettvorleger zur Schau gestellt hatten, ließ die Pracht und die Herrlichkeit nun auch ein wenig nach. Tante Etty schrieb freilich noch in den siebzigern stolz von Onkel Richards »ungewöhnlich langem, dichtem braunen, Bart«. Und meine Mutter hatte noch in den achtzigern Mr. T.s üppiges Haar und seinen »schönen, weichen braunen Bart« als Attraktion bewundert. Doch die Bärte wurden Jahr für Jahr kürzer, und die jungen Männer ließen sich häufig nur noch einen Schnurrbart stehen. Backenbärte gehörten entschieden der Vergangenheit an, das ihnen vorbehaltene Gebiet wurde vom Rasiermesser jedes Jahr mehr eingeschränkt. In den neunzigern hatte das männliche Haupthaar eine recht vernünftige Länge erreicht, halbwegs zwischen den Auswüchsen der sechziger und jenen Stacheln auf dem Hinterkopf, die heute leider der Mode entsprechen.

Mit dem Haar ging es also abwärts, doch Frauenbeine waren noch nicht zu Ehre und Ansehen gekommen. Um diese Entwicklung auf den Weg zu bringen, bedurfte es eines Weltkriegs. Heutzutage geben wir viel zuviel für möglichst dünne Strümpfe aus, in denen wir im Winter frieren. Und wir sagen so nebenbei: »Eigentlich hat sie ganz schönes Haar«, aber mit Begeisterung: »Sie hat bezaubernde Beine«, weil schmale Knöchel jetzt überhaupt das Höchste sind.

Mein Herz blutet beim Betrachten der vielen Fotos, die uns als Kinder zeigen, beim Spielen im hochsommerlichen Garten, stets mit dicken schwarzen Wollstrümpfen und hohen Schuhen. Darüber trugen wir lange, weite Kittel mit langen Ärmeln und natürlich irgendwelche Hüte oder Mützen. Trotzdem ging es uns noch besser als unseren Cousinen, denn uns wurde manchmal erlaubt, bei warmem Wetter draußen barfuß zu gehen, was sie nie durften. Da gibt es eine traurige kleine Geschichte von Erasmus, Ruth und Nora: In den Ferien entdeckten sie einmal einen schmalen Bach und gingen ganz unschuldig hinein und planschten. Doch dann meldete sich ihr schlechtes Gewissen, und einer von ihnen wurde ins Haus geschickt, um nach Erlaubnis zu fragen. Man sagte ihnen »Unter keiner Umständen«, und so mußten sie ihre schwarzen Wollstrümpfe und ihre warmen Schnürstiefel wieder anziehen.

Als ich älter wurde, begann meine Mutter, mich zurechtzuweisen: Es gehöre sich nicht mehr für mich, mit bloßen Beinen herumzulaufen, nicht einmal auf dem Land. »Da, Gwen, der Mann hat dich gesehen. Ich weiß nicht, was er sich wohl denken muß von einem großen Mädchen, das so herumläuft.« Ich fühlte mich zwar verlegen und unbehaglich, aber ich widersetzte mich den Anstandsregeln und ging weiter barfuß, wann immer ich es wagte. Wie schrecklich, darüber nachzudenken, daß mich nun schon fünfzig Jahre lang die guten Sitten davon abgehalten haben, mich einem der einfachsten und unschuldigsten sinnlichen Vergnügen hinzugeben: den Wind an meinen bloßen Beinen zu fühlen.

Ich wünsche mir auch, man hätte mir erlaubt, richtige Jungenschuhe zu tragen, mit Messinghaken für die Schnürsenkel. Ich wollte sie so furchtbar gerne haben, und jetzt ist es zu spät – ich will sie nicht mehr. Ich hatte immer nur Knöpfstiefel, die in meinen Augen weibisch wirkten. Sie wurden nach Maß von dem Schuster Mr. Flack angefertigt. In seiner Werkstatt am Kirchhof der Round Church zeichnete er mit einem kitzelnden Bleistift den Umriß meiner Zehen nach. Wir besaßen nie fertig gekaufte Schuhe. Einmal gab es einen gewaltigen Krach, als Charles gezwungen werden sollte, ein altes Paar Knöpfstiefel von mir anzuziehen – wir hielten das beide für eine Beleidigung seines Geschlechts. Ich war noch viel aufgebrachter als er und machte für ihn eine unerhörte Szene, indes er die Schande der Knöpfstiefel mit seiner gewohnten Erhabenheit hinahm. Das müssen die Stiefel gewesen sein, die er, als wir im Garten von Down ein Barfußspiel spielten, wegen einer Erkältung nicht ausziehen durfte. Wie stets sollte er den Märchenprinzen darstellen – eine Rolle, die ihm aufgrund seines Geschlechts unvermeidlich zufiel, auch wenn er sie verabscheute –, und nun war die ganze Aufführung in Gefahr. Wer hätte je von einem Märchenprinzen in schwarzen Knöpfstiefeln gehört? Dann kam einer auf die Idee, Blumen – Skabiosen – in die Knopflöcher der Stiefel zu stecken, und das Spiel war gerettet. Knöpfe müssen in jenen Tagen einen Hauch von Aristokratie gehabt haben; Alles, was nur zu- und aufgeknöpft werden konnte, war auch so konstruiert, von oben bis unten Knöpfe am Nachthemd, Knöpfe an allen

Ärmeln, Knöpfe am Leibchen und am Schlüpfer, Knöpfe überall. Jenes unbekannte Genie, das darauf kam, die Kleider über den Kopf zu ziehen, war noch nicht geboren, leider auch nicht sein Zwillingsbruder, der das Gummiband entdeckte.

Frauen waren damals unvorstellbar verschämt, auch untereinander. Seine Freundin durfte man möglicherweise im Unterrock sehen, alles darunter galt als unvorzeigbar. Im Internat rief der Anblick einer Person im rüschenbesetzten Schlüpfer tugendhafte Schreckensschreie hervor. Und ich hätte es nie gewagt, mich unten im Haus im Morgenrock zu zeigen. Die Folge davon war, daß anständige Frauen keinen besonderen Wert auf ihre Unterwäsche legten, die meist gestrickt und gestopft war, dafür aber extrem kompliziert. Hier eine Aufzählung von Kleidungsstücken, getragen von einer jungen Dame, mit der ich für eine Nacht das Zimmer teilte – von unten – bei nichts – angefangen.

1. Eine dicke Wollkombination mit langen Armen und Beinen;
2. darüber weiße Baumwollwäsche mit vielen Rüschen und Knöpfen;
3. ein sehr strenges graues Fischbeinkorsett mit Strapsen;
4. schwarze Wollstrümpfe;
5. weißer Baumwollschlüpfer mit Knöpfen und Rüschen;
6. weiße Untertaille, bestickt, rüschenbesetzt;
7. kurzer weißer Flanellunterrock;
8. langer Alpacca-Unterrock mit Volant;
9. rosa Flanellbluse;
10. hoher, gestärkter weißer Kragen mit Kragenknöpfen;
11. marineblaue Krawatte;
12. blauer Rock, bodenlang, hinten an der Bluse mit einer Sicherheitsnadel festgesteckt;
13. enger Ledergürtel;
14. hohe Knöpfstiefel.

Ich betrachtete sie vom Bett aus unter gesenkten Lidern. Sie wäre entsetzt gewesen, hätte sie gewußt, daß ich wach war.

Warme Unterwäsche spielte eine große Rolle. Meine amerikanische Großmutter schrieb meiner Mutter, die erst kurze Zeit in England war: »Trägst du auch dicke, warme Flanellsachen? Ich glaube, die Königin Viktoria wird sich noch einmal dafür verantworten müssen, daß sie Damen dazu veranlaßt, auf ihren Empfängen ausgeschnittene Kleider zu tragen, und damit einer Mode Vorschub leistet, die, davon bin ich überzeugt, schon manch zarte junge Frau ins Grab gebracht hat.«

Kinder wurden im allgemeinen viel zu warm angezogen, doch unsere Cousinen hatten noch mehr als wir unter übertriebener elterlicher Fürsorge zu leiden – ihnen war immer zu heiß. Kleiderbügel waren in meiner Jugend unbekannt – wenigstens mir. Und ich erinnere mich noch gut an das erste Mal, als ich Gesichtspuder sah. Das war auf dem Frisiertisch einer höchst ehrenwerten Dame, in deren Haus wir bei einer Kindergesellschaft Verstecken spielten. Ich weiß nicht, wieso ich erkannte, was das war, aber ich erkannte es, und der Anblick schockierte mich zutiefst. Ist Mrs. H. denn wirklich eine anständige Frau? Hätten Sie sie nur sehen können! Die freundliche ältliche intellektuelle Gattin eines freundlichen älteren intellektuellen Professors. Ich kann es heute noch nicht fassen, daß ihr so etwas wie Puder überhaupt bekannt war.

Wahrscheinlich war ich deshalb so überrascht, weil meine Mutter nie Puder benutzte. Ihre reine rosig-weiße Haut bedurfte keiner solchen Nachhilfe. Vermutlich wurde darüber diskutiert, ob sie Make-up trug oder nicht. Ich kann jedenfalls bezeugen, daß sie es nicht tat. Weniger von der Natur begünstigte Damen puderten sich jedoch, wenn auch sehr diskret. Junge Mädchen dagegen niemals. Und Rouge oder Lippenstift waren völlig tabu. So etwas gehörte sich nur für Schauspielerinnen oder »gewisse Frauen« oder die verruchtesten Modedamen.

Rupert Brooke erzählte uns einmal eine Geschichte, die er von einem Freund im King's College gehört hatte, und dem sie selbst widerfahren war. Dieser junge Mann berichtete ihm, er sei mit einer Cousine zusammen aufgewachsen, die er sehr gern gehabt hätte. Im Alter von ungefähr siebzehn Jahren starb das Mädchen plötzlich. Er war darüber sehr traurig, aber zu der Zeit, als sie im Sterben lag, war er mit seinen Vorexamen und anderen Dingen so beschäftigt gewesen, daß es ihn zunächst weniger als erwartet erschütterte. Ein paar Monate später jedoch hatte er einen Traum, in dem sich zeigte, welch ein Schicksalsschlag ihr Tod für ihn war. Er sah das junge Mädchen im Traum vor einem Spiegel stehen, und ungläubig und mit unbeschreiblichem Entsetzen meinte er zu sehen, daß sie sich schminkte. Das schien ihm so unmöglich, daß er sich von hinten an sie heranschlich und nun im Spiegel ganz deutlich wahrnahm: sie schminkte zwar ihr Gesicht, aber sie war *tot* – sie versuchte, die Verwüstungen des Todes auf ihren verfallenen Zügen zu überdecken. Er erwachte mit einem kaum erträglichen Wissen um das, was Sterblichkeit bedeutet. Rupert erzählte uns diese Geschichte 1912, heute könnte man sie nicht mehr erzählen. Die Pointe – daß es für ein junges Mädchen schlicht unmöglich war, sich vor dem Spiegel zu schminken – würde jetzt niemand mehr verstehen.

Mit achtzehn bekam ich ein Taschengeld von 60 Pfund im Jahr. Damit mußte ich aber alles bestreiten, meine Kleider und meine persönlichen Ausgaben – Bücher, Geschenke, Reisen und Zeichenmaterial. Eigentlich war es keine zu knappe Summe, und ich hätte mich damit steinreich gefühlt, wäre ich nur in der Lage gewesen, für Kleider so wenig auszugeben wie ich wollte. Doch die Obrigkeit achtete darauf, daß ich für diesen Zweck Beträge vorsah, die mir enorm hoch erschienen. Stets mußte ich im Besitz von mindestens drei guten (und unvorstellbar häßlichen) Abendkleidern sein, dazu kamen viele Paare langer weißer Lederhandschuhe, die sehr teuer waren und, einmal angeschmutzt, nicht mehr gut aussahen. Auch mindestens ein Paar Seidenstrümpfe war Vorschrift – ich weiß noch, sie kosteten zehn Shilling! Was für eine Last und Geldverschwendung das alles war! Nachdem ich mit soviel Bitterkeit über die Kleider meiner Jugend geschrieben habe, muß ich nun, um gerecht zu bleiben, zugeben: Sie hatten einen großen Vorteil gegenüber dem, was man heute trägt: sie hatten *Taschen*. Was für köstliche Schätze konnte man darin unterbringen! Bleistifte und Radiergummis und ein kleines Skizzenbuch und ein großes Taschenmesser, außerdem Kordel, Nägel, Roßkastanien, Zuckerstücke, Butterbrot, eine Schere und noch viele andere nützliche Gegenstände. Ein oder zwei Jahre lang trug ich auch, aus tiefster Verehrung, stets ein kleines Buch mit Rembrandts Radierungen bei mir.

Warum haben wir keine Taschen mehr? Wer verbietet sie uns? Wir haben doch die Frauenbewegung, müssen wir denn in dieser Hinsicht den Männern immer noch unterlegen sein?

14

Gesellschaft

Tanzunterricht war die schlimmste aller gesellschaftlichen Veranstaltungen, vor denen ich mich als Kind fürchtete. Er war noch schlimmer als Partys und viel schlimmer als die Kirche. Es war die Würdelosigkeit daran, die mich so aufbrachte, nicht der Zeitverlust oder die affige Kleidung, obwohl die schon ärgerlich genug waren. Sozusagen abstrakt betrachtet fand ich mein weißes Kleid mit der rosa Schärpe wunderschön, nur nicht an mir. Ich fühlte mich darin wie ein Trampel, und dieses Gefühl ließ mich die ganze Zeit nicht los. Ich wußte ja, wie dick und unbeholfen und häßlich ich war, und das weiße Kleid unterstrich diese Mängel noch. Und zudem verlangte die bösartige Tanzlehrerin von mir, herumzuhüpfen, die Arme zu schwingen, die Beine zu werfen und in aller Öffentlichkeit blödsinnige Verrenkungen mit Springseilen und Castagnetten auszuführen. Groteske Possen. Ich kam mir dabei wie ein Löwe im Zirkus vor, der mit einer roten Schleife am Hals auf dem Fahrrad fahren muß, und meine Empörung kannte keine Grenzen.

Seltsamerweise schien vielen anderen Kindern die Tanzstunde zu gefallen. Und selbst meinen Cousinen, die ich mehr als alles in der Welt hochschätzte, schien sie nichts auszumachen. Frances tat sich beim Reigen und beim Hüpfen sogar hervor. Ich schämte mich für sie alle, was ihnen selbst fernlag. Manchmal wurde eine der besten Tänzerinnen, meist Dolly, aufgefordert, ein Solo vor der Klasse zu geben, und wenn sie es beendet hatte, hob sich Miß Ratcliffes schrille Stimme zu einem gedehnten Crescendo, das am Ende abfiel:

UND JETZT ALLE KINDER GEMEINSAM!

Dann haßte ich sie noch mehr als zuvor. Und stand da und wünschte Folter, Tod und den nagenden Wurm auf die arme Person herab.

So machte ich aus Rache alles so schlecht wie möglich, trat beim Marschieren dem Kind vor mir auf die Hacken, ließ mich zur Seite fallen, wenn wir auf einem Knie kniend mit den Armen anmutige Halbkreise ausführen sollten. Kamen wir aber zur Polka oder zum Scheunentanz, dann versuchte ich mir Luft zu machen, indem ich mir einen kongenialen Partner aussuchte und mit ihm den Saal in höchster Geschwindigkeit umrundete, worauf ich, zu meiner Befriedigung, wegen »Raserei« nach draußen verbannt wurde. Oder ich zankte mich zur Ablenkung mit einem der Jungen, der seinem männlichen Geschlecht Schande machte, indem er gelbe Plüschkniehosen und Mädchenschuhe trug.

Die luchsäugigen Mütter und Kindermädchen saßen ringsum an den Wänden, Schals auf dem Schoß und Rivalität im Herzen, indes das verstimmte Klavier unaufhörlich hopsende Weisen klimperte. Um die Demütigung voll zu machen, wurden wir draußen auf dem Heimweg durch den Cambridger Nebel bis über den Mund in flusige, kratzende Shetlandschals gehüllt, und die Wolle wurde von unserem Atem feucht. Das einzig Erträgliche an der ganzen Angelegenheit war die Decke des Saals. Sie war mit rosa und blauen Stuckornamenten verziert und sah aus, als würde sie gut schmecken, als ob ein netter, aber ziemlich kitschiger Engel ein Dach aus türkischem Honig geformt hätte.

Ich bin sicher, Charles verabscheute die Tanzerei nicht weniger als ich. Aber er wurde nicht so böse darüber, er stand stets über solchen Nichtigkeiten und beschäftigte seine Gedanken beim Tanzen mit Primzahlen, Elektrizität und ähnlichen Dingen, bei denen ich beharrlich weghörte, wenn er und mein Vater sich darüber unterhielten. Sobald sie davon anfingen, verschloß ich meine Ohren ganz fest. Einer von Charles' Söhnen jedenfalls hat das Tanzproblem auf höchst zufriedenstellende Weise gelöst. Nach einer Folge von Erkältungen und Magenverstimmungen, die regelmäßig am Montagnachmittag auftauchten, wurde ihm gesagt, zur nächsten Tanzstunde müsse er gehen, egal, wie schlecht ihm sei. Da gab es weder Tränen noch Gebete – an dem betreffenden Tag zog er ganz ruhig los. Aber als er dort war, legte er sich einfach auf den Fußboden und blieb liegen – und jemanden, der auf dem Boden liegt, kann man nur schlecht dazu bewegen, zu hüpfen und zu springen. Ich wünschte nur, mir wäre das eingefallen. Doch nur ein Mann, vielleicht ein Genie, kann auf so etwas Simples kommen, und ich hätte sowieso nie die Willensstärke besessen, es durchzuhalten. Bei Charles' Sohn handelte es sich ohne Zweifel um eine ererbte Reaktion, denn Nora sagt, sie kann sich noch erinnern, wie Charles, während einer Auseinandersetzung mit dem Kindermädchen, unbeweglich im Garten am Boden lag, umringt von schockierten und bewundernden weiblichen Verwandten.

Im fortgeschrittenen Alter war die Tanzstunde nicht mehr so schlimm, aber der stille Zorn darüber blieb, bis ich schließlich nicht mehr hin mußte. Dafür wurde der Horror der Gesellschaften, die, als wir kleiner waren, nur hin und wieder stattfanden, dann zunehmend häufiger und verzweiflungsvoller. Was ich bei diesen öffentlichen Anlässen wirklich brauchte, war Deckung und Tarnfarbe. So gesehen sind Partys nicht ganz so gräßlich wie die Tanzschule. Die unbequeme Kleidung ist zwar bei beiden gleich: Sie verleiht einem keinen Schutz. Aber bei Gesellschaften kann man es oft einrichten, einen Teil der Zeit unter der Treppe, hinter Vorhängen und auf dem Klosett zu verbringen. Man ist also seltener gezwungen, vor aller Augen herumzuhopsen, während in der Tanzschule überhaupt keine Deckung vorhanden ist. Dann gibt es bei einer Party auch oft gutes Essen, nur war ich leider meist so durcheinander von dem Gerede, daß ich gar nicht merkte, was ich aß. Hätte ich mir nur meinen Teller mit unter die Treppe nehmen können! Manchmal waren auch meine Cousinen mit auf der Party, dann suchten wir uns ein stilles Plätzchen und schnatterten und klatschten ganz wie zu Hause, was uns jedesmal eine Predigt wegen schlechter Manieren eintrug. Ohne Zweifel erweckten wir den Eindruck, sehr arrogant und exklusiv zu sein, dabei waren wir in Wirklichkeit nur sehr schüchtern. Ich kann mich nicht erinnern, jemals Spaß an einer Party gehabt zu haben. Ich wundere mich immer noch über die Kinder von heute, die ganz fröhlich zu irgendwelchen grausigen Festivitäten gehen, und biete ihnen mein Mitgefühl an, das sie offenbar gar nicht nötig haben.

Bei Kindern, die wir kannten, zum Tee gebeten zu werden, war gar nicht so übel, unter Umständen sogar sehr lustig. Im allgemeinen wurde der Tee im Kinderzimmer eingenommen, wo wir unter uns waren, und Nana war auch dabei. Unter ihrem sicheren Schutz scheuten wir uns auch nicht, reichlich von den guten Sachen zu nehmen.

Ein besonderes Vergnügen war Tee im Trinity Lodge. Wir hofften immer, dort kurz nach dem vierteljährlichen Besuch des Vorsitzenden der Assisen eingeladen zu werden. Der Richter als Repräsentant des Königs verweist nämlich den Dekan aus einem Teil seines Hauses und nimmt bestimmte Räume für sich und seine Dienerschaft in Anspruch. Er hat sogar seine eigene Küche und seinen eigenen Koch. Bei der feierlichen Begrüßung durch den Dekan und die Dozenten wurde er mit Glühwein und einem speziellen süßen Gebäck bewirtet, von dem wir glaubten, es sei das einzige, was Richter essen könnten. War er wieder fort, so gab es im Kinderzimmer die Reste von diesem Backwerk. Dort besuchte uns manchmal während der Teezeit der Dekan, Dr. Montagu Butler, der auch an Jims Geburtstag, wenn der Tee im großen Speisesaal serviert wurde, eine kurze, wohlformulierte Rede hielt, die uns sehr beeindruckte. Nach dem Tee las uns Jim die letzten kürzlich fertiggestellten hundert Zeilen aus seiner epischen Dichtung *Die Belagerung von Troja* vor. Und dann wurde in dem weitläufigen, schlecht beleuchteten Haus Verstecken gespielt: in dem großen Speisesaal mit Porträts aus dem 17. Jahrhundert und unter dem Bett des Richters; auf Zehenspitzen ging es in einen romantischen unterirdischen Gang, der den einen Teil des verwinkelten Hauses mit dem anderen verband. Manchmal erhaschten wir sogar einen Blick in die College Hall durch das kleine Fenster in der Wandtäfelung hinter dem Bett des Dekans. Ich glaube, noch heute könnte ich mich dort im Dunkeln und auf allen vieren zurechtfinden, quer durch den geräumigen Salon, in dem die Möbel mit Tüchern gegen den Staub abgedeckt waren. Aber das war natürlich keine Party – das war ein Riesenspaß.

In unserer Jugend sind wir wohl ziemlich vielen Großen Männern begegnet, nur fand ich sie alle recht uninteressant. Lord Kelvin zum Beispiel: Er sah sehr vornehm aus, war aber stets in Gedanken versunken und machte nie den Mund auf, bis auf einmal. Das war, als der arme Charles, der noch sehr klein war, ihm das Gedicht *Der Angriff der Leichten Brigade* vortragen mußte. »In den Schlund des Tottes ritten die Sechshundert«, deklamierte Charles, und fügte hinzu: »Was ist das – Schlund des Tottes?« Worauf Lord Kelvin, ganz Großer Mann, erwiderte: »Seine Pflicht erfüllen, mein Junge.«

Amüsant sind die Erinnerungen an Unterhaltungsbruchstücke, die man als kleines Kind zufällig mitgehört hat, etwa über »diesen törichten jungen Mann, Ralph Vaughan Williams«, der sich nach wie vor mit Musik beschäftigte, obwohl er »hoffnungslos untalentiert war«. Ein Brief von Tante Etty bestätigt dieses Urteil: »Er hat sein ganzes Leben lang gespielt, ja sechs Monate hat er sogar fast nichts anderes getan, und doch kann er das einfachste Stück nicht richtig zum Vortrag bringen. Sie sagen, es bräche ihm das Herz, wenn sie ihm beibrächten, daß er damit nie etwas wird anfangen können.« Eine ähnlich abfällige Meinung hegten sie gegenüber den frühen Schriften E. M. Forsters, eines Familienfreunds: »Sein Roman ist wirklich nicht gut und zu unerfreulich als Lektüre für Mädchen. Ich hoffe sehr, er bringt noch etwas anderes zustande, obwohl ich eigentlich nicht weiß, was das sein sollte.« Natürlich waren die beiden zu der Zeit noch keine Großen Männer – so etwas muß man eben überstehen, wenn man groß werden will.

Francis Galton aber – er war, mit seinen buschigen zukkenden Augenbrauen, zugleich gut anzusehen und eindrucksvoll. Einmal gingen wir zu ihm nach Hause, um unsere Fingerabdrücke nehmen zu lassen, da er gerade über die Klassifikation von Fingerabdrücken arbeitete. Er bot uns keine Gelegenheit, die Druckerschwärze von unseren Fingern abzuwaschen, und wir mußten den ganzen Tag mit klebrigen schwarzen Händen in London herumlaufen. Auch Lord Raleigh war nicht unangenehm. Einmal, als wir schon älter waren, kam er zu Besuch, und unsere Eltern waren nicht zu Hause. Wie ein dicker roter Kater saß er auf dem Sofa und erzählte uns lustige Geschichten: daß sein Friseur zu ihm gesagt hätte: »Gute Sache, der Verstand, meine Lordschaft, stärkt enorm die Haarwurzeln.« Wozu mein Vater später bemerkte: »Das stammt aus seiner eigenen Fabrikation. Raleigh denkt sich die besten Geschichten selbst aus.«

Und dann war da noch Monsieur Paul Cambon, der französische Botschafter. Er kam wegen irgendeiner Festlichkeit nach Cambridge und war bei uns zum Mittagessen. Da er gerade seine Frau verloren hatte, befand er sich in tiefer Trauer: Er trug einen Zylinder und einen wunderschönen Gehrock, dazu schwarze Lederhandschuhe, die er nicht ablegte. Margaret und ich sollten ihm vor dem Essen den Garten zeigen, und er unterhielt uns mit einem für *jeunes filles* geeigneten Monolog, der ausschließlich von *la morale* handelte: »Die Moral ist es, die den Menschen ausmacht. Die Katze, das Kamel (besonders lebhaft hat sich die Unmoral der Kamele in meinem Gedächtnis eingeprägt), der Löwe, der Tiger usw. usf. haben keine Moral. Es ist also die Moral, die den Menschen ausmacht.« Respektvoll hielten Margaret und ich uns an seiner Seite – wir machten höfliche Zwischenbemerkungen und fragten uns, ob französische Mädchen solches Zeug öfter zu schlucken bekamen. Vermutlich überlegte er seinerseits, ob Engländer es oft mit so langweiligen, schlecht gekleideten weiblichen Trampeln zu tun hatten. Leider weiß ich nicht mehr genau, ob Monsieur Cambon »le morale« oder »la morale« gesagt hat. Die Frage ist von einiger Wichtigkeit, da die beiden Wörter verschiedene Bedeutungen haben: im Englischen heißt »le morale« Moral, während man »la morale« am besten mit Sitten oder Manieren übersetzt. Eigentlich müßte er »la morale« gesagt haben, weil es jungen Damen und Tieren (besonders Kamelen) ja vor allem an guten Manieren fehlt. Der Botschafter wollte wohl in seiner verschrobenen gallischen Fasson nur ausdrücken, was lange vor ihm Bischof Wykeham in einem Epigramm geäußert hat:

Manieren machen den Menschen.

Je älter ich wurde, desto unangenehmer wurden die Partys für mich. Meine Mutter sah, wie scheu und ungesellig wir waren und dachte, es sei gut für uns, mehr unter die Leute zu kommen. So drängte sie uns immer nachdrücklicher, auszugehen – im Prinzip hatte sie natürlich recht, aber in der Praxis kam nicht viel dabei heraus.

Die Situation war für sie wie für mich gleich schwierig. In ihrer Vorstellung war ein Mädchen fröhlich, hübsch und charmant, hatte viele Liebeleien und erzählte der Mutter alles. Sie hat nie begriffen, daß ich diese Rolle nicht spielen konnte, wirklich nicht *konnte*. Mit ihrer unbezwingbaren Unerschrockenheit konnte sie auch keine Niederlage hinnehmen, und so wurde sie zunehmend unerbittlicher in ihrem Versuch, einen eckigen Pflock in ein rundes Loch zu zwingen und mich zu meinem eigenen Wohl zu gesellschaftlichen Veranstaltungen zu scheuchen. Ich wurde dabei zusehends unglücklicher. Es war wirklich traurig, mit anzusehen, wie später eine ihrer Nichten zu ihr auf Besuch kam und genau den Platz ausfüllte, den Margaret und ich hätten einnehmen sollen.

Ich bin sicher, sie hat die Qualen, die ich durchmachte, nie verstanden. Schüchternheit war ihr einfach fremd, sie konnte so etwas nicht ernstnehmen, und sie lachte mich nur aus und schimpfte ein bißchen, was in mir noch mehr Scheu und Schuldgefühle weckte. »Das ist doch so dumm!« (Das war es auch, und ich wußte es, aber das machte es keineswegs besser.) »Die Leute fressen dich doch nicht!« (Nein, aber sie schauten mich an, was noch viel schlimmer war.) Manchmal erreichte meine Feigheit einen absoluten Höhepunkt. Einmal, als ich von einer reizenden freundlichen Familie übers Wochenende eingeladen war, brachte ich es am Sonntagmorgen einfach nicht fertig, über meinen Schatten zu springen und schickte ein Telegramm, ich sei krank und könne nicht kommen, was sich nur machen ließ, weil meine Mutter zu der Zeit nicht zu Hause war. Später schämte ich mich und es wurde mir klar, wie idiotisch ich mich benommen hatte. »Denn«, dachte ich, »ich hätte ja dort einen jungen Mann treffen können, der sich auf den ersten Blick Hals über Kopf in mich verliebt hätte, und wie schön wäre das gewesen. Oder ich hätte mit einem der Mädchen dicke Freundschaft geschlossen – lauter angenehme Sachen hätten passieren können. Was für ein Esel ich doch bin.«

Die Dienstboten in fremden Häusern fürchtete ich fast so sehr wie die Gastgeber selbst. Vor Dienstboten konnte man sich nicht verbergen: Sie kamen herein und sahen dich im Bett liegen und blickten verächtlich auf deine Zahnbürste und deine Unterwäsche. Alles Private lag vor ihnen offen. Ich hatte es ohnehin immer gehaßt, bedient zu werden. Warum sollte mir, einem gesunden achtzehnjährigen Mädchen, morgens der Tee von einer verarbeiteten, doppelt so alten Frau ans Bett gebracht werden?

Selbst wenn ich mich dazu entschlossen hatte, Flagge zu zeigen und kein Feigling zu sein, bedeutete das nur, mich mit gesenktem Kopf blind auf irgendwelche Auserwählten unter den Versammelten zu stürzen, die es daraufhin selbst mit der Angst zu tun kriegten. Nur so konnte ich überhaupt etwas unternehmen. Ich weiß wirklich nicht, was man mit einer Verrückten wie mir hätte anfangen sollen. Ich bin wirklich froh, nicht in der Haut meiner eigenen Mutter gesteckt zu haben. Glücklicherweise blieben mir solche Probleme erspart, da meine Töchter, halbe Französinnen, instinktiv all das bewältigten, was ich niemals lernen werde. *Sie* waren es, die mit *mir* fertigwerden mußten, doch sie gaben es bald als zu mühsam auf. Meine französischen Töchter habe ich also gewissermaßen besiegt, doch ich glaube, eine französische Mutter hätte aus mir etwas machen können. Ich habe es selbst erlebt, wie die groteskesten französischen Schulmädchen sich in attraktive junge Frauen verwandelten, nicht schön vielleicht, aber interessant, rassig. Echte Persönlichkeiten. Aber um das zu erreichen, muß man den Kern in der Frucht bearbeiten. Meine Mutter begriff nicht einmal, daß die Frucht einen Kern hatte.

Sie konnte es nie fassen, daß ich vielleicht nur aus unbeherrschbarer Panik auf einer der ersten Dinner-Partys, zu der ich eingeladen war, eine ganze Schüssel Spinat auf meinen Schoß schüttete. Ich war achtzehn und trug mein bestes grünes seidenes Abendkleid, sehr enggeschnitten und glänzend. Mit meinem langen weißen Handschuh wischte ich den Spinat ab, was alles nur noch schlimmer machte. Das nette Hausmädchen versuchte mir zu helfen, doch meine Tischnachbarn, anstatt es von der humorvollen Seite zu nehmen, taten so, als hätten sie es nicht bemerkt, sicher mit der besten Absicht, aber es war nicht das richtige Verhalten. Mein Gott, mein Gott, wie wünschte ich mir, auf der Stelle tot umzufallen! Aber das Kleid mochte ich sowieso nicht, weder den Stoff noch die Farbe hatte ich auswählen dürfen. Und ich war froh, als sich herausstellte, daß es für immer verdorben war.

Eine gute Tennisspielerin bin ich ebenfalls nie gewesen, und bei Tennispartys war es mir unmöglich, den Ball auch nur übers Netz zu bringen. Bei Picknicks auf dem Fluß ruderte ich ununterbrochen, so daß Picknicks mir stets wie Schwerstarbeit vorkamen. Aber Rudern war eben nicht so unangenehm, wie sich mit den Leuten unterhalten. Vor meinen ersten Tanzgesellschaften war ich mehrere Tage lang krank, aus Angst vor der öffentlichen Schande, nicht genug Partner zu finden. Mit Umsicht und Geschick gelang es mir allerdings nach und nach, so viele Tänzer zu ergattern, wie notwendig waren, um mich nicht zu blamieren. Allmählich lernte ich auch besser tanzen und züchtete mir eine Klientele junger Männer heran, die gern tanzten und mit denen man nicht zu plaudern brauchte. Dennoch machte mir das Tanzen keine Freude.

Einmal, als wir schon erwachsen waren, wollte meine Mutter unbedingt ein großes Picknick geben: »Weil ihr jetzt wirklich junge Leute in eurem Alter kennenlernen müßt.«

Verdrießlich wandten wir ein, man mache solche Bekanntschaften doch nicht bei Picknicks. Aber es half alles nichts, es mußte sein. Und es war besonders prächtig geplant, wir sollten mit einem privaten Bus an die Ouse gefahren werden, anstatt uns wie immer mit dem Cam zu begnügen. Der offene Bus war in unseren Augen das Beste an der Geschichte, wir fuhren selten mit einem Bus, und es war vergnüglich, oben auf dem Deck die Huntingdon Road hinunterzupoltern.

Bei diesem Picknick erlebte ich zum ersten Mal echtes Heldentum. Wahrscheinlich wird sich jeder, der dabei war, der Episode auf andere Art erinnern – das liegt in der menschlichen Natur. Ich kann die Geschichte nur so erzählen, wie ich sie in meinem Gedächtnis bewahrt habe.

Es lief also alles mit der üblichen verklemmten Fröhlichkeit ab: Krikett wurde mit einem Brötchen anstelle des Balls gespielt, es gab Gefechte mit Paddeln und viel Geschäker beim Krebsfangen. Endlich war das ersehnte Ende der Unterhaltungen abzusehen, und alle packten die Körbe für den Heimweg zusammen. Dazu muß ich anmerken, daß wir freie Picknicks mit spontanen Spielen und vielen Cousinen sehr gern mochten. Hier aber handelte es sich gewissermaßen um ein Zwangspicknick, das machte alles so unerfreulich. Ich hoffe nur, die Gäste haben es nicht so deutlich gespürt. Wir versuchten ja, nett zu sein, konnten unsere Gefühle aber nur schwer verbergen.

Unter den Gästen befanden sich zwei Schwestern: Ich werde sie Cordelia und Jane nennen. Die Boote waren in sehr tiefem Wasser, unterhalb eines etwa 1,50 m hohen Steilufers, festgemacht worden, und Cordelia und ich waren hineingeklettert, um die Körbe in Empfang zu nehmen, als Jane oben am Ufer erschien. Ein Mann, der im Boot stand, streckte ihr die Hand entgegen und sagte forsch: »Springen Sie nur!« Und Jane sprang hinunter! Sie traf auf den Rand des Boots, das gewiß umgeschlagen wäre, hätte ich nicht instinktiv mein ganzes Gewicht auf die andere Seite geworfen. Nach Augenblicken wilden Schwankens fielen sie und der Mann, der sie festhalten wollte, mit einem gewaltigen Klatschen ins tiefe Wasser. Da erhob sich neben mir mit einer großen Geste Cordelia, rief gellend »O Jane!« und *stieg* einfach in den Fluß, zweifellos, weil sie das feuchte Grab dem Leben ohne ihre Schwester vorzog. Womit sie nur den Vers illustrierte:

Entschloss'nes Handeln in der Zeit der Not
Bringt Heldentum, doch meist auch noch den Tod.

Alsbald bot sich uns der herrlichste Anblick englischen Mannesmuts in höchster Vollendung. Einer der Herren schwamm bereits in den Fluten, ein anderer tauchte in die Strömung, nur um herauszufinden, daß er einen Platz gewählt hatte, wo es nicht tief genug zum Tauchen war. Und Charles, der weiter weg gewesen war und erst das Ufer erreichte, als sich die Rettungsaktion schon im fortgeschrittenen Stadium befand, meinte offensichtlich, als Gastgeber dürfe er nicht wasserscheu sein. Er watete also an einer flachen Stelle hinein, bis das Wasser an seine Uhrkette reichte (ich sah, wie er die Uhr festhielt), und rettete so seine Ehre. Es gab kaum genug ertrinkende junge Damen für alle, und »ein armer Tiger kriegte keinen Christen ab«, besonders, da es Cordelia gelungen war, allein ins Boot zu klettern. Für kurze Zeit glich die Ouse Alices »Teich der Tränen«, in dem die Tiere zahlreich herumschwammen. Am Ende war jedermann in Sicherheit, und sogar die Leute, die nicht ins Wasser gesprungen oder gegangen waren, trieften vor Nässe wie die Helden und Heldinnen, denen sie in die Boote geholfen hatten. Als wir schließlich ein gastliches Haus fanden – und es lag recht weit entfernt –, gab es dort gerade trockene Kleider für Jane, und sie gehörten einer uralten Dame.

Wir anderen mußten, so wie wir waren, den Heimweg antreten. Inzwischen war es sehr spät geworden, als wir die beiden Mädchen, Jane schlotternd in dem geliehenen Kleid, durch den Kücheneingang in ihr Haus hineinschmuggelten. Ihre Mutter wurde in alles eingeweiht, doch auf ihre Bitte hin mußte das Abenteuer dem Vater, der damals sehr krank war, für alle Zeit verschwiegen werden.

Wir jedenfalls fanden: *dieses* Picknick hatte sich gelohnt.

Nicht lange danach organisierten wir selbst ein Picknick, das aber nicht so erfolgreich ausfiel. Es war kurz vor Frances' Hochzeit, Onkel Frank war sehr bedrückt von dem Gedanken, sie zu verlieren, und Frances meinte, wir müßten ihn irgendwie aufheitern und allen Onkeln und Tanten, die zu dem Anlaß nach Cambridge gekommen waren, etwas bieten. So wurde ein Picknick am Fluß arrangiert, nur für sie, ein Familienfest der Jungen für die Alten.

Es war ein grauer kalter windiger Tag im Juni. In Pelze gehüllt hockten die Tanten in den Booten, ihre schweren Hüte flatterten im Wind. Die Onkel, in Mänteln und Umhängen und Schals, saßen höchst unbequem auf den harten schmalen Bänken und versuchten erst gar nicht, so zu tun, als holten sie sich nicht den Tod. Aber es kam noch schlimmer: als sie sich zum Tee auf dem feuchten stachligen Gras nah bei Grantchester Mills niederlassen mußten. Da gab es so viel Unangenehmes, das wir Jungen nie bemerkt hatten: Brennesseln, Ameisen, Kuhfladen ... abgesehen von dem alles durchpustenden Wind. Der Tee in Flaschen war in Flanelltücher gehüllt (damals gab es noch keine Thermoskannen), und der Höhepunkt kam, als man feststellte, daß der ganze Tee bereits gezuckert war. Das war eine nicht zu überbietende Katastrophe – sie haßten nämlich alle Zucker im Tee. Onkel Frank sagte tief verbittert: »Der Zucker macht mir ja nichts aus, aber es ist alles so blödsinnig.« Das sollte ein halber Scherz sein, doch bei seinen Worten überflutete uns die ganze Hoffnungs- und Sinnlosigkeit einer Welt, in der eben alles schiefgeht. Wir fanden uns mit unserem Mißerfolg ab und beeilten uns, sie nach Hause an ein gemütliches Feuer zu bringen.

Frances war die erste von uns, die heiratete, und ihre Hochzeit bezeichnete das Ende einer Epoche. Danach waren wir wirklich erwachsen. Mir hatte man bereits gestattet, meine Bemühungen, eine junge Dame zu werden, einzustellen: Ich war jetzt sehr glücklich, lebte allein bei Onkel William in London und arbeitete an der Slade School. Im Rückblick auf diese Jahre zwischen sechzehn und zweiundzwanzig, wo ich weder Fisch noch Fleisch war, sehe ich sie als eine unerfreuliche, manchmal auch sehr unglückliche Zeit. Nun, da ich endlich den anerkannten Status eines geachteten Außenseiters erreicht habe, möge man mir erlauben zu sagen: »O je, o je, wie schrecklich war es, jung zu sein, und wie herrlich ist es, alt zu sein und sich nicht mehr darum kümmern zu müssen, was andere Leute denken.«

153/1/8.92

Englische und amerikanische Literatur
im insel taschenbuch

Emily Brontë: Die Sturmhöhe. Aus dem Englischen von Grete Rambach. it 141

Edward George Bulwer-Lytton: Die letzten Tage von Pompeji. Aus dem Englischen von Friedrich Notter. it 801

Lewis Carroll: Alice hinter den Spiegeln. Mit einundfünfzig Illustrationen von John Tenniel. Übersetzt von Christian Enzensberger. it 97

– Alice im Wunderland. Mit zweiundvierzig Illustrationen von John Tenniel. Übersetzt und mit einem Nachwort von Christian Enzensberger. it 42

– Geschichten mit Knoten. Eine Sammlung mathematischer Rätsel. Herausgegeben und übersetzt von Walter E. Richartz. Mit Illustrationen von Arthur B. Frost. it 302

– Die Jagd nach dem Schnark. Übersetzt und ausgeleitet von Klaus Reichert. Mit Illustrationen von Henry Holiday. it 598

Geoffrey Chaucer: Die Canterbury-Erzählungen. Vollständige Ausgabe. Aus dem Englischen übertragen und herausgegeben von Martin Lehnert. Mit Illustrationen von Edward Burne-Jones. it 1006

Gilbert Keith Chesterton: Alle Pater-Brown-Geschichten. 2 Bände in Kassette. it 1263/1149

– Pater-Brown-Geschichten. 24 Detektivgeschichten. Mit einem Nachwort von Norbert Miller. it 1149

– Die schönsten Pater-Brown-Geschichten. Großdruck. it 2332

Daniel Defoe: Glück und Unglück der berühmten Moll Flanders, die, im Zuchthaus Newgate geboren, nach vollendeter Kindheit noch sechzig wertvolle Jahre durchlebte, zwölf Jahre Dirne war, fünfmal heiratete, darunter ihren Bruder, zwölf Jahre lang stahl, acht Jahre deportierte Verbrecherin in Virginien war, schließlich reich wurde, ehrbar lebte und reuig verstarb. Beschrieben nach ihren eigenen Erinnerungen. Deutsch von Martha Erler. Mit Illustrationen von William Hogarth und einem Essay von Norbert Kohl. it 707

– Robinson Crusoe. Mit Illustrationen von Ludwig Richter. In der Übersetzung von Hannelore Novak. it 41

Charles Dickens: Bleak House. Aus dem Englischen von Richard Zoozmann. Mit Illustrationen von Phiz. it 1110

– David Copperfield. Mit Illustrationen von Phiz. it 468

– Detektivgeschichten. Aus dem Englischen von Franz Franzius. it 821

– Eine Geschichte aus zwei Städten. Mit Illustrationen von Phiz. it 1033

– Große Erwartungen. Aus dem Englischen von Margit Meyer. Mit Illustrationen von F. W. Pailthorpe. it 667

153/2/8.92

Englische und amerikanische Literatur im insel taschenbuch

Charles Dickens: Harte Zeiten. Aus dem Englischen von Paul Heichen. Mit Illustrationen von F. Walker und Maurice Greiffenhagen. it 955
– Nikolaus Nickleby. Mit Illustrationen von Phiz. it 1304
– Die Pickwickier. Mit Illustrationen von Robert Seymour, Robert William Buss und Phiz. it 896
– Der Raritätenladen. Aus dem Englischen von Leo Feld. Mit Holzschnitten von George Cattermole, H. K. Browne, George Cruikshank und Daniel Maclise. it 716
– Weihnachtserzählungen. Mit Illustrationen von Leech, Stanfiels, Stone u.a. it 358
Charles A. Eastman: Indianergeschichten aus alter Zeit. Deutsch von Elisabeth Friederichs. Mit einem Nachwort herausgegeben von Dietrich Leube. Illustrationen und Anmerkungen von Frederick Weygold. it 861
Henry Fielding: Tom Jones. Die Geschichte eines Findelkindes. 2 Bde. Mit Illustrationen von Gravelot und Moreau le jeune. Herausgegeben und mit einem Nachwort von Norbert Kohl. it 504
Ben Hecht: Tausendundein Nachmittage in New York. Aus dem Amerikanischen von Helga Herborth. Mit Illustrationen von George Grosz. it 1323
Rudyard Kipling: Mit der Nachtpost. Unheimliche Geschichten. Aus dem Englischen von Friedrich Polakovics. it 1368
– Unheimliche Geschichten. Aus dem Englischen von Friedrich Polakovics. it 1286
D. H. Lawrence: Erotische Geschichten. Aus dem Englischen von Heide Steiner. it 1385
Matthew Gregory Lewis: Der Mönch. Aus dem Englischen von Friedrich Polakovics. Mit einem Essay und einer Bibliographie von Norbert Kohl. it 907
Jane Lidderdale / Mary Nicholson: Liebe Miss Weaver. Ein Leben für Joyce. Aus dem Englischen von Angela Praesent und Anneliese Strauss. it 1436
Lord Byron. Ein Lesebuch mit Texten, Bildern und Dokumenten. Herausgegeben von Gert Ueding. it 1051
Katherine Mansfield: Der Mann ohne Temperament und andere Erzählungen. Aus dem Englischen von Heide Steiner. Großdruck. it 2325
– Seligkeit und andere Erzählungen. Aus dem Englischen von Heide Steiner. it 1334

153/3/8.92

Englische und amerikanische Literatur im insel taschenbuch

Charles Robert Maturin: Melmoth der Wanderer. Roman. Aus dem Englischen von Friedrich Polakovics. Mit einem Nachwort von Dieter Sturm. it 1279

Herman Melville: Israel Potter. Seine fünfzig Jahre im Exil. Aus dem Amerikanischen von Uwe Johnson. it 1315

– Moby Dick. 2 Bde. Aus dem Amerikanischen von Alice und Hans Seiffert. Mit Zeichnungen von Rockwell Kent und einem Nachwort von Rudolf Sühnel. it 233

Samuel Pepys: Das geheime Tagebuch. Herausgegeben von Anselm Schlösser und übertragen von Jutta Schlösser. Mit Abbildungen. it 637

Sylvia Plath: Das Bett-Buch. Aus dem Englischen von Eva Demski. Mit farbigen Illustrationen von Rotraud Susanne Berner. it 1474

Edgar Allan Poe: Der entwendete Brief und andere Erzählungen. Ausgewählt von Franz-Heinrich Hackel. Aus dem Amerikanischen von Werner Beyer u.a. Mit Holzschnitten von Fritz Eichenberg. Großdruck. it 2309

– Erzählungen. Übertragen von Barbara Cramer-Nauhaus, Erika Gröger und Heide Steiner. it 1449

– Das Geheimnis der Marie Rogêt und andere Erzählungen. Aus dem Amerikanischen von Werner Beyer, Felix Friedrich und anderen. it 783

– Grube und Pendel. Und andere Erzählungen. Mit einem Nachwort von Franz Rottensteiner und Illustrationen von Harry Clarke. Aus dem Amerikanischen von Günther Steinig. ›Grube und Pendel‹ wurde von Elisabeth Seidel übersetzt. it 362

– Der Untergang des Hauses Usher. Meistererzählungen. Aus dem Amerikanischen von Barbara Cramer-Nauhaus, Erika Gröger und Heide Steiner. it 1373

Reynolds Price: Ein ganzer Mann. Roman. Aus dem Amerikanischen von Maria Carlsson. it 1378

Walter Scott: Ivanhoe. Roman. Deutsch von Leonhard Tafel. Textrevision und Nachwort von Paul Ernst. it 751

William Shakespeare: Hamlet. Prinz von Dänemark. Aus dem Englischen von August Wilhelm von Schlegel. Durchgesehen von Levin L. Schücking. Mit Illustrationen von Eugène Delacroix. Herausgegeben und mit einem Essay versehen von Norbert Kohl. it 364

– Richard III. Aus dem Englischen von Thomas Brasch. it 1109

– Romeo und Julia. Deutsch von Thomas Brasch. it 1383

– Was ihr wollt. Aus dem Englischen von Thomas Brasch. it 1205

153/4/8.92

Englische und amerikanische Literatur im insel taschenbuch

Mary W. Shelley: Frankenstein oder Der moderne Prometheus. Mit einem Essay von Norbert Kohl. it 1030

Muriel Spark: Mary Shelley. Eine Biographie. Deutsch von Angelika Beck. Mit zahlreichen Abbildungen. it 1258

Laurence Sterne: Leben und Meinungen von Tristram Shandy Gentleman. In der Übersetzung von Adolf Friedrich Seubert. Durchgesehen und revidiert von Hans J. Schütz. Mit einem Essay und einer Bibliographie von Norbert Kohl. Illustrationen von George Cruikshank. it 621

– Yoricks Reise des Herzens durch Frankreich und Italien. Aus dem Englischen übersetzt und mit einem Nachwort versehen von Helmut Findeisen. Mit zwölf Holzschnitten nach Tony Johannot. it 277

Robert Louis Stevenson: Die Schatzinsel. Aus dem Englischen von Karl Lerbs. Mit Illustrationen von Georges Roux. it 65

Bram Stoker: Dracula. Aus dem Englischen von Karl Bruno Leder. it 1086

Jonathan Swift: Gullivers Reisen. Mit Illustrationen von Grandville und einem Vorwort von Hermann Hesse. Aus dem Englischen übersetzt von Franz Kottenkamp. Vervollständigt und bearbeitet von Roland Arnold. it 58

William Makepeace Thackeray: Jahrmarkt der Eitelkeit. Ein Roman ohne Held. 2 Bde. Mit Illustrationen von Thackeray. Herausgegeben und mit einem Nachwort von Norbert Kohl. Dem deutschen Text wurde eine Übertragung aus dem Nachlaß von H. Röhl zugrunde gelegt. it 485

Mark Twain: Gesammelte Werke in 10 Bänden. Ausgewählt und zusammengestellt von Norbert Kohl. it 831-840

- Band 2: Tom Sawyers Abenteuer. Bearbeitet von Karl Heinz Berger. Mit Illustrationen von True W. Williams. it 832
- Band 4: Bummel durch Europa. Deutsch von Gustav Adolf Himmel. Mit Illustrationen der Erstausgabe von W. Fr. Brown, True W. Williams, B. Day u.a. it 834
- Band 6: Leben auf dem Mississippi. Deutsch von Helene Ritzerfeld. Mit Illustrationen von Klaus Ensikat. it 836
- Band 7: Huckleberry Finns Abenteuer. Deutsch von Barbara Cramer-Nauhaus. Mit Illustrationen von Edward W. Kemble. it 837
- Band 8: Ein Yankee am Hofe des Königs Artus. Deutsch von Maja Ueberle. Mit Illustrationen der Erstausgabe von Daniel C. Beard. it 838

153/5/8.92

Englische und amerikanische Literatur im insel taschenbuch

Mark Twain: Der gestohlene weiße Elefant und andere Erzählungen. Ausgewählt von Franz-Heinrich Hackel und Norbert Kohl. Mit zahlreichen Abbildungen. Großdruck. it 2308

Oscar Wilde: Gesammelte Werke in zehn Bänden. Herausgegeben von Norbert Kohl. it 582

Band 1: Das Bildnis des Dorian Gray. Übersetzt von Christine Hoeppner.

Band 2: Märchen und Erzählungen. Übersetzt von Franz Blei und Christine Hoeppner.

Band 3: Theaterstücke I. Übersetzt von Christine Hoeppner.

Band 4: Theaterstücke II. Übersetzt von Christine Hoeppner.

Band 5: Gedichte. Übersetzt von Gisela Etzel, Otto Hauser, Norbert Kohl und Elfriede Mund.

Band 6: Essays I. Übersetzt von Friedrich Polakovics, Franz Blei, Emanuela Mattl-Löwenkreuz und Max Meyerfeld.

Band 7: Essays II. Übersetzt von Christine Hoeppner, Norbert Kohl, Christine Koschel und Inge von Weidenbaum.

Band 8: Briefe I. Übersetzt von Hedda Soellner. Herausgegeben von Rupert Hart-Davis.

Band 9: Briefe II. Übersetzt von Hedda Soellner. Herausgegeben von Rupert Hart-Davis.

Band 10: Briefe III. Anmerkungen. Übersetzt von Hedda Soellner. Herausgegeben von Rupert Hart-Davis.

– Aphorismen. Herausgegeben von Frank Thissen. it 1020

– Das Bildnis des Dorian Gray. Deutsch von Hedwig Lachmann und Gustav Landauer. Mit einem Essay, einer Auswahlbibliographie und einer Zeittafel herausgegeben von Norbert Kohl. it 843

– Die Erzählungen und Märchen. Mit Illustrationen von Heinrich Vogeler. Aus dem Englischen übersetzt von Felix Paul Greve und Franz Blei. it 5

– Gedichte. Herausgegeben von Norbert Kohl. it 1455

– Das Gespenst von Canterville. Erzählung. Mit Illustrationen von Oski. Aus dem Englischen von Franz Blei. it 344

– Der glückliche Prinz und andere Märchen. Aus dem Englischen von Franz Blei. Mit Illustrationen von Michael Schroeder und einem Nachwort von Norbert Kohl. it 1256

– Lord Arthur Saviles Verbrechen und andere Geschichten. Mit Illustrationen von Michael Schroeder. Aus dem Englischen von Christine Hoeppner. it 1151

– Salome. Dramen, Schriften, Aphorismen und ›Die Ballade vom Zuchthaus zu Reading‹. Mit Illustrationen von Marcus Behmer. it 107

153/6/8.92

Französische Literatur im insel taschenbuch

Honoré de Balzac: Eugénie Grandet. Aus dem Französischen von Gisela Etzel. Herausgegeben von Eberhard Wesemann. it 1127

– Die Frau von dreißig Jahren. Aus dem Französischen übertragen von Werner Blochwitz. it 460

– Glanz und Elend der Kurtisanen. Aus dem Französischen von Felix Paul Greve. it 1232

– Das Mädchen mit den Goldaugen. Aus dem Französischen von Ernst Hardt. Mit einem Vorwort von Hugo von Hofmannsthal. Zehn Illustrationen von Marcus Behmer. it 60

– Tolldreiste Geschichten. Aus dem Französischen von Benno Rüttenauer. Mit Illustrationen von Gustave Doré. it 911

– Vater Goriot. Aus dem Französischen von Franz Hessel. Herausgegeben von Erika Wesemann. it 1167

Charles Baudelaire: Die Blumen des Bösen. Übertragen von Carlo Schmid. it 120

Pierre Augustin Caron de Beaumarchais: Die Figaro-Trilogie. Der Barbier von Sevilla oder Die nutzlose Vorsicht. Der tolle Tag oder Figaros Hochzeit. Die Schuld der Mutter oder Ein zweiter Tartuffe. Deutsch von Gerda Scheffel. Nachwort von Norbert Miller. Mit zeitgenössischen Illustrationen. it 228

Jacques Cazotte: Der verliebte Teufel. Aus dem Französischen von Franz Kaltenbeck. it 2337

George Clémenceau: Claude Monet. Betrachtungen und Erinnerungen eines Freundes. Mit farbigen Abbildungen und einem Nachwort von Gottfried Boehm. it 1152

Alphonse Daudet: Briefe aus meiner Mühle. Aus dem Französischen von Alice Seiffert. it 446

– Tartarin von Tarascon. Die wunderbaren Abenteuer des Tartarin von Tarascon. Mit 45 Zeichnungen von Emil Preetorius. it 84

Denis Diderot: Die Nonne. Mit einem Nachwort von Robert Mauzi, die Übersetzung des Nachworts besorgte Margaret Carroux. it 31

– Die Verräter. Herausgegeben von Horst Günther. Aus dem Französischen von Friedrich Ludwig Wilhelm Meyer. Mit zeitgenössischen Illustrationen. it 1379

Alexandre Dumas: Die drei Musketiere. Aus dem Französischen von Herbert Bräuning. it 1131

– Der Graf von Monte Christo. 2 Bde. Bearbeitung einer alten Übersetzung von Meinhard Hasenbein. Mit Illustrationen von Pavel Brom und Dagmar Bromova. it 266

152/1/8.92

Französische Literatur im insel taschenbuch

Alexandre Dumas: Die Kameliendame. Aus dem Französischen von Walter Hoyer. Mit Illustrationen von Paul Gavarni. it 546

Marguerite Duras: Der Vize-Konsul. Roman. Deutsch von W. M. Guggenheimer. Großdruck. it 2312

Dominique Fernandez: Süditalienische Reise. Aus dem Französischen von Julia Kirchner. Mit farbigen Fotografien von Martin Thomas. it 1076

Gustave Flaubert: Bouvard und Pécuchet. Aus dem Französischen übersetzt von Georg Goyert. Mit Illustrationen von András Karakas. Mit einem Vorwort von Victor Brombert und einem Nachwort von Uwe Japp. it 373

– Drei Erzählungen. Trois contes. Übersetzt und herausgegeben von Cora van Kleffens und André Stoll. it 571

– Lehrjahre des Gefühls. Geschichte eines jungen Mannes. Übertragen von Paul Wiegler. Mit einem Essay und einer Bibliographie von Erich Köhler. it 276

– Madame Bovary. Revidierte Übersetzung aus dem Französischen von Arthur Schurig. it 167

– November. Aus dem Französischen übersetzt von Ernst Sander. Mit einem Nachwort von Monika Bosse. it 411

– Reise in den Orient. Ägypten. Nubien. Palästina. Syrien. Libanon. Aus dem Französischen von Reinhold Werner und André Stoll. Mit Photographien von Maxime Du Camp, einem Register und einem Nachwort. Herausgegeben von André Stoll. it 619

– Salammbô. Herausgegeben und mit einem Nachwort versehen von Monika Bosse und André Stoll. Aus dem Französischen übersetzt von Georg Brustgi. it 342

– Ein schlichtes Herz und andere Erzählungen. Aus dem Französischen von Cora van Kleffens und André Stoll. Großdruck. it 2314

– Wörterbuch der Gemeinplätze. Die Albumblätter der Marquise. Katalog der schicken Ideen. Aus dem Französischen von Monika Petzenhauser. Mit einem Vorwort von J. Rudolfo Wilcock. it 1303

Edmond und Jules de Goncourt: Tagebücher. Aufzeichnungen aus den Jahren 1851-1870. Nach der ersten Gesamtausgabe der Académie Goncourt ausgewählt, übertragen und herausgegeben von Justus Franz Wittkop. it 692

Choderlos de Laclos: Schlimme Liebschaften. Mit 14 Kupferstichen. Übertragen und eingeleitet von Heinrich Mann. it 12

152/2/8.92

Französische Literatur im insel taschenbuch

La Fontaine: Die schönsten Fabeln. Aus dem Französischen von Thomas Keck. Mit farbigen Illustrationen von Rolf Köhler und einem Nachwort von Jürgen von Stackelberg. it 1451

Guy de Maupassant: Bel-Ami. Aus dem Französischen von Josef Halperin. Mit zeitgenössischen Illustrationen. it 280

– Die Brüder. Novelle. Deutsch von Ernst Weiß. Mit Illustrationen von Géo Dupuis. it 712

– Das Haus Tellier. Und andere Erzählungen. Ausgewählt und mit einem Nachwort versehen von Werner Berthel. Mit zeitgenössischen Illustrationen. Aus dem Französischen übersetzt von Helmut Bartuschek und Karl Friese. it 248

Prosper Mérimée: Carmen. Mit Zeichnungen von Pablo Picasso. Aus dem Französischen übersetzt von Franz Schnabel. it 361

Honoré-Gabriel Mirabeau: Der gelüftete Vorhang oder Lauras Erziehung. Aus dem Französischen von Eva Moldenhauer. Nachbemerkung von Norbert Miller. it 32

Molière: Der eingebildete Kranke. Aus dem Französischen von Johanna Walser und Martin Walser. it 1014

– Der Menschenfeind. Nach dem Französischen des Molière von Hans Magnus Enzensberger. it 401

Michel de Montaigne: Essais. Herausgegeben und mit einem Nachwort versehen von Ralph-Rainer Wuthenow. Revidierte Fassung der Übertragung von Johann Joachim Bode. it 220

– Tagebuch einer Reise durch Italien. Aus dem Französischen von Otto Flake. it 1074

Blaise Pascal: Größe und Elend des Menschen. Aus den »Pensées«. Auswahl, Übersetzung und Nachwort von Wilhelm Weischedel. it 441

– Über die Religion und über einige andere Gegenstände. Aus dem Französischen übertragen und mit einem Nachwort herausgegeben von Ewald Wasmuth. it 1008

Marthe Princesse Bibesco: Begegnung mit Marcel Proust. Aus dem Französischen von Eva Rechel-Mertens. it 1349

Renate Wiggershaus: Marcel Proust. Leben und Werk in Texten und Bildern. it 1348

François Rabelais: Gargantua und Pantagruel. Mit Illustrationen von Gustave Doré. Herausgegeben von Horst und Edith Heintze. Erläutert von Horst Heintze und Rolf Müller. 2 Bände. Übersetzung auf Grund der maßgebenden französischen Ausgabe, unter Benutzung der deutschen Fassung von Ferdinand Adolf Gelbcke. it 77

152/3/8.92

Französische Literatur im insel taschenbuch

Arthur Rimbaud: Sämtliche Werke. Französisch und deutsch. Übertragen von Sigmar Löffler und Dieter Tauchmann. Mit Erläuterungen zum Werk und einer Chronologie zum Leben Arthur Rimbauds, neu durchgesehen von Thomas Keck. it 1398

Jean-Jacques Rousseau: Bekenntnisse. Aus dem Französischen von Ernst Hardt. Mit einer Einführung von Werner Krauss. it 823

Marquis de Sade: Justine oder Die Leiden der Tugend. Mit einem Essay von Albert Camus. Aus dem Französischen von Raoul Haller. it 1257

– Verbrechen der Liebe. Heroische und tragische Novellen. Aus dem Französischen von Christian Barth. it 1448

George Sand: Geschichte meines Lebens. Aus ihrem autobiographischen Werk ausgewählt und mit einer Einleitung versehen von Renate Wiggershaus. it 313

– Indiana. Aus dem Französischen von A. Seubert. Mit einem Essay von Annegret Stopczyk. it 711

– Lélia. Aus dem Französischen von Anna Wheill. Mit einem Essay von Nike Wagner. it 737

– Lucrezia Floriani. Roman. Aus dem Französischen von Anna Wheill. it 858

– Das Teufelsmoor. Aus dem Französischen von Helene und Herbert Kühn. Mit Illustrationen von Tony Johannot. it 943

Eugène Scribe: Die erste Liebe oder Erinnerungen an die Kindheit. Aus dem Französischen von Reinhard Palm. Mit einem Essay von Sören Kierkegaard. it 1396

Misia Sert: Pariser Erinnerungen. Aus dem Französischen von Hedwig Andertann. Mit einem Bildteil. it 1180

Madame de Sévigné: Briefe. Herausgegeben und übersetzt von Theodora von der Mühl. Mit zeitgenössischen Kupferstichen. it 395

Anne Germaine Madame de Staël: Über Deutschland. Vollständige und neu durchgesehene Fassung der deutschen Erstausgabe von 1814 in der Gemeinschaftsübersetzung von Friedrich Buchholz, Samuel Heinrich Catel und Julius Eduard Hitzig. Herausgegeben und mit einem Nachwort versehen von Monika Bosse. Mit einem Register, Anmerkungen und einer Bilddokumentation. it 623

Stendhal: Die Kartause von Parma. Vollständige Ausgabe. Aus dem Französischen von Arthur Schurig. it 1222

– Lucien Leuwen. Aus dem Französischen übersetzt und mit einem Nachwort versehen von Otto von Taube. it 758

– Rot und Schwarz. Vollständige Ausgabe. Aus dem Französischen von Arthur Schurig. Mit einem Nachwort von Uwe Japp. it 1210

152/4/8.92

Französische Literatur
im insel taschenbuch

Stendhal: Über die Liebe. Vollständige Ausgabe. Aus dem Französischen und mit einer Einführung von Walter Hoyer. it 124

François Villon: Sämtliche Dichtungen. Zweisprachige Ausgabe. Aus dem Französischen von Walther Küchler. it 1039

Voltaire: Candide oder der Optimismus. Mit Zeichnungen von Paul Klee. it 11

– Philosophisches Wörterbuch. Nach der Textauswahl von Rudolf Noack. Herausgegeben und eingeleitet von Karlheinz Stierle. Aus dem Französischen von Erich Salewski und Karlheinz Stierle. it 855

– Sämtliche Romane und Erzählungen. Mit einer Einleitung von Victor Klemperer und Stichen von Moreau le jeune. Aus dem Französischen übersetzt von Ilse Lehmann. it 209

– Zadig oder das Schicksal. Eine orientalische Erzählung. Aus dem Französischen von Ilse Lehmann. Mit vierzig Radierungen von Marcus Behmer. it 121

Wilhelmine von Bayreuth: Eine preußische Königstochter. Glanz und Elend am Hofe des Soldatenkönigs in den Memoiren der Markgräfin Wilhelmine von Bayreuth. Aus dem Französischen von Annette Kolb. Neu herausgegeben von Ingeborg Weber-Kellermann. Mit Illustrationen von Adolph Menzel. it 1280

Emile Zola: Germinal. Aus dem Französischen von Armin Schwarz. Mit Illustrationen von Renate Sendler-Peters. it 720

– Nana. Aus dem Französischen und mit einem Nachwort versehen von Erich Marx. Illustrationen von Renate Sendler-Peters. it 398

– Thérèse Raquin. Aus dem Französischen von Ernst Hardt. it 1146

152/5/8.92

Literatur und Reisen
im insel taschenbuch

Alt-Prager Geschichten. Gesammelt von Peter Demetz. Mit Illustrationen von Hugo Steiner-Prag. it 613

Alt-Wiener Geschichten. Gesammelt von Joseph Peter Strelka. Mit sechs farbigen Abbildungen. it 784

Das andere Ferienbuch. Herausgegeben von Vera Pagin und Hans-Joachim Simm. it 1174

Ernst Batta: Römische Paläste und Villen. Annäherung an eine Stadt. Mit zahlreichen Abbildungen. it 1324

Berlin. Literarischer Führer. Von Fred Oberhauser und Nicole Henneberg. Mit farbigen Abbildungen. it 1412

Sigrun Bielfeldt: Literarischer Führer durch Moskau. Mit zahlreichen Abbildungen. it 1382

Bodensee. Reisebuch. Herausgegeben von Dominik Jost. Mit zahlreichen Abbildungen. it 1490

Bonn. Ein Städte-Lesebuch. Herausgegeben von Doris Maurer und Arnold E. Maurer. Mit zahlreichen Abbildungen. it 1224

Kai Brodersen: Die Sieben Weltwunder. Philon von Byzanz und andere antike Texte. Zweisprachige Ausgabe von Kai Brodersen. Mit zahlreichen Abbildungen. it 1392

Dresden. Ein Reiselesebuch. Herausgegeben von Katrin Nitzschke. Unter Mitarbeit von Reinhard Eigenwill. Mit zahlreichen Abbildungen. it 1365

Das Ferienbuch. Literarische Souvenirs, aufgelesen von Vera Pagin und Hans-Joachim Simm. it 1082

Dominique Fernandez: Süditalienische Reise. Aus dem Französischen von Julia Kirchner. Mit farbigen Fotografien von Martin Thomas. it 1076

Flandern. Ein literarisches Landschaftsbild. Herausgegeben von Werner Jost und Joost de Geest. it 1254

Florenz. Lesarten einer Stadt. Herausgegeben von Andreas Beyer. Mit zahlreichen Illustrationen. it 633

Florida. Reisebuch. Herausgegeben von Katharina Frühe und Franz Josef Görtz. Mit zahlreichen Abbildungen. it 1492

Theodor Fontane: Jenseit des Tweed. Bilder und Briefe aus Schottland. Mit zahlreichen Abbildungen und einem Nachwort herausgegeben von Otto Drude. it 1066

Georg Forster: Reise um die Welt. Herausgegeben und mit einem Nachwort von Gerhard Steiner. it 757

Frankfurt. Reisebuch. Herausgegeben von Herbert Heckmann. Mit zahlreichen Abbildungen. it 1438

158/1/8.92

Literatur und Reisen im insel taschenbuch

Manuel Gasser: Spaziergang durch Italiens Küchen. Mit Bildern von Manfred Seelow. it 391

Johann Wolfgang Goethe: Italienische Reise. Mit vierzig Zeichnungen des Autors. Herausgegeben und mit einem Nachwort versehen von Christoph Michel. it 175

– Tagebuch der Italienischen Reise 1786. Notizen und Briefe aus Italien. Mit Skizzen und Zeichnungen des Autors. Herausgegeben und erläutert von Christoph Michel. it 176

– Tagebuch der ersten Schweizer Reise 1775. Goethes letzte Schweizer Reise. Mit den Zeichnungen des Autors und einem vollständigen Faksimile der Handschrift, herausgegeben und erläutert von Hans-Georg Dewitz. it 300/375

Dietmar Grieser: Wiener Adressen. Ein kulturhistorischer Wegweiser. it 1203

Hamburg. Ein Städte-Lesebuch. Herausgegeben von Eckart Kleßmann. it 1312

Victor Hehn: Olive, Wein und Feige. Kulturhistorische Skizzen. Herausgegeben von Klaus von See unter Mitwirkung von Gabriele Seidel-Leimbach. Mit farbigen Abbildungen. it 1427

Heidelberg-Lesebuch. Stadt-Bilder von 1800 bis heute. Herausgegeben von Michael Buselmeier. it 913

Heinrich Heine: Briefe aus Berlin. Herausgegeben von Joseph A. Kruse. it 1322

– Italien. Mit farbigen Illustrationen von Paul Scheurich. it 1072

Hermann Hesse: Mit Hermann Hesse durch Italien. Ein Reisebegleiter durch Oberitalien. Mit farbigen Fotografien. Herausgegeben von Volker Michels. it 1120

Mit Hermann Hesse reisen. Betrachtungen und Gedichte. Herausgegeben von Volker Michels. it 1242

Istanbul. Herausgegeben von Esther Gallwitz. Mit Illustrationen von Thomas Allom. it 530

Erhart Kästner: Griechische Inseln. Aufzeichnungen aus dem Jahre 1944. Mit einem Nachwort von Heinrich Gremmels. it 118

– Kreta. Aufzeichnungen aus dem Jahre 1943. Mit einem Nachwort von Heinrich Gremmels. it 117

– Die Lerchenschule. Aufzeichnungen von der Insel Delos. it 57

– Ölberge, Weinberge. Ein Griechenland-Buch. Mit Zeichnungen von Helmut Kaulbach. it 55

– Ölberge, Weinberge. Die Stundentrommel vom heiligen Berg Athos. 2 Bände in Kassette. it 55/56

158/2/8.92